高职高专药学专业系列教材

医药企业安全生产管理实务

孔庆新　谢奇　主编

YIYAO QIYE
ANQUAN SHENGCHAN GUANLI
SHIWU

化学工业出版社
·北京·

内 容 简 介

《医药企业安全生产管理实务》是根据国家现行安全生产法律法规，以人才市场需求为导向，结合医药企业药物合成、固体制剂生产、液体制剂生产和生物制剂生产等相关岗位职业能力要求编写而成的。内容涵盖医药企业安全生产概述，防火、防爆安全生产管理，用电安全生产管理，特种设备安全生产管理，药品安全生产管理，危化品及有毒物质安全生产管理，废水、废气、废渣安全生产管理，医药企业健康保护及管理等内容。本教材突出思政与素质教育、职业能力培养，岗位针对性强，以模块、项目划分教学单元，以"互联网+"为驱动，以二维码技术链接了数字化资源，以医药企业安全生产实际案例设计"案例导入"，并根据内容需要适时穿插"知识链接""知识拓展""案例"等助学模块，使学生能在岗位工作情境下更好地理解和掌握医药企业安全生产相关知识，能与医药企业实际问题结合起来并加以解决，提高解决企业实际问题的能力。本书配有电子课件，可从 www.cipedu.com.cn 下载参考。

本教材主要供全国高职高专院校药学、药物制剂技术和药品生产技术等相关专业教学使用，也可供医药行业从业人员继续教育和培训使用。

图书在版编目（CIP）数据

医药企业安全生产管理实务/孔庆新，谢奇主编.
—北京：化学工业出版社，2021.4（2024.9重印）
高职高专药学专业系列教材
ISBN 978-7-122-38515-4

Ⅰ.①医… Ⅱ.①孔…②谢… Ⅲ.①制药工业-工业企业-安全生产-生产管理-高等职业教育-教材 Ⅳ.①F407.77

中国版本图书馆 CIP 数据核字（2021）第 028373 号

责任编辑：迟 蕾 李植峰　　　　　文字编辑：于潘芬　陈小滔
责任校对：宋 玮　　　　　　　　　　装帧设计：王晓宇

出版发行：化学工业出版社（北京市东城区青年湖南街13号　邮政编码100011）
印　　装：北京建宏印刷有限公司
787mm×1092mm　1/16　印张15　字数369千字　2024年9月北京第1版第3次印刷

购书咨询：010-64518888　　　　　　售后服务：010-64518899
网　　址：http://www.cip.com.cn
凡购买本书，如有缺损质量问题，本社销售中心负责调换。

定　　价：49.80元　　　　　　　　　　　　　　　　　　　　版权所有　违者必究

《医药企业安全生产管理实务》编写人员

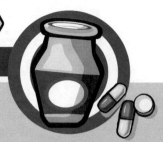

主　　编　孔庆新　谢　奇
副 主 编　樊鑫梅　侯晓亮
编　　者　（以姓氏笔画为序）
　　　　　孔庆新（重庆化工职业学院）
　　　　　刘　旭（江苏护理职业学院）
　　　　　杨怡君（山东医学高等专科学校）
　　　　　周亚梅（重庆化工职业学院）
　　　　　胡　越（江西卫生职业学院）
　　　　　侯晓亮（黑龙江民族职业学院）
　　　　　倪礼礼（洛阳职业技术学院）
　　　　　徐汉元（江苏食品药品职业技术学院）
　　　　　徐伟平（西南政法大学医院）
　　　　　谢　奇（江苏护理职业学院）
　　　　　樊鑫梅（江苏食品药品职业技术学院）

前言

　　医药企业生产安全是社会和企业高度关注的主题。近年来，新技术、新工艺、新设备在医药生产中得到了广泛应用，医药行业快速发展的同时伴随着安全生产风险的加大。此外，医药企业员工在一定程度上存在安全意识淡薄、风险辨识能力不强、安全技能水平不高等问题。本教材内容立足于"安全生产"，围绕高职高专的特点、需要以及医药行业发展趋势来编写。教材以人才市场需求为导向，以技能培养为核心，以职业教育人才培养必需知识体系和技术技能为要素，帮助学生在入职前树立安全生产意识，掌握化学药、中药和生物制药在生产过程中的基本安全知识与技能，使其能够及时发现工作中的安全隐患，真正做到防患于未然，具有爱岗敬业、珍爱生命的职业素养。

　　为方便教师的教学和学生的自主学习，以"互联网+"为驱动，引入了二维码链接技术，主要链接了教学课件、微课视频、智能化自测、数字化教学资源等素材，为学生提供鲜活、丰富的自主学习资料和立体化的学习环境。在此特别感谢除编者以外的江苏护理职业学院张云萍、赵蓓蓓、栾兰老师等数字资源制作者。本教材的编写得到了宝利化（南京）制药有限公司吴保祥、江苏天士力帝益药业有限公司丁爱忠以及单位相关人员的大力支持，在此表示衷心的感谢！

　　由于编者水平所限以及时间仓促，疏漏与不足之处在所难免，敬请广大读者提出宝贵意见，以使我们进一步提高，让我们用智慧和努力登上课程建设的新台阶。

编　者

2020 年 12 月

目录

绪论 / 001
  一、药品安全生产的基本概念及内涵 / 001
  二、药品安全生产的发展历史、现状与对策 / 004

模块一
医药企业安全生产概述 / 005

  项目一 药品安全生产法规及制度 / 006
    一、药品安全生产法律法规概述 / 006
    二、药品安全生产制度概述 / 009
  项目二 生产安全事故报告、调查及处理制度 / 011
    一、生产安全事故报告制度 / 012
    二、生产安全事故调查与处理制度 / 012
  项目三 安全生产标志与劳动防护 / 015
    一、常用安全生产标志 / 015
    二、药品安全生产与劳动防护 / 016
  知识导图 / 019
  目标检测 / 020

模块二
防火、防爆安全生产管理 / 022

  项目一 防火安全生产管理 / 023
    一、火灾概述 / 023
    二、火灾的发生、发展及预防 / 026
  项目二 防爆安全生产管理 / 034
    一、爆炸概述 / 034
    二、爆炸的发生条件、影响因素和预防措施 / 037
  项目三 火灾及爆炸事故应急救援 / 041
    一、灭火的基本原理 / 041
    二、常用灭火剂 / 042
    三、常用消防器材 / 044
    四、火灾、爆炸事故应急救援的一般原则 / 046

　　　　五、几种常见火灾、爆炸的应急救援　/ 046
　　　知识导图　/ 050
　　　目标检测　/ 051
　　实训项目一　灭火器的正确使用　/ 053
　　实训项目二　火灾逃生演练　/ 056

模块三
用电安全生产管理　/ 058

　　项目一　电气设备安全生产管理　/ 059
　　　　一、用电安全概述　/ 059
　　　　二、用电安全操作技术　/ 062
　　　　三、触电事故应急救援　/ 064
　　项目二　防静电安全生产管理　/ 068
　　　　一、静电概述　/ 068
　　　　二、静电的产生条件　/ 071
　　　　三、静电事故的预防　/ 073
　　项目三　防雷电安全生产管理　/ 077
　　　　一、雷电概述　/ 077
　　　　二、雷电的发生　/ 079
　　　　三、雷电事故的预防　/ 079
　　　知识导图　/ 082
　　　目标检测　/ 083
　　实训项目三　触电急救技能训练　/ 085

模块四
特种设备安全生产管理　/ 087

　　项目一　压力容器安全生产管理　/ 088
　　　　一、压力容器概述　/ 088
　　　　二、压力容器安全操作技术　/ 091
　　　　三、压力容器使用维护与定期检验　/ 093
　　项目二　其他特种设备安全生产管理　/ 096
　　　　一、其他特种设备概述　/ 096
　　　　二、其他特种设备安全操作技术　/ 099
　　　　三、其他特种设备使用维护　/ 100
　　　知识导图　/ 103
　　　目标检测　/ 104
　　实训项目四　高压灭菌锅的使用　/ 105

模块五
药品安全生产管理 / 107

项目一 化学药安全生产管理 / 108
　　一、化学药生产概述 / 108
　　二、化学合成药安全生产操作技术 / 110
　　三、固体制剂安全生产操作技术 / 113
　　四、液体制剂安全生产操作技术 / 114

项目二 中药安全生产管理 / 117
　　一、中药生产概述 / 117
　　二、中药安全生产操作技术 / 120

项目三 生物药安全生产管理 / 130
　　一、生物技术药物 / 130
　　二、生物药安全生产操作技术 / 133
知识导图 / 138
目标检测 / 139

实训项目五 参观符合 GMP 要求的药品生产车间 / 141

模块六
危化品及有毒物质安全生产管理 / 142

项目一 危险化学品安全生产管理 / 143
　　一、危险化学品概述 / 143
　　二、危险化学品安全管理 / 148
　　三、危险化学品事故应急救援 / 152

项目二 有毒物质安全生产管理 / 155
　　一、有毒物质概述 / 155
　　二、有毒物质安全管理 / 160
　　三、有毒物质事故应急救援 / 163
知识导图 / 166
目标检测 / 167

实训项目六 有毒物质中毒应急救援演练 / 169

模块七
废水、废气、废渣安全生产管理 / 171

项目一 废水安全生产管理 / 172

一、医药企业废水概述　/172
　　二、医药企业废水处理技术　/175
项目二　废气安全生产管理　/181
　　一、医药企业废气概述　/181
　　二、医药企业废气处理技术　/183
项目三　废渣安全生产管理　/187
　　一、医药企业废渣概述　/187
　　二、医药企业废渣处理技术　/189
知识导图　/191
目标检测　/192

实训项目七　"三废"知识海报制作与宣传　/194

模块八
医药企业健康保护及管理　/195

项目一　医药企业健康保护的内涵　/196
　　一、医药企业健康保护的概念和任务　/196
　　二、医药企业健康保护的管理　/197
项目二　职业健康安全管理体系　/200
　　一、职业健康安全管理体系的思想、术语和要素　/200
　　二、职业健康安全管理体系的建立和实施　/205
　　三、职业健康安全管理体系的认证　/206
项目三　医药企业员工心理健康管理　/209
　　一、心理健康的重要性　/209
　　二、心理健康管理的主要措施　/213
项目四　医药企业员工身体健康管理　/216
　　一、身体健康的重要性　/216
　　二、身体健康管理的主要措施　/218
知识导图　/223
目标检测　/224

实训项目八　劳保用品的使用　/227

参考文献　/229

参考答案　/230

绪 论

> **案例导入** 为何要注重药品安全生产?
>
> 2014年8月,乌鲁木齐市某制药公司一生产车间发生火灾,造成该制药厂局部车间、办公区彩钢板烧毁、坍塌,部分生产设备及贮存药品过火,火灾过火面积约4000m²,给企业带来严重的经济损失。
>
> 2019年8月,衡水市某化工股份有限公司盐酸贮罐发生爆炸并引发火灾,火势迅猛,危及厂内大罐,浓烟遮天蔽日,十余千米外清晰可见,无法正常生产,给企业带来严重经济损失。
>
> 2019年10月,玉林市某新材料科技有限公司因违规擅自建设化工项目,盲目进行试生产,导致其树脂车间一台10m³常压反应釜(产品为酚醛树脂,主要原料为苯酚和多聚甲醛)在试生产期间发生爆炸事故,造成4人死亡、8人受伤。
>
> 思考:为何要注重药品安全生产?

医药企业发生安全生产事故时,不仅会给企业财产造成损失,使生产受影响,也会危害职工生命安全。安全生产对保障人身安全、避免企业遭受经济损失是非常重要的。如果企业不重视对员工安全知识的培训,不时刻从思想上灌输安全生产的重要性,就会给职工人身健康、设备、产品和其他财产带来很多不安全因素。因此,安全生产是每个医药生产企业的一件根本性的大事。

一、药品安全生产的基本概念及内涵

1. 药品安全生产的基本概念

(1) 安全与安全生产

① 安全　是指不受威胁,没有危险、危害和损失。一般认为,安全是指生产系统中人员免遭不可承受危险的伤害。它要求在生产系统中人员、设备及环境要相互协调,最终使人员免遭不可承受危险的伤害。

② 安全生产　是指预防生产过程中发生人身、设备事故,为形成良好劳动环境和工作秩序而采取的一系列措施和活动。

(2) 危险与危险源　危险是指超过允许承受限度的、可能造成人员伤亡或经济损失的状态。

危险源是指可能造成人身伤害、疾病、财产损失、作业环境破坏的危险因素和有害因素。危险源是事故的根源。根据在事故发展中的作用,人们习惯上将危险源分为以下两类。

① 第一类危险源　是指可能发生意外释放能量的载体或危险物质以及自然状况，是事故发生的内部因素，包括动力源、能量载体以及具有危害性的物质本身。第一类危险源是事故发生的前提和主体，决定事故后果的严重程度。例如供热的锅炉、提升的起重设备、燃烧的乙醇等可能发生能量释放的装置、设备、场所或危险物料。

② 第二类危险源　是指造成约束、限制能量措施失效或破坏的各种不安全因素。它包括人、物、环境和管理四个方面，是第一类危险源导致事故发生的必要条件，决定事故发生的可能性大小。按照GB/T 13861—2009《生产过程危险和有害因素分类与代码》，生产过程中的危险和有害因素分类如下。

a. 人的因素：心理、生理性危险和有害因素，如负荷超限、健康状况异常、从事禁忌作业、心理异常等有害因素；行为性危险和有害因素，如指挥错误、操作错误、其他行为性危险和有害因素。

b. 物的因素：物理性危险和有害因素，如设备缺陷、设施缺陷、防护缺陷、噪声危害、明火、高温物质、有害光照等有害因素；化学性危险和有害因素，如爆炸品、压缩气体和液化气体、易燃液体、易燃固体、自燃物质和有毒物质、放射性物质、粉尘等有害因素；生物性危险和有害因素，如致病微生物、传染病媒介物等有害因素。

c. 环境因素：是指生产作业环境中的温度、湿度、噪声、振动、照明或通风换气等方面的有害因素。

d. 管理因素：如制度不健全、责任不明晰、安全教育程度不够、安全技术措施不全面、安全检查力度不够和有法不依、处罚不严等管理缺陷。

(3) 事故　在生产过程中，事故是指造成人员死亡、伤害、职业病、财产损失或其他损失的意外事件。按照GB 6441—1986《企业职工伤亡事故分类》，工伤事故分为20类：物体打击、车辆伤害、机械伤害、起重伤害、触电、淹溺、灼烫、火灾、高处坠落、坍塌、冒顶片帮、透水、放炮、火药爆炸、瓦斯爆炸、锅炉爆炸、容器爆炸、其他爆炸、中毒和窒息、其他伤害。

(4) 事故隐患　指生产经营单位违反安全生产法律、法规、规章、标准、规程和安全生产管理制度的规定，或者因其他因素在生产经营活动中存在可能导致事故发生的物的危险状态、人的不安全行为和管理上的缺陷以及环境因素。事故隐患是引发安全事故的直接原因。事故隐患分为一般事故隐患和重大事故隐患。

一般事故隐患是指危害和整改难度较小，发现后能够立即整改、排除的隐患。一般事故隐患，由生产经营单位（车间、分厂等）负责人或者有关人员立即组织整改。

重大事故隐患是指危害和整改难度较大，应当全部或者局部停产停业，并经一定时间整改、治理方能排除的隐患，或者因外部因素影响致使生产经营单位自身难以排除的隐患。重大事故隐患，由生产经营单位主要负责人组织、制订并实施事故隐患治理方案。重大事故隐患治理方案应当包括治理的目标和任务、采取的方法和措施、经费和物资的落实、负责治理的机构和人员、治理的时限和要求、安全措施和应急预案。

(5) 药品安全生产　可以理解为采取一定的行政、法律、经济、科学技术等方面措施，预知并控制药品生产的危险，减少和预防事故的发生，实现药品生产过程中的正常运转，避免经济损失和人员伤亡的过程。

药品安全生产主要由以下三个基础部分组成。

① 安全管理　主要内容有安全生产方针、政策、法规、制度、规程、规范，安全生产

的管理体制，安全目标管理，危险性评价，人的行为管理，工伤事故分析，安全生产的宣传、教育、检查等。

② 安全技术　是一种技术工程措施，是为了防止工伤事故、减轻体力劳动而采取的技术工程措施。制药设备采用的防护装置、保险装置、信号指示装置等，自动化设备的应用等都属于安全技术的范畴。

③ 职业健康　是研究生产过程中有毒、有害物质对人体的危害，从而采取的技术措施和组织措施。用通风、密闭、隔离等方法排除有毒、有害物质，生产工艺上用无毒或低毒的物质代替有毒或高毒的物质等，均属于职业健康的范畴。

2. 药品安全生产的内涵

(1) 生产必须安全，安全促进生产　科学地揭示了生产与安全的辩证关系，必须坚持"安全第一"和"管生产必须同时管安全"的原则。

"安全第一"是指当考虑生产时，必须保证安全第一，落实安全生产的各项措施，保证员工的安全、健康和生产持续、安全地进行；当生产和安全发生矛盾时，生产必须服从安全。

"管生产必须同时管安全"是指一切从事生产、经营活动的单位和管理部门，在生产的同时要落实《中华人民共和国安全生产法》和国家各项安全规定，制定本企业或部门的安全生产规章制度。

(2) 安全生产，人人有责　安全生产是一项综合性的工作，贯彻专业管理和群众管理相结合的原则，做到安全生产人人重视，个个自觉，提高警惕，互相监督，发现隐患，及时消除。企业法定代表人是安全生产第一责任人，对本企业安全生产负全面责任；分管安全生产工作的副职，承担相应的领导责任。企业在制定生产领导责任制的同时，制定全员安全生产责任制，保证企业的安全生产管理全面覆盖，责任到位。

(3) 安全生产，重在预防　认真贯彻"三同时"的规定，即在建工程立项时，安全监测防范技术和"三废"治理措施与工程项目主体"同时设计、同时施工、同时投产使用"。对运行的生产装置、工艺存在的安全问题，组织力量攻关，及时消除隐患。

"安全生产，重在预防"，应该抓安全生产的基础工作，不断提高员工识别、判断、预防和处理事故的本领。

> **知识拓展**
>
> **事故金字塔理论——海因里希法则**
>
> 事故的发生总是有原因和征兆的，一次重大事故发生前必然孕育着许多"事故苗子"，故人们应消除"事故苗子"，避免事故的发生。
>
> 海因里希法则，又称海因里希事故法则或海恩法则，是美国工业安全专家海因里希通过分析10万余次事故的发生概率，提出的300∶29∶1法则，即事故金字塔理论。这个法则意为：在330起意外事故中，有300起为隐患或违章，29起为轻伤或故障，1起为重伤、死亡等重大事故。
>
> 该法则强调两点：一是事故的发生是量积累的结果；二是再先进的技术，再规范的管理，在实际操作中，也无法取代人自身的素质和责任心。

二、药品安全生产的发展历史、现状与对策

1. 药品安全生产的发展历史

在18世纪中期以前,药品生产一般以人或畜力为动力和使用手工工具,在生产过程中,人们更注意的是自我保护,防止人体受到伤害。18世纪中期工业革命爆发后,随着蒸汽机的出现,大量机器,如1876年发明的压片机等,应用到药品生产中,使得药品生产逐步进入机械化。机械生产在大幅度提高了生产效率的同时,也使出现事故、造成人员伤亡和财产损失的可能性增大。电力的应用进一步推动了工业化进程,但同时也带来了电气安全问题。随着医药化学工业的发展,安全生产事故不断发生,安全问题日益突出,促使人们对生产的安全性提出了更高的要求。

进入20世纪后,医药化学工业迅速发展,环境污染和重大工业污染事故相继发生,如1984年发生的"印度博帕尔毒气泄漏事件",2.5万人直接致死,55万人间接致死,另外有20多万人永久残废。

中国工程院的研究表明,我国每年因各类事故造成的经济损失在1500亿元以上,每年工伤死亡人数为0.8万~1万人,这说明我国医药化学工业企业的安全生产形势还是比较严峻的,亟须提高安全生产水平。

2. 药品安全生产的现状与对策

我国的制药企业数量众多,从业人员规模大。大部分从业人员未经过正规、专业的药学知识培训,有些甚至是直接从社会上招聘的,给生产带来了大量的事故隐患和不安全因素。同时,制药企业重视生产效益,忽视安全生产,安全意识淡薄,导致药品安全生产事故屡屡发生。

随着社会的进步、经济的发展,我国的制药企业保持着迅猛的发展速度,大量先进技术得到应用,这也对各相关岗位人员的文化素质和技术水平提出了更高的要求,而药品安全生产方面的法规仍不完善,相关的监督机制比较落后,药品安全生产事故时有发生,药品安全生产的现状仍然十分严峻。

面对我国药品安全生产的现状,医药行业可采取的对策、措施主要有:①加快安全科技重大项目、重点课题的研究攻关;②研发集成先进技术装备,为隐患治理和安全技术改造提供技术支撑;③发展教育、加强培训、化解安全专业人才危机;④继续推进安全生产源头治标、政策治本的原则;⑤加强安全文化建设,提高全民安全素质,加强社会监督。

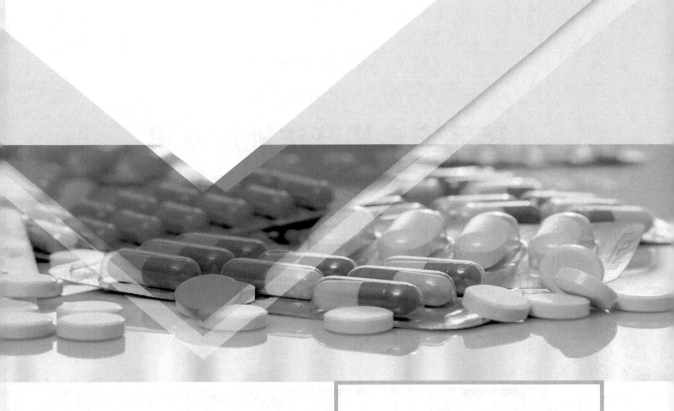

模块一

医药企业安全生产概述

> **思政与素质目标**
>
> - 树立"有法可依、有法必依、执法必严、违法必究"的观念与意识。
> - 在工作中能遵守法律法规及制度,认真履行岗位职责。
> - 形成岗前认真学习、提高职业素养、掌握岗位规范的意识。
> - 树立"安全第一"的思想,明确劳动防护的重要性。

项目一

药品安全生产法规及制度

知识目标　了解药品安全生产法律法规的产生背景。
　　　　　熟知药品安全生产法律法规的要求与作用。
　　　　　了解我国医药企业安全生产法律体系的种类。

 "2·28"化工装置安全事故

2012年2月28日,河北赵县某化工公司发生爆炸,是近一段时期最严重的一起化工装置安全事故。事故发生的主要原因之一正是专业人才缺乏。发生事故的车间管理人员、操作人员专业素质较低,对化工生产的特点认识不足、理解不透,在没有进行安全风险评估的情况下,擅自改变生产原料、改造导热油系统,将导热油最高控制温度从210℃提高到255℃。事故发生后,车间员工处理异常情况的能力不能适应化工安全生产的需要,最终导致严重后果。

思考:如何才能从根源上预防此类安全事故的发生?

为了从根源上预防药品生产中的安全事故,必须有法可依、有法必依、执法必严、违法必究。

一、药品安全生产法律法规概述

1.《中华人民共和国安全生产法》

《中华人民共和国安全生产法》是我国第一部全面规范安全生产的专门法律,也是我国安全生产法律体系的主体法,是各类生产经营单位及其从业人员实现安全生产所必须遵循的行为准则,是各级人民政府及有关部门进行监督管理和行政执法的法律依据,是制裁各种安全生产违法犯罪行为的有力武器。

《中华人民共和国安全生产法》自 2002 年 11 月 1 日起施行。2014 年修正，自 2014 年 12 月 1 日起施行 2014 年修正版。

《中华人民共和国安全生产法》的贯彻实施，有利于依法规范各类生产经营单位的安全生产工作；有利于加强各级安全生产监督管理部门的监督管理和依法行政；有利于保障职工劳动安全的权利；有利于依法制裁各种安全生产违法行为，防止和减少生产安全事故的发生，促进经济发展。

《中华人民共和国安全生产法》明确规定了各级人民政府在安全生产工作中的地位、任务和责任，真正把安全生产当作重要工作来抓，便于处理好安全生产与稳定发展的关系，加强领导，采取有力措施，遏制重大、特大事故的发生，促进地方经济发展。

《中华人民共和国安全生产法》规定了各级安全生产监督管理部门是执法主体，依照本法对安全生产进行综合监督管理；同时规定了有关部门依照有关法律、行政法规规定的职责范围，对有关专项安全生产工作实施监督管理。

《中华人民共和国安全生产法》对其生产经营所必须具备的安全生产条件、主要负责人的安全生产职责、安全管理机构和管理人员配置、生产经营现场的安全管理和安全生产违法行为的法律责任，都作出了严格、明确的规定。

《中华人民共和国安全生产法》在赋予从业人员安全生产权利的同时，明确规定了他们必须履行的法定义务及其法律责任。

《中华人民共和国安全生产法》适用的范围如下：一切从事生产经营活动的企业事业单位、股份制企业、中外合资经营企业、外资企业、个人独资企业等，不论其经济性质如何、规模大小，只要从事生产经营活动，都应遵守安全生产法的各项规定，违反安全生产法规定行为的将受到法律的追究。

2.《药品生产质量管理规范》

《药品生产质量管理规范》（Good Manufacture Practice of Medical Products，GMP）是药品生产和质量管理的基本准则，适用于药品制剂生产的全过程和原料药生产中影响成品质量的关键工序。大力推行 GMP，是为了最大限度地避免药品生产过程中的污染和交叉污染，降低各种差错的发生，提高药品质量。

20 世纪前半期大量药害事件的发生，促使了第一部专门针对药品生产法规的诞生，即 1963 年美国颁布的《药品生产质量管理规范》（GMP）。1969 年，世界卫生组织（WHO）向各成员国推荐 GMP，并于 1975 年正式颁布了 WHO 的 GMP。我国的 GMP 在 1982 年产生试行稿；1984 年修订；1988 年 3 月依据《药品管理法》修订 GMP 并将其作为正式法规，同时制定了《GMP 实施条例》；其后分别在 1992 年、1998 年、2010 年进行了修订；现在使用的《药品生产质量管理规范（2010 年修订）》是 2011 年 1 月 17 日颁布，并于 2011 年 3 月 1 日起施行。

3. 我国药品安全生产法律体系

要切实地做好安全生产，就需要许多相关法律法规的支持，而这些法律法规则是生产过程中的行为准则。自新中国成立以来，我国制定了一系列安全生产与劳动保护的法律法规，内容覆盖各行业的各个方面。目前，《中华人民共和国劳动法》《中华人民共和国安全生产法》已经起到了职业安全健康领域基本法的作用，是我国制定各项安全生产法律法规的依据。我国现行的药品安全生产法律体系可分为以下三大方面。

(1) 安全管理法律法规 是指国家为了搞好安全生产、加强安全生产和劳动保护工作，保护职工安全健康所指定的管理规范。从广义上说，国家的立法、监督、检查和教育方面都属于管理范畴。安全生产管理是企业经营管理的重要内容之一，因此，管生产必须管安全。宪法中规定，加强劳动保护，改善劳动条件，是国家和企业管理劳动保护工作的基本原则。制药企业必须根据各自的生产要求，制定各种相应的规章制度，以保护员工在生产过程中的安全健康。这些规章制度可概括为生产行政管理制度和生产技术管理制度两个方面，它们相辅相成，不可分割。

(2) 安全技术法律法规 是指国家为搞好安全生产，防止和消除生产中灾害事故的发生，保障员工的人身安全而制定的法律规范。国家规定的安全技术法律法规对一些比较突出或有普遍意义的安全技术问题的基本要求做了规定。一些比较特殊的安全技术问题，国家有关部门也制定并颁布了专门的安全技术法律法规。如设计、建筑工程安全方面有《建设项目（工程）劳动安全卫生监察规定》等；机器设备安全装置方面、特殊设备安全措施方面有《特种设备安全监察条例》等；防水、防爆安全规则方面有《危险化学品安全管理条例》等；工作环境安全条件方面、人体安全防护方面有《工厂安全卫生规程》等。

(3) 职业健康法律法规 是指国家为了改善劳动条件，保护员工在生产过程中的健康，预防和消除职业病和职业中毒而制定的各种法律、规范。其中包括工业卫生工程技术措施的规定，也包括有关预防医疗保健措施的规定，如全国人民代表大会颁布的《中华人民共和国职业病防治法》等。与安全技术法律法规一样，职业健康法律法规也是对具有共性的工业卫生问题提出了具体要求。如防止有害物质危害方面的《工厂安全卫生规程》、防止粉尘危害方面的《尘肺病防治条例》、防止物理危害方面的《工业企业噪声卫生标准》、工业卫生辅助设施方面的《工业企业设计卫生标准》、女职工劳动卫生特殊保护方面的《女职工劳动保护特别规定》等。

知识拓展

国际重大药害事件回顾

1. 孕激素与女婴外生殖器男性化：1939—1950 年，美国发现 600 多例女婴外生殖器男性化现象，流行病学调查证明系母亲怀孕期间曾用孕激素保胎所致。

2. 己烯雌酚与阴道癌：己烯雌酚广泛用于治疗先兆流产，母亲怀孕期间服用己烯雌酚可使所产女婴患阴道癌，这种不良反应往往要在几年、十几年甚至二十年后暴露，而且发生在下一代身上。

3. 反应停与海豹肢畸形：反应停（沙利度胺）为抗早孕反应药，1957 年首先在德国上市，曾在欧洲被广泛应用。流行病学调查证实，母亲在怀孕期间服用沙利度胺可致胎儿海豹肢畸形，该药在 17 个国家共导致 1 万余人海豹肢畸形。该药已禁用于抗早孕反应，只用于麻风病。

4. 非那西丁致严重肾损害：1953 年非那西丁上市后，人们发现该药可致严重肾损害。欧洲报告 2000 例，美国报告 100 例，加拿大报告 45 例，有几百人死于肾功能衰竭。有的人在停药 8 年后还可因肾功能衰竭而死。复方阿司匹林内含非那西丁。

5. 拜斯亭事件：拜斯亭是 1997 年上市的降脂药。2001 年 8 月 8 日拜耳公司宣布将该药下架，原因是该药单用或与吉非罗齐合用可引起肌无力或致死性横纹肌溶解。

二、药品安全生产制度概述

重视和加强药品安全生产制度建设，是安全生产和劳动保护法的重要内容，体现在许多相关的法律法规中，对不断完善安全生产和劳动保护制度提出了具体要求。如药品安全生产责任制，药品安全生产委员会制度，药品安全生产岗位责任制度，药品安全生产审核制度，药品安全生产教育制度，事故及时报告制度，危险作业申请、审批制度，药品安全生产奖励制度，特殊设备的管理制度。

1. 药品安全生产责任制

安全生产责任制是根据"安全第一，预防为主，综合治理"的安全生产方针和安全生产建立的各级领导、职能部门、工程技术人员、岗位操作人员在劳动生产过程中对安全生产层层负责的制度。药品安全生产责任制是药品生产企业岗位责任制的一个组成部分，是企业最基本的安全制度，是安全规章制度的核心。安全生产责任制是以企业法定代表人为责任核心的安全生产管理制度，法定代表人是第一责任人。一个药品生产企业是由行政部、采购部、生产部、质量部和工程部等组成的，各部门只有各司其职、相互配合，才能真正做到安全生产。

2. 药品安全生产委员会制度

每个药品生产企业都应该建立全面的安全生产委员会制度。委员会主任由法定代表人担任，副主任由分管安全生产的负责人担任，质量、生产、工程、营销、财务、行政等相关部门负责人参加，使安全生产委员会制度成为实施企业全面安全管理的一种制度。

3. 药品安全生产岗位责任制度

药品安全生产岗位责任制度包括人员安全职责和部门安全职责。

（1）人员安全职责 企业法定代表人是安全生产的第一责任人，直接负责企业的安全管理工作；安全生产直接责任人协助法定代表人贯彻执行各项安全生产法律、法规、标准和制度。同时，人员安全职责还包括安全主任安全职责、生产部安全员安全职责、业务部安全员安全职责、仓库安全员安全职责、班组安全员安全职责、员工安全员安全职责等。

（2）部门安全职责 包括安全技术部门、生产技术部门、设备和动力部门、消防部门、质量检验部门、财务部门、采购部门安全职责等。

4. 药品安全生产审核制度

企业必须建立动态的安全生产审核制度，新建项目实施"三同时"审核；现有工程项目推行动态、定期安全评审制度，以保证安全生产的规范及标准得到落实并符合要求。

5. 药品安全生产教育制度

建立安全生产教育制度的目的是为了确保企业的安全生产，提高员工保护自我和保护他人的意识，在员工中牢固树立"安全第一"的思想，使员工懂得安全生产的基本道理，掌握安全生产的操作技能。企业本着"精而有用"的原则制订年度培训计划，然后各部门根据企业制订的年度培训计划，制订相应的培训计划进行培训，内容包括安全生产的法律法规、基本知识、管理制度、操作规程、操作技能、事故案例分析等。各部门要建立培训台账、培训计划、名单、课程表等，并将相关资料存入培训档案。

6. 事故及时报告制度

事故发生后，事故当事人或发现人应立即报告部门负责人，负责人在进行事故报告的同时应迅速组织实施应急管理措施，组织事故调查组调查取证。事故处理要坚持"四不放过"的原则。企业安全部门还应负责收集事故的调查处理资料，整理后实施归档管理。

7. 危险作业申请、审批制度

药品生产过程中会使用一些易燃、易爆的化学危险品。若是在易燃、易爆场所进行焊接、用火，进入有毒的容器、设备工作，高处作业，以及从事其他容易发生危险的作业，则都必须在工作前制订可靠的安全措施（包括事故应急后措施），并向安全技术部门或专业机构提出申请，审查批准后方可作业，必要时设专人监护。企业应制定管理制度，将危险作业严格控制起来；易燃易爆、有毒危险品的运输、贮存、使用也应该有严格的安全管理制度；需要经常进行的危险作业，应该有完善的安全操作规程，且对危险品有严格管理。

8. 药品安全生产奖惩制度

企业建立、执行奖惩制度，利于完善企业的激励制度和增强员工的主人翁责任感，最大限度地发挥员工的积极性和创造性，使其自觉遵守纪律，维护正常的生产秩序和工作秩序。只有健全和严格执行安全生产奖惩制度，做到赏罚分明、责任明确，才能鼓励先进、督促后进。

9. 特殊设备的管理制度

一些特殊设备的从业人员在上岗前，必须进行系统的安全教育培训和设备技能培训，并且必须参加有关部门的培训并取得特种作业人员操作证，方能持证上岗。同时需要定期对设备进行维护、保养，并做好设备记录。

知识拓展

安全生产的原则

1. "以人为本"的原则

在生产过程中，必须坚持"以人为本"的原则。在生产与安全的关系中，一切以安全为重，安全必须排在第一位。

2. 职业安全卫生"三同时"原则

新建、改建、扩建工程的安全生产、劳动安全卫生、职业病防治设施必须与主体工程"同时设计，同时施工，同时投产使用"。

3. "四不放过"原则

事故原因分析不清不放过，事故责任者和群众没有受到教育不放过，没有采取切实可行的防范措施不放过，事故责任者没有受到严肃处理不放过。

4. "三个对待"原则

未遂事故当事故对待，小事故当大事故对待，别人的事故当自己的事故对待。

5. "三不伤害"原则

不伤害他人，不伤害自己，不被他人伤害。

项目二

生产安全事故报告、调查及处理制度

知识目标 掌握生产安全事故等级划分。
熟悉生产安全事故报告制度。
熟悉生产安全事故调查与处理制度。

  "5·29"制药车间卸料管路泄漏事故

2010年5月29日,对外销售回收醋酸的山东某企业,在装卸车操作过程中,卸料管路接口突然崩开,大量醋酸溅入操作者眼内,由于伤者(系外单位人员)安全技能欠缺,现场处置不当,其右眼角膜内皮化学灼伤、视网膜脱落。

1. 事故原因
① 操作者习惯性违章作业,接触液体物料操作时未佩戴防护眼镜;
② 操作工安全技能欠缺,对化学品灼伤的处置不当。

2. 处理措施
① 对上述安全事故的责任人、区域负责人及班组进行全公司通报批评,并按经济责任制追究事故相关责任人的责任;
② 加强职工的安全教育和安全技能培训,全面提高职工安全意识和安全技能;
③ 对生产设备的缺陷进行改造,杜绝隐患。

思考:为什么要建立生产安全事故报告、调查及处理制度?

为了规范生产安全事故的报告和调查处理,落实生产安全事故责任追究制度,防止和减少生产安全事故,2007年3月28日国务院根据《中华人民共和国安全生产法》和有关法律,制定《生产安全事故报告和调查处理条例》,生产经营活动中发生的造成人员伤亡或者直接经济损失的生产安全事故的报告和调查处理要严格按照条例规定执行。

一、生产安全事故报告制度

1. 生产安全事故等级划分

根据生产安全事故（以下简称事故）造成的人员伤亡或者直接经济损失，事故一般分为以下四个等级。

(1) 特别重大事故 是指造成30人以上死亡，或者100人以上重伤（包括急性工业中毒，下同），或者1亿元以上直接经济损失的事故。

(2) 重大事故 是指造成10人以上30人以下死亡，或者50人以上100人以下重伤，或者5000万元以上1亿元以下直接经济损失的事故。

(3) 较大事故 是指造成3人以上10人以下死亡，或者10人以上50人以下重伤，或者1000万元以上5000万元以下直接经济损失的事故。

(4) 一般事故 是指造成3人以下死亡，或者10人以下重伤，或者1000万元以下直接经济损失的事故。

2. 生产安全事故报告

事故发生后，事故现场有关人员应当立即向本单位负责人报告；单位负责人接到报告后，应当于1小时内向事故发生地县级以上人民政府安全生产监督管理部门和负有安全生产监督管理职责的有关部门报告事故。

情况紧急时，事故现场有关人员可以直接向事故发生地县级以上人民政府安全生产监督管理部门和负有安全生产监督管理职责的有关部门报告。

安全生产监督管理部门和负有安全生产监督管理职责的有关部门逐级上报事故情况，每级上报的时间不得超过2小时。

报告事故时应当包括下列内容：①事故发生单位概况；②事故发生的时间、地点以及事故现场情况；③事故的简要经过；④事故已经造成或者可能造成的伤亡人数（包括下落不明的人数）和初步估计的直接经济损失；⑤已经采取的措施；⑥其他应当报告的情况。

事故发生单位负责人接到事故报告后，应当立即启动事故相应应急预案，或者采取有效措施，组织抢救，防止事故扩大，减少人员伤亡和财产损失。

事故发生后，有关单位和人员应当妥善保护事故现场以及相关证据，任何单位和个人不得破坏事故现场、毁灭相关证据。

因抢救人员、防止事故扩大以及疏通交通等，需要移动事故现场物件的，应当做出标志，绘制现场简图并做出书面记录，妥善保存现场重要痕迹、物证。

二、生产安全事故调查与处理制度

1. 生产安全事故调查

生产安全事故调查一般比较复杂，重大安全事故更是如此。为使生产安全事故的调查有效、准确、严谨，国务院出台了《生产安全事故报告和调查处理条例》。因医药企业发生的轻伤事故较多，所以对此类生产事故的调查与分析次数较多。下面简要介绍医药企业安全事故的调查过程。

(1) 制定制度，成立调查组 制定公司级《生产安全事故报告和调查处理程序》，并成立生产安全事故调查组。调查组是隶属于公司级安全管理部门下的常设机构。一般由设备、安全、电力、工艺、基建、工会、医疗、人事、采购、质量等人员组成。调查组一般不少于2人,其中工艺、安全人员是必备人员,其他人员可以根据具体情况予以适当调整。调查组成员应由主管安全的副总任命,并经总经理批准。这些人员必须熟悉作业环境与作业流程,了解设备的运行状态,了解当事人的从业背景与工作心态。

(2) 生产安全事故的紧急处理与现场营救 发生人身伤害事故后,必须及时向公司领导汇报,无伤害事故或轻微伤害事故必须马上向车间有关领导汇报。若安全事故发生在夜班,则应由车间或公司级值班领导负责成立临时事故组,及时进行事故的应急与调查工作。

临时事故组的主要工作包括两方面:一是尽可能营救作业人员,控制事态,不使之扩大,将损失最小化;二是保护现场,以便进行事故调查。如实记录调查过程与结果,并存入档案。

(3) 保护现场 生产安全事故发生之后,相关作业人员应暂停有关作业,并通知相关岗位调整生产进度,将异常情况及时记录下来,相关责任人应签字。暂停作业时,必须保证安全,不能出现停风、停泵而使毒物浓度增高或料液溢出等情况。

暂停作业时,必须悬挂"禁止入内""禁止通行""禁止靠近""禁止启动"等安全标志,防止无关人员进入事故现场。必要时,可以设置隔离带,禁止人员出入。尽可能将生产安全事故相关人员滞留在现场,避免与其他人员沟通。

在没得到指示前,生产设备不允许执行启动、放空、清洗、置换等作业。若必须执行以上作业,则应取样并做好标记,如贮罐内液位、压力、pH、浓度等。有条件的话,可以拍照或画出草图,并测量有关数据,如人员的位置、光线的强弱、作业空间内残留气体浓度等。

(4) 事故现场勘查 是事故调查工作的中心环节,是在保护现场的基础上,对客观物质进行详细调查、为查明事故原因找到客观事实根据的行动。事故勘查的主要步骤如下。

① 到场 调查人员到达现场后,先确定现场是否有变动,如有变动,则应先弄清变动的原因和过程。必要时,可以根据当事人的描述恢复原貌。在勘查前,应巡视现场周围情况,对现场全貌有了大致了解后,再确定现场勘查的范围与顺序。

② 收集资料 主要有物证搜集、资料搜集、人员询问等内容。

a. 物证搜集:现场物证包括破损部件碎片、残留物、致害物等(若有残留液,应取样,如已渗入地下,则应连土取样,以供分析);在现场搜集到的所有物件均应贴上标签,注明地点、时间、管理者;所有物件应保持原样,不准冲洗、擦拭;对健康有危害的物品,应采取不损坏原始证据的安全防护措施。

b. 资料搜集:各种记录,如电话记录、生产记录、原材料检验记录、中间体化验记录、设备运行记录、环境监测记录、交接班记录等(必须在第一时间得到有关键参考价值的设备自动记录,如现场监视的录像,设备的温度、压力自动记录,行车记录仪等);现场环境监测情况,包括照明、湿度、温度、通风、声响、道路、工作面状况以及工作环境中的有毒、有害物质取样分析记录;安全设施的维护、使用情况,如灭火器、消防栓、自动报警仪等运行记录;个人防护用品,如防护服、防毒面具、火灾逃生面具等的使用情况;相关人员个人相关资料,如各种特种作业证、培训经历、学历、职称、家庭关系、身体状况、职业病史等。

c. 人员询问:这在事故调查中非常重要,大约50%的信息是由人员提供的。因为人员提供信息的复杂性与不确定性,所以问询人员要对人员询问过程与得到的信息进行筛选与分析。问询工作应注意,问询开始越早,细节越多,价值越大;开始越晚,与事实偏差越大;工人认为不重要而忘记的某些有价值的信息,可通过多问几个人的方法来完善;问询时,让工人画出草图,并说明自己的位置,可以帮助还原事故原貌;不宜多名工人共同问询,宜单独进行;问询时,不能先入为主来诱导工人,问询应让工人回忆,而不是进行推断与分析。

(5) 事故分析与验证 是现场勘查结束后,对事故的原因、性质、责任等方面分析,确定处理意见的必备程序。主要包括以下任务:原因分析、责任分析、事故定性、制订防范措施、落实防范措施并通报情况。

① 原因分析 是指通过各种分析方法,准确地找出事故的直接原因、间接原因。直接原因有人的不安全行为与物的不安全状态。间接原因一般是指安全生产设计缺陷、安全管理缺陷、安全培训评价不到位、安全理念缺失等较深入的系统原因。间接原因的存在促使了直接原因的产生,间接原因是直接原因的土壤,直接原因滋生了事故隐患,事故隐患在一定条件下可发展变化成生产安全事故。

生产安全事故的分析方法有很多种,如检查表法、人因可靠性分析、故障树分析(FTA)、事件树分析(ETA)等等。

② 责任分析 根据事故直接原因,确定事故直接责任人(领导责任者、主要责任者、重要责任者),指出其违章、违规事实,并提出处理建议。

③ 事故定性 分责任事故和非责任事故。除人力不可抗拒因素导致的事故外,具有可预见性、能预防的事故均为责任事故。

④ 制订防范措施 根据分析得出的事故原因,制订有针对性的事故防范措施。

⑤ 落实防范措施并通报情况 向事故单位(车间)提出事故防范措施,确保有效防止同类事故的再次发生,并向相近的单位(车间)通报相关情况。

2. 生产安全事故处理

因违章指挥、违章作业、玩忽职守或发生事故隐患、危害情况而不采取有效措施以致造成安全生产事故的,或事故发生后隐瞒不报、谎报、故意延迟不报、故意破坏事故现场的,或无正当理由,拒绝接受调查以及拒绝提供有关情况和资料的,由公司主管部门或者公司按照国家有关规定,对相应部门负责人和直接责任人给予经济处罚或开除处理;构成犯罪的,由司法机关依法追究刑事责任。

在调查、处理伤亡事故中玩忽职守、徇私舞弊或者打击报复的,公司按照国家有关规定给予经济处罚或开除处理;构成犯罪的,由司法机关依法追究刑事责任。

事故调查组提出的事故处理意见和防范措施经公司主管领导同意后,由事故发生单位负责处理和整改。

事故发生单位应当认真吸取事故教训,落实防范和整改措施,防止事故再次发生。防范和整改措施的落实情况应当接受工会和职工的监督。安全生产监督管理部门和负有安全生产监督管理职责的有关部门应当对事故发生单位落实防范和整改措施的情况进行监督、检查。

项目三

安全生产标志与劳动防护

知识目标　熟知各类安全生产标志的含义。
　　　　　熟知各类劳动防护用品的种类和使用要求。

案例导入　安全生产标志和劳动防护用品的重要性

① 某化学制药厂工人在操作过程中被碱液大面积灼伤。
② 某药厂的维修工在设备维修过程中被电击致伤。
进行两个事故原因调查时，相关人员发现作业现场缺乏安全生产标志、工人没穿防碱液服和绝缘服，可见劳动防护用品的重要性。

一、常用安全生产标志

在有危险因素的生产经营场所和有关设施、设备上，设置安全警示标志，及时提醒从业人员注意危险，防止从业人员发生事故，是一项在生产过程中，保障生产经营单位安全生产的重要措施。

安全标志是用以表达特定安全信息的标志，由图形符号、安全色、几何形状（边框）或文字构成。安全标志分禁止标志、警告标志、指令标志和提示标志。

安全色是传递安全信息含义的颜色，包括红、蓝、黄、绿四种颜色。

1. 禁止标志

禁止标志是禁止人们进行不安全行为的图形标志。禁止标志的基本形式是带斜杠的圆边框，白底黑色图案，红色轮廓线（"禁止驶入"标志例外）。

2. 警告标志

警告标志是提醒人们对周围环境引起注意，以避免可能发生危险的图形标志。警告标志的基本形式是正三角形边框，黄底黑色图案，黑色轮廓线。

3. 指令标志

指令标志是强制人们必须做出某种动作或采用某些防范措施的图形标志。蓝底白色图案。

常见的禁止标志

常见的警告标志

常见的指令标志

常见的提示标志

4. 提示标志

提示标志是向人们提供某种信息（如标明安全设施或场所等）的图形标志。绿底/红底白色图案或文字。

二、药品安全生产与劳动防护

为保证药品安全生产，相关工作人员在作业过程中要进行劳动防护，要按规定佩戴和使用劳动防护用品。劳动防护用品，是指由生产经营单位为从业人员配备的，使其在劳动过程中免遭或者减轻事故伤害及职业危害的个人防护装备。

1. 劳动防护用品种类

（1）**头部防护用品** 是为防御头部不受外来物体打击和其他因素危害而采用的个人防护用品。根据防护功能要求，目前主要有普通工作帽、防尘帽、防水帽、防寒帽、安全帽、防静电帽、防高温帽、防电磁辐射帽、防昆虫帽九类产品。医药化工企业一般选用安全帽、防静电帽、防尘帽。

（2）**呼吸器官防护用品** 是为防止有害气体、蒸气、粉尘、烟、雾经呼吸道吸入或直接向佩用者供氧或清新空气，保证在有尘、有毒污染或缺氧环境中作业人员正常呼吸的防护用具。呼吸器官防护用品按功能主要分为防尘口罩和防毒口罩（面具），按形式又可分为过滤式和隔离式两类。医药化工企业一般选用过滤式防尘口罩和防毒口罩。

（3）**眼及面部防护用品** 预防烟雾、尘粒、金属火花和飞屑、热、电磁辐射、激光、化学飞溅等伤害眼睛或面部的个人防护用品。根据防护功能，大致可分为防尘、防水、防重击、防高温、防电磁辐射、防射线、防化学飞溅、防风沙、防强光九类。医药化工企业一般根据工作岗位选用防尘和防化学飞溅的有机玻璃眼镜。

（4）**手部防护用品** 具有保护手和手臂的功能，供作业者劳动时戴用的手套，也称劳动防护手套。按照防护功能将防护手套分为十二类：普通防护手套、防水手套、防寒手套、防毒手套、防静电手套、防高温手套、防 X 射线手套、防酸碱手套、防油手套、防震手套、防切割手套、绝缘手套。医药化工企业一般根据工作岗位选用防静电手套、防酸碱手套和普通防护手套等。

（5）足部防护用品　是防止生产过程中有害物质和能量损伤劳动者足部的护具，常称为防护鞋。国家标准按防护功能将其分为防尘鞋、防水鞋、防寒鞋、防冲击鞋、防静电鞋、防高温鞋、防酸碱鞋、防油鞋、防烫脚鞋、防滑鞋、防穿刺鞋、电绝缘鞋、防震鞋十三类。医药化工企业一般根据工作岗位选用防静电鞋、防酸碱鞋，从事电工作业的用电绝缘鞋。

（6）躯干防护用品　就是防护服。根据防护功能将其分为普通防护服、防水服、防寒服、防砸背服、防毒服、阻燃服、防静电服、防高温服、防电磁辐射服、耐酸碱服、防油服、水上救生衣、防昆虫服、防风沙服十四类。医药化工企业根据工作岗位选用普通防护服、防静电服、耐酸碱服，电焊维修工和消防员一般用阻燃服。

（7）防坠落用品　是防止人体从高处坠落的用品，通过绳带，将高处作业者的身体系接于固定物体上或在作业场所的边沿下方张网，以防不慎坠落，这类用品主要有安全带和安全网两种。医药化工企业根据工作需要，在设备安装、检修时常用安全带。

常见劳动防护用品见图1-1、图1-2、图1-3、图1-4。

图1-1　安全帽

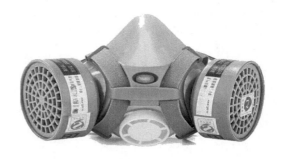

图1-2　防毒口罩

图1-3　防酸碱手套

图1-4　防护服

2. 劳动防护用品的使用要求

劳动防护用品使用前应先做一次外观检查。检查的目的是为了认定用品对有害因素防护效能的程度，检查用品外观有无缺陷或损坏，各部件组装是否严密，启动是否灵活等。

劳动防护用品的使用必须在其性能范围内，不得超过极限使用；不得使用未经国家指定和检测达不到标准的产品；不能随便代替，更不能以次充好。

从业人员在作业过程中，必须按照安全生产规章制度和劳动防护用品使用规则，正确佩戴和使用劳动防护用品；未按规定佩戴和使用劳动防护用品的，不得上岗作业。

> **知识拓展**
>
> **防酸服的维护与保养**
>
> ① 透气型防酸服最好用中性洗涤剂清洗，洗涤时不要与其他衣物混洗，采用手洗或洗衣机柔洗程序，切忌用毛刷等硬物刷洗、用棒捶打或用手用力揉搓。洗涤水温应在40℃以下，洗涤时间尽可能短，但应有充足时间用清水漂洗，以清除残留的洗涤剂。切勿用漂白粉、有机溶剂去污，以免影响防酸性能和衣料牢度。防酸服宜自然晾干，避免日光暴晒。衣服在半干状态时，最好在115℃左右熨烫一下，这样可在一定程度上缓解防酸性能的下降。
>
> ② 不透气型防酸服一般应采用大量清水冲洗，可用毛刷轻轻刷洗污物，但切忌使用高温热水、有机溶剂清洗，避免日光暴晒、热烘、熨烫，以免老化、龟裂、溶胀而失去防护性能。

知识导图

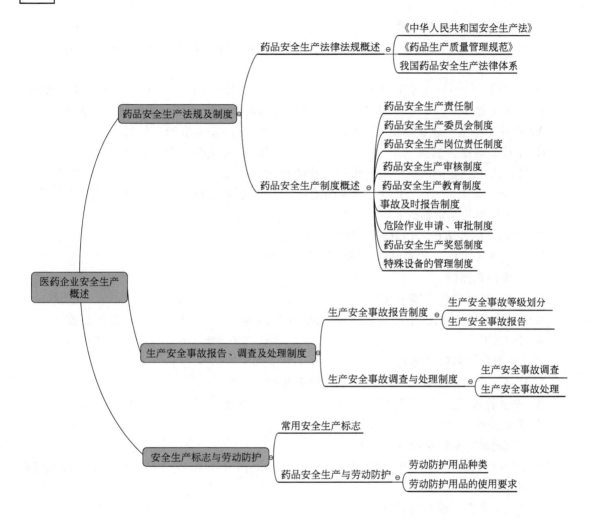

目标检测

一、A 型题（最佳选择题）

1. 《中华人民共和国安全生产法》适用于在我国境内从事生产经营活动的单位的（　　）。
   A. 财产安全　　　B. 生产安全　　　C. 治安安全　　　D. 保护职工健康

2. 制药企业建立（　　），是安全生产方针的具体体现，是其最基本的安全管理制度。
   A. 药品安全生产教育制度　　　　　B. 药品安全生产责任制
   C. 事故及时报告制度　　　　　　　D. 药品安全生产奖惩制度

3. 药品生产企业全面负责安全生产工作的是（　　）。
   A. 安全管理人员　　B. 生产车间主任　　C. 企业法定代表人　　D. 质量部主任

4. 禁止标志的基本形式是（　　）。
   A. 带斜杠的圆边框，白底黑色图案，红色轮廓线
   B. 正三角形边框，黄底黑色图案，黑色轮廓线
   C. 蓝底白色图案
   D. 绿底/红底白色图案或文字

5. 现在使用的《药品生产质量管理规范》（2010年修订）是从（　　）开始实施的。
   A. 2010年　　　B. 2011年　　　C. 2012年　　　D. 2013年

二、X 型题（多项选择题）

1. 药品安全生产主要由（　　）基础部分组成。
   A. 安全管理　　B. 安全技术　　C. 职业健康　　D. 质量保证
   E. 劳动安全

2. "三同时"原则包括（　　）。
   A. 同时培训　　B. 同时设计　　C. 同时施工　　D. 同时投产使用
   E. 同时宣传

3. "三不伤害"原则包括（　　）。
   A. 不伤害名誉　　B. 不伤害感情　　C. 不伤害他人　　D. 不伤害自己
   E. 不被他人伤害

4. "四不放过"原则包括（　　）。
   A. 事故原因分析不清不放过
   B. 事故责任者和群众没有受到教育不放过
   C. 没有采取切实可行的防范措施不放过
   D. 事故责任者没有受到严肃处理不放过
   E. 事故没有逐级上报不放过

5. 常用的安全标志包括（　　）。
   A. 禁止标志　　B. 警告标志　　C. 交通标志
   D. 指令标志　　E. 提示标志

6. 安全色是传递安全信息含义的颜色，包括（　　）四种颜色。
   A. 红　　　　　B. 蓝　　　　　C. 黄

D. 绿 　　　　　　E. 粉

三、思考题

1. 简述药品安全生产的内涵。
2. 简述药品安全生产制度有哪些。
3. 简述事故调查应该如何进行。
4. 事故报告应该包括的内容有哪些?
5. 什么是安全生产标志?安全生产标志的构成元素有哪些?

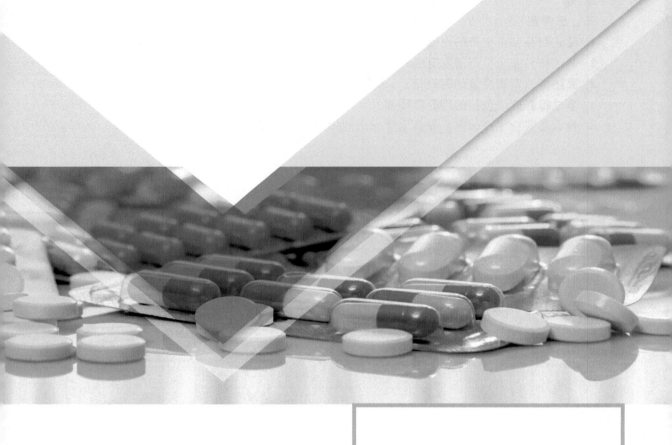

模块二

防火、防爆安全生产管理

思政与素质目标

- 在工作中能遵守法律法规，认真履行岗位职责，遇事沉着冷静。
- 树立安全第一的思想，具有居安思危、防患于未然的意识。

项目一
防火安全生产管理

知识目标
了解火灾的危险性分析。
熟悉燃烧的基础知识，理解引起火灾的条件。
掌握防火的安全控制措施。

 为何医药企业火灾频发？

2019 年，济南某制药有限公司冻干车间地下室，在管道改造过程中，因电焊火花引燃低温传热介质，发生火灾，产生大量烟雾，致使现场作业的 10 名工作人员中 8 人当场窒息死亡，其余 2 名工作人员因抢救无效死亡。另有 12 名救援人员呛伤，无生命危险。

据不完全统计，仅 2016~2017 年，制药企业火灾、爆炸事故高达 15 起。其中也不乏国内知名的大型药企。在上述 15 起安全事故中，共有 8 人死亡，18 人受伤。其中，江苏某企业一起爆炸就造成了 4 人死亡、6 人被埋的惨剧。目前，很多事故原因仍处于"不明"状态，但想必"人祸"占了相当大的比例。但"血的教训"在繁忙的生产线上并未起到足够的震慑作用。

思考：如何才能做好医药企业防火安全管理？

一、火灾概述

医药企业生产过程中使用及贮存的原辅料、中间体和产品很多是易燃物质，若发生火灾事故，则可能造成十分严重的后果，不仅会造成经济损失，而且会造成企业人员伤亡，甚至还会使附近的居民遭受灾难。火灾是医药企业主要的事故类型之一，防火安全管理是医药企业安全生产管理的重要组成部分。

表 2-1 为防火安全生产主要法律法规。

表 2-1　防火安全生产主要法律法规

序号	法律法规	发布时间
1	《中华人民共和国消防法》	2019 年修正
2	《消防安全责任制实施办法》	2017 年
3	《关于全面加强危险化学品安全生产工作的意见》	2020 年

1. 火灾的定义和危险性分类

(1) 火灾的定义　火灾是由在时间或空间上失去控制的燃烧所造成的灾害，其本质是一种发光、发热的化学反应。燃烧多数属于链式反应，通常会剧烈放热，同时出现火焰或可见光。

为了预防火灾，减少火灾危害，保护人身和财产安全，国家制定"预防为主，防消结合"的消防工作方针。医药企业生产车间和贮罐区作为重点防火区域，每位员工都能做到"四懂"和"四会"。"四懂"指的是懂火灾的危险性，懂火灾的预防措施，懂火灾的扑救方法，懂火灾的逃生知识。"四会"是指会使用消防器材，会报火警，会扑灭初起火灾，会组织逃生。

(2) 火灾危险性分类　生产和贮存物品的火灾危险性分类，是确定建筑物耐火等级，布置工艺装置，选择电器设备型号，采取防火、防爆措施的重要依据。

按 GB 50016—2014《建筑设计防火规范》（2018 年版）规定，生产的火灾危险性应根据生产中使用或产生的物质性质及其数量等因素，分为甲、乙、丙、丁、戊五类，见表 2-2。

表 2-2　生产过程中火灾危险性的分类

生产类别	火灾危险性特征
甲	①闪点<28℃的液体 ②爆炸下限<10%的气体 ③常温下能自行分解或在空气中氧化能导致迅速自燃或爆炸的物质 ④常温下受到水或空气中水蒸气的作用，能产生可燃气体并引起燃烧或爆炸的物质 ⑤遇酸、受热、撞击、摩擦以及遇有机物或硫黄等易燃的无机物，极易引起燃烧或爆炸的强氧化剂 ⑥受撞击、摩擦或与氧化剂、有机物接触时能引起燃烧或爆炸的物质 ⑦在密闭设备内操作温度不小于物质本身自燃点的生产
乙	①28℃≤闪点<60℃的液体 ②爆炸下限≥10%的气体 ③不属于甲类的氧化剂 ④不属于甲类的化学易燃固体 ⑤助燃气体 ⑥能与空气形成爆炸性混合物的浮游状态的粉尘、纤维、闪点≥60℃的液体雾滴
丙	①闪电≥60℃的液体 ②可燃固体
丁	①对不燃烧物质进行加工，并在高热或熔化状态下经常产生辐射热、火花或火焰的生产 ②利用气体、液体、固体作为燃料或将气体、液体进行燃烧作其他用的各种生产 ③常温下使用或加工难燃烧物质的生产
戊	常温下使用或加工不燃烧物质的生产

同一座厂房或厂房的任一防火分区内有不同火灾危险性物料生产时，厂房或防火分区内

生产的火灾危险性类别应按火灾危险性较大的部分确定；当生产过程中使用或产生易燃、可燃物的量较少，不足以产生爆炸或火灾危险时，可按实际情况确定。

同一座厂房或厂房中同一个防火分区内存在不同火灾危险性的生产时，该建筑或区域火灾危险性的确定原则如下：a. 在一座厂房中或一个防火分区内存在甲、乙类等多种火灾危险性生产时，如果甲类生产着火后，可燃物质足以构成爆炸或燃烧危险，则该建筑物中的生产类别应按甲类划分；b. 如果该厂房面积很大，其中甲类生产所占用的面积比例小，并采取了相应的工艺保护和防火防爆分隔措施将甲类生产部位与其他区域完全隔开，即使发生火灾也不会蔓延到其他区域时，该厂房可按火灾危险性较小者确定；c. 生产过程中虽然使用或会产生易燃、可燃物质，但数量少，当气体全部逸出或可燃液体全部汽化也不会在同一时间内使厂房内任何部位的混合气体处于爆炸极限范围内，或即使局部存在爆炸危险、可燃物全部燃烧也不可能使建筑物着火而造成灾害时，该厂房的火灾危险性仍可划分为戊类。可不按物质危险特性确定生产火灾危险性类别的最大允许量见表 2-3。

表 2-3 可不按物质危险特性确定生产火灾危险性类别的最大允许量

火灾危险性类别	火灾危险性特征	物质名称举例	最大允许量	
			与房间容积的比值	总量
甲	①闪点＜28℃的液体	丙酮、乙醚	0.004L/m³	100L
	②爆炸下限＜10%的气体	氢、甲烷、乙烯	1L/m³（标准状态）	25m³（标准状态）
	③常温下受到水或空气中水蒸气的作用能产生可燃气体并能燃烧或爆炸的物质	金属钾、钠、锂	0.002kg/m³	5kg
乙	①28℃≤闪点＜60℃的液体	煤油、松节油	0.02L/m³	200L
	②爆炸下限≥10%的气体	氨	5L/m³（标准状态）	50m³（标准状态）
	③不属于甲类的氧化剂	硝酸、发烟硫酸	0.025kg/m³	80kg
	④助燃气体	氧、氟	5L/m³（标准状态）	50m³（标准状态）

贮存物品的火灾危险性应根据贮存物品的性质和贮存物品中的可燃物数量等因素划分为甲、乙、丙、丁、戊五大类，见表 2-4。

表 2-4 贮存物品的火灾危险性分类

生产类别	火灾危险性特征
甲	①闪点＜28℃的液体 ②爆炸下限＜10%的气体以及与水或空气中水蒸气作用能产生爆炸下限小于10%气体的固体物质，如甲烷、乙烯、丙烯、丁二烯、氯乙烯、环氧乙烷、乙炔、电石、碳化铝等 ③常温下能自行分解或在空气中氧化能导致迅速自燃或爆炸的物质，如硝化棉、黄磷等 ④常温下受到水或空气中水蒸气的作用，能产生可燃气体并引起燃烧或爆炸的物质，如钾、钠、钙等金属元素，以及氢化钾、氢化钠、四氢化锂铝等金属氢化物 ⑤遇酸、受热、撞击、摩擦以及遇有机物或硫黄等易燃的无机物，极易引起燃烧或爆炸的强氧化剂，如氯酸钾、硝酸钾、过氧化钾、过氧化钠、高锰酸钾等无机氧化剂，硝酸胍、硝酸脲等有机氧化剂以及过氧化二苯甲酰等有机过氧化物 ⑥受撞击、摩擦或与氧化剂、有机物接触时能引起燃烧或爆炸的物质，如三硫化磷、二硝基苯、重氮氨基苯、偶氮二甲酰胺等 ⑦在密闭设备内操作温度不小于物质本身自燃点的生产

续表

生产类别	火灾危险性特征
乙	①28℃≤闪点＜60℃的液体 ②爆炸下限≥10%的气体,如氨气、一氧化碳等 ③不属于甲类的氧化剂,如亚硝酸钾、重铬酸钾、硝酸、硝酸汞、漂白粉等 ④不属于甲类的化学易燃危险固体,如硫黄、镁粉、铝粉、樟脑、安全火柴等 ⑤助燃气体,如氧气、压缩空气等 ⑥能与空气形成爆炸性混合物的浮游状态的粉尘、纤维、闪点≥60℃的液体雾滴 ⑦常温下与空气接触能缓慢氧化,积热不散引起自燃的物品,如油纸、油布、漆布等
丙	①闪点≥60℃的液体,如动物油、植物油、润滑油、机油等 ②可燃固体,如纤维及其织物,纸张、棉、毛、丝、面粉、天然橡胶及其制品等
丁	难燃烧物品,如酚醛泡沫塑料及其制品,水泥刨花板等
戊	不燃烧物品,如钢材、玻璃及其制品,搪瓷、陶瓷及其制品,不燃气体、玻璃棉、水泥、石材等

根据火灾造成的损失程度,将火灾分为特别重大火灾、重大火灾、较大火灾和一般火灾。死亡30人以上为特别重大火灾,死亡10人以上为重大火灾,死亡3人以上为较大火灾,死亡3人以下为一般火灾。

2. 医药化工火灾的特点

① 燃烧强度大,火势较猛烈,火场温度高,热辐射强。
② 火灾蔓延速度快,极易形成立体火灾、大面积火灾。
③ 容易复燃。
④ 组织指挥、扑救和处置的难度大。
⑤ 需要投入较多的参战力量和耗费较长时间来灭火。
⑥ 容易造成重大人员伤亡和财产损失,社会影响大。
⑦ 容易造成环境污染,有毒、有害物质一旦泄漏到大气中或排放到江河中易造成大量人员伤亡和大气、水资源污染,影响持久、治理难度大。

> **知识拓展**
>
> 火灾的危害
>
> 火灾除了造成直接烧伤和烧死外,往往更多(一半以上)人员的死亡是由烟气造成的。烟气是一种混合物,包括燃烧产物,如 CO_2、水蒸气、未燃的燃气、CO 等多种有毒、有腐蚀性的气体,固体微小颗粒和液滴,卷入的空气等。烟气可致人窒息(如 CO_2 等气体)、中毒(主要是 CO,多数的中毒死亡都是由它引起的)。烟气的高温能使人灼伤,造成呼吸困难。

二、火灾的发生、发展及预防

火灾是由在时间或空间上失去控制的燃烧所造成的灾害。要知道引起火灾的条件,首先应了解燃烧的本质、类型、特征与条件。

1. 燃烧的基础知识

(1) 燃烧的本质 是一种发光、发热的化学反应。从化学的角度讲,任何燃烧均是氧化还原反应，放热、发光、生成新物质是其特征，几乎所有可燃物的燃烧都是借助空气（氧）助燃进行的。但燃烧不仅指可燃物和空气（氧）的化学反应，也包括能与其他氧化剂产生的能够放热、发光、生成新物质的所有化学反应。

(2) 燃烧的类型 包括闪燃、自燃和着火三大类。

① 闪燃与闪点

a. 闪燃 可燃液体受热蒸发为蒸汽，液体温度越高，蒸汽浓度越低。当温度不高时，液面上少量可燃蒸汽与空气混合，遇火源会闪出火花，短暂的燃烧（一闪即灭）称闪燃，燃烧时间 $t \leqslant 5s$。

b. 闪点 可燃液体发生闪燃的最低温度。闪点越低，发生火灾和爆炸的危险性越大。如车用汽油－39℃；煤油 28～35℃，此不仅说明车用汽油比煤油的火灾危险性大，还表明车用汽油具有发生低温火灾的危险性。

可燃液体发生闪燃现象，是因为在闪点温度下该液体蒸发速度较慢，所产生的蒸汽不足以维持长时间稳定的燃烧。闪燃是可燃液体着火的前奏，从消防的角度来说，闪燃就是发生火灾的警告。

常见易燃和可燃液体的闪点见表 2-5。

表 2-5 常见易燃和可燃液体的闪点

液体名称	闪点/℃	液体名称	闪点/℃	液体名称	闪点/℃
甲醇	11	乙醚	－45	苯	－11
乙醇	12.8	甲酸甲酯	－32	甲苯	4.4
丙醇	15	乙酸甲酯	－10	二甲苯	30
丁醇	35	乙酸乙酯	－4	汽油	－43
异丁醇	12	乙酸丁酯	22	煤油	30～70
环氧丙烷	－37	醋酸	39	重油	80～130
正己烷	－25.5	醋酸酐	49	二甲胺	－17.8
正庚烷	－4	丙酮	－20	三乙胺	<0
正辛烷	13	四氢呋喃	－20		

② 自燃与自燃点 可燃物质受热升温而无需明火作用就能自行燃烧的现象称为自燃，而能引起自燃的最低温度称为自燃点。自燃点越低，发生火灾的危险性越大，如黄磷 30℃，煤 320℃，则黄磷比煤容易发生自燃。

根据可燃物质升温热量来源的不同，又可将自燃分为本身自燃和受热自燃两类。

a. 本身自燃：可燃物质由于其自身的化学反应，温度升高至自燃点而发生自行燃烧的现象。

b. 受热自燃：可燃物质由于外界加热，温度升高至自燃点而发生自行燃烧的现象。

常见物质的自燃点见表 2-6。

③ 着火和着火点 着火就是可燃物质与点火源接触而燃烧，并且在点火源移去后仍能继续保持燃烧的现象。可燃物质发生着火的最低温度称为着火点或燃点。一般来说，物质的燃点越低，其发生火灾的危险性越大。

常见物质的着火点见表 2-7。

表 2-6 常见物质的自燃点

物质名称	自燃点/℃	物质名称	自燃点/℃	物质名称	自燃点/℃
甲醇	470	乙炔	305	氢氰酸	538
乙醇	392	丙酮	561	二甲醚	350
甲烷	632	醋酸	550	二乙醇胺	662
乙烷	472	一氧化碳	609	环丙烷	498
乙醛	275	二硫化碳	120	苯	580
乙醚	193	硫化氢	292	氨	651

表 2-7 常见物质的着火点

物质名称	着火点/℃	物质名称	着火点/℃
黄磷	34	棉花	200
樟脑	70	硫黄	255
硝酸纤维素	100	有机玻璃	260
橡胶	120	聚乙烯	400
纸	130	聚丙烯	400
石蜡	158～195	锦纶	415

④ 轰燃　是指室内的局部火（由于热辐射、热对流等）向大面积火转变的现象。

⑤ 阴燃　是指没有火焰和可见光的燃烧。

（3）燃烧的特征　燃烧是物质与氧化剂之间的放热反应，它通常伴随有放热、发光、生成新物质等特征。

（4）燃烧的条件　燃烧是有条件的，可燃物、助燃物（氧化剂）和点火源是燃烧必须同时具备的三个条件，又称三要素。

① 可燃物　是指在火源作用下能被点燃，并且当火源移去后能继续维持燃烧，直至燃尽的物质。凡是能与空气、氧气和其他氧化剂发生剧烈氧化反应的物质，均可称为可燃物。

按照可燃物组成不同，可分为无机可燃物和有机可燃物；按其状态不同，可分为气态、液态和固态三类。易燃气体如氢气、乙炔等，易燃液体如乙醚、乙醛、二乙胺、丙酮、乙硫醇等；易燃固体如红磷、硫黄等。

② 助燃物　凡是具有较强氧化性能，能与可燃物发生化学反应并引起燃烧的物质，称为助燃物。如空气、氧气、氯气、氯酸钾、过氧化氢、氟与溴等。

③ 点火源　能使可燃物与助燃物发生燃烧反应的能源。这种能源可以是明火、高温表面、摩擦、撞击、电火花、静电火花、雷击、光热射线、交变电磁场、电磁辐射、绝热压缩、化学反应热等热能、光能、电能、化学能及机械能，其能导致危险温度和自然放热。

以上三要素是燃烧的必要条件，即缺少任何一个，燃烧都不能发生和维持；但不是充分条件，即三条件都具备了也不一定能燃烧。要使可燃物燃烧必须使之达到一定数量或浓度，助燃物达到足够的数量和点火源具备足够的能量，且这些条件相互结合和相互作用。

2. 火灾的形成条件和发展过程

可燃物、助燃物和点火源三个基本条件同时具备，并且相互作用才能发生燃烧。通常人们用一个三角形来表示燃烧三要素（可燃物、助燃物和点火源）三者之间的这种关系，称为"火三角"（图2-1）。

图2-1　燃烧三要素（火三角）

火灾的发展分为初起期、发展期、最盛期、减弱期和熄灭期。

a. 初起期是火灾开始发生的阶段，这一阶段中可燃物的热解过程至关重要，主要特征是冒烟、阴燃。

b. 发展期是火势由小到大的阶段，轰燃就发生在这一阶段，主要特征是窜出火苗。

c. 最盛期是空气的剧烈对流，风助火势，火焰包围可燃物，火势强盛。

d. 减弱期是火灾由最盛期开始消减直至熄灭的阶段，减弱的原因是可燃物不足、惰性介质、灭火作用等。由于可燃物、通风等条件的不同，火灾可能达不到最盛期，缓慢发展后就熄灭了。典型的火灾发展过程如图2-2所示。

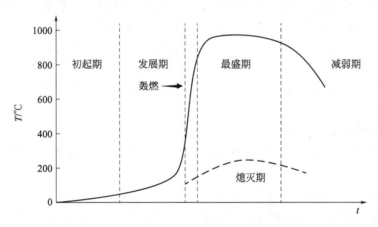

图2-2　典型火灾发展过程

在燃烧过程中，如上述三要素发生变化，也会使燃烧状态改变甚至停止燃烧。助燃物浓度过低，燃烧便不能继续维持，如氧在空气中的浓度降低14%～16%，木材的燃烧即停止；点火源能量过低，燃烧也难以发生，如飞溅出的火星可以点燃油棉丝或刨花，但溅落在大块木头上时，会熄灭。

案例

2016年，湖南某制药企业的二层车间突发大火。大火导致厂房只剩铁板，二层药品全部烧毁。起火原因可能是员工操作不当，引起的电火点燃了装修遗留下的易燃泡沫。

由此可见，防火的重要性。

3. 火灾的预防途径

安全生产要突出"安全第一、预防为主"的指导方针。因此，火灾的预防在开始厂房设计时就应重点考虑。安全设计对医药企业安全生产有着决定性的影响。医药企业要从厂址选择、厂房设计、消防设施、人员配备等方面，充分做好防火安全管理工作。

(1) 厂房布置与安全间距

① 医药企业厂址定位　医药企业确定厂址时，应从安全角度着重考虑以下几点。

a. 地质条件：厂址处要有良好的工程地质条件，避开断层、塌方、洪水地域。

b. 气象条件：厂址宜位于邻近城镇或居住区全年最小频率风向的上风侧。

c. 防止污染：靠近水源时，厂址应设在江河的下游，目的是防止易燃液体、有毒物质污染水源。厂址沿江河岸布置时，宜位于邻近江河的城镇、船厂等重要建筑物或构筑物的下游，并采取防止泄漏可燃液体流入水域的措施。

② 医药企业厂区布局的基本原则　在厂址确定之后，医药企业就应该根据具体情况，在划定的工厂用地范围内，依据相关的设计规范，有计划地、合理地进行建筑物及其他工程设施的平面布局、物料运输线路布置、管线综合布置、绿化布置和环境保护措施的布置等。

从生产安全角度考虑，在总平面布局中应遵循以下基本原则。

a. 统筹考虑工厂总体布局，既要考虑生产、安全、经济、合理和美观等因素，又要兼顾生产与安全、局部与整体、重点和一般、近期与远期的关系。

b. 充分体现"预防为主"的方针，工厂总平面布局不仅要符合防火的基本要求，还要有疏散和灭火的设施。

c. 按照相应设计规范、规定和标准中有关安全防火、卫生等的要求，合理布置建筑物的间距、朝向及方位。

d. 合理布置物流输送和管网线路。

e. 在条件允许的前提下，合理考虑企业发展和改建、扩建的要求，否则安全距离难以保证。

③ 总平面布局的基本要求

a. 工厂总平面布局，应根据工厂的生产流程及各组成部分的生产特点、火灾危险性，结合地形、风向等条件，按功能分区集中布置。危险性较大的车间，应与其他车间保持一定的间距。对于个别危险性大的设备，可采用隔离操作与远距离操纵。

b. 为了便于易燃气体的散发，减少泄漏造成易燃气体在厂房内积聚的危险性，可将可燃气体罐组或可燃液体罐组及设备露天布置，并做好夜间照明、防晒、防潮、防冻等措施；且此类装置布置时应充分考虑其与工艺装置、全厂性重要设施或人员集中场所的距离和地势等因素，防止液体流淌到这些场所。

c. 当厂区采用阶梯式布局时，阶梯间应有防止泄漏的可燃液体漫流的措施。

d. 空气分离装置，应布置在空气清洁地段并位于散发乙炔、其他烃类气体、粉尘等场所的全年最小频率风向的下风侧，尽量减少吸入可燃气体，防止液化的可燃气体的积累，因其与高浓度氧气接触时易发生爆炸。

e. 汽车装卸站、甲类物品仓库等机动车辆频繁进出的设施，应布置在厂区边缘或厂区外，并宜设围墙独立成区。

f. 采用架空电力线路进出厂区的总变配电所，应布置在厂区边缘。

g. 生产区不应种植含油脂较多的树木，而宜选择含水分较多的树种；工艺装置或可燃气体、可燃液体的罐组与周围消防车道之间，不宜种植绿篱或茂密的灌木丛；在可燃液体罐组防火堤内，可种植生长高度不超过15cm，水分多的四季常青的草皮；厂区的绿化不应妨碍消防操作。

④ 工艺装置间的安全距离——防火间距　在医药企业平面设计中，各工艺装置之间应设置足够的防火间距，其目的是在其中一套装置发生火灾时，不会使火灾蔓延到相邻的装置，从而限制火灾的范围。

防火间距是指建筑物或构筑物之间空出的最小水平距离。在防火间距之内，不得再搭建任何建筑物和堆放大量可燃、易燃材料，不得设置任何贮有可燃物料的装置及设施。例如，苯、甲苯、甲醇、乙醇等甲类贮存物品仓库与重要公共建筑之间的防火间距不应小于50m；与民用建筑、明火或散发火花地点之间的防火间距不应小于30m；与厂内主要道路路边之间的防火间距不应小于10m，次要道路不应小于5m。

(2) 点火源的控制　在医药生产中，引起火灾的点火源有明火、摩擦与撞击、高温表面、电气火花、静电火花、化学反应热等。

① 明火　是指敞开的火焰、火星等。在存在易燃物质的场所，防范明火是最基本也是最重要的防火安全措施。汽车、柴油机等的排气管喷火都可能引起火灾，因此，此类运输工具在未采取防火措施时不得进入危险场所。在生产过程中，加热操作是最常见的操作步骤之一。对易燃液体进行加热时，一般使用热水或蒸汽，此时应尽量避免采用明火。在物料干燥过程中，如产生易燃气体的，不应与明火接触；干燥易燃物质，应采用蒸汽加热的方法。

② 摩擦与撞击　摩擦与撞击形成的点火源是两个表面粗糙的坚硬物体互相碰撞或摩擦时产生的火花或火星。通常能点燃沉积的可燃粉尘以及易燃气体、蒸气、粉尘与空气的混合物等。因此，在易燃场所，应采取防止火花产生的措施。a. 应采用铜、铝、塑料等制作的工具，不能使用铁器，避免相互撞击或与机器撞击或与混凝土地面撞击产生火花；b. 应采用不产生火花的材料将可能撞击的部位覆盖起来；c. 搬运盛有可燃气体和易燃液体的金属容器时，不要抛掷、拖拉、震动；d. 机器的轴承等转动部件，应保证有良好的润滑，及时加油，及时清除附着的可燃污垢；e. 为了防止金属零件随物料掉入设备内发生撞击起火，可以在这些设备上安装磁力离析器，不适宜用磁力离析器的，如特别危险物质碳化钙等的破碎，应采用惰性气体保护。

③ 高温表面　固体表面温度超过可燃物的燃点时，可燃物接触到该表面可能一触即燃，也可能因长时间接触而着火。常见的高温表面有电炉、干燥器的高温部分、由机械摩擦导致发热的传动部分、高温管道表面。应防止可燃物与加热装置、高温物料输送管道等表面温度高的设备接触，以防着火。

④ 电气火花　有两种，一种是电气设备正常工作时产生的火花，另一种是电器设备和线路发生故障或误操作出现的火花。电火花一般具有较高温度，可引起可燃物燃烧。为了防止由电火花引起的火灾，在具有燃烧危险的场所，应选择合适的电气设备或封闭式电器设备；引入的电线应绝缘良好，并敷设在铁管内。

⑤ 静电火花　静电电量虽然不大，但电压很高，容易发生火花放电，从而引发火灾。防止静电危害的基本途径有：a. 限制输送速度，降低物料移动中的摩擦速度或液体物料在管道中的流速等工作参数，以减少静电的产生；b. 采用泄漏导走法，消除静电荷积聚，如空气加湿、加抗静电剂、静电接地等；c. 人体防静电，包括人体接地、穿防静电工作服、工作地面导电以及加强安全操作，如在工作场所不穿脱衣物，不梳头，不穿钉子鞋，不携带与工作无关的金属物品等。

> **知识链接**
>
> **静电防护**
>
> 在医药行业中，部分介质在其生产、运输、贮存和使用过程中经常会产生和积聚静电。如果这些电荷不能及时释放，积聚到一定程度，则极易发生静电放电，引燃易燃易爆的气体、液体蒸气或悬浮的粉尘与空气形成的可燃混合物，导致火灾甚至爆炸事故，危害人身安全，影响正常生产。对于医药企业，静电安全防护的主要目的就是防火、防爆。
>
> 防止静电危害的原则是控制静电的产生和防止静电的积累。控制静电的产生主要是控制工艺过程和合理选择工艺过程所用的材料；防止静电的积累要求设法加速静电的泄漏和中和，使静电电荷不超过安全限度。
>
> （1）工艺控制法　如限制输送速度、加快静电电荷的逸散、消除产生静电的附加源、选用合适的材料来消除静电、适当安排物料的投入顺序等。
>
> （2）静电屏蔽法　即将屏蔽导体靠近带静电体放置，以减轻静电放电的危险和防止静电感应作用。但需要注意的是，屏蔽作用并不能消除静电电荷。
>
> （3）静电泄漏法　即将静电泄掉，常用方法包括接地、增湿、加抗静电剂、涂导电涂料等。
>
> （4）静电消除器　可有效防止绝缘体带电，静电消除器分为放射线式、外接电源式、自感应式3种类型。
>
> （5）防止人体带静电　如穿戴防静电工作服、鞋和手套，不得穿用化纤衣物；特殊危险场所的工作地面应是导电性的或形成导电性条件；不准使用化纤材料制作的拖布或抹布擦洗物体或地面；在有静电危险的场所，不得携带与工作无关的金属物品等。

⑥ 化学反应热　引起的火灾主要分为化学自燃着火和蓄热自燃着火。化学自燃着火有：a. 与水作用化学自燃着火，主要有活泼金属、金属氢化物、金属磷化物、金属碳化物、金属粉末等；b. 与空气接触化学自燃着火，如黄磷、烷基铝、有机过氧化物等；c. 相互接触化学自燃着火，一般为强氧化剂与强还原剂混合后，由于强烈的氧化还原反应而自燃着火，如乙炔与氯气混合，甘油遇高锰酸钾，松节油遇浓硫酸等均可立即发生自燃着火。

（3）控制可燃物　为了防火，对火灾危险性比较大的物料，应采取安全措施。首先应考虑通过工艺改进，用火灾危险性小的物料代替火灾危险性较大的物料。如果不具备上述条件，则应根据物料的燃烧性能采取相应的措施。

在药品生产、检验过程中，采用的有机溶剂多易燃。用燃烧性能较差或不燃的液体溶剂代替可燃溶剂，会显著改善操作的安全性。沸点在110℃以上的液体溶剂，如丁醇、戊醇、乙二醇、二甲苯等，属于燃烧危险性较小的溶剂，而二氯甲烷、三氯甲烷、四氯化碳等，属于不燃液体。

对本身具有自燃能力的油脂及遇空气自燃、遇水燃烧的物质，应采取隔绝空气、防水、防潮或通风、散热、降温等措施。相互接触能引起燃烧的物质不能混存。易燃、可燃气体和液体蒸气要根据密度采取相应的方法和防火措施。

(4) 火灾探测　在火灾发生的初期，一般采用火灾自动报警器自动探测火情，及时报警，及时提醒人们采取措施扑灭初期火灾。火灾自动报警器往往与自动灭火设备系统联动，实现自动灭火目的。人们通常利用火灾初期的冒烟、阴燃等信息研制火灾报警器。火灾报警器有接触式和非接触式。

① 接触式探测　如离子感烟火灾报警器，就是利用某种装置直接接触烟气来实现火灾探测的。烟气的浓度、温度、特殊产物的含量都是探测火灾的常用参数。

② 非接触式探测　主要是根据火焰或烟气的光学效果进行探测的。由于探测元件不必触及烟气，可以在离起火点较远的位置进行探测，故其探测速度较快，适宜探测发展较快的火灾。这类探测器主要有光束对射式、感光（火焰）式和图像式探测器。

项目二

防爆安全生产管理

知识目标
了解爆炸的危险性分析。
熟悉爆炸的基础知识,理解引起爆炸的条件。
掌握防爆的主要措施。

 双氧水生产装置爆炸事故

2012年8月,某化工厂双氧水生产装置在停车过程中发生爆炸事故,造成3人死亡,7人受伤,伤亡损失惨重,社会影响较大。

事故回放:双氧水生产中,循环工作液泵跳停,开启备用泵约5min后氧化液泵跳停,装置紧急停车,车间通知电工检修线路,但未发现异常。交接班开车。控制室人员发现氧化塔内压力持续升高,通过远程控制尾气调节阀泄压,但压力继续急剧升高,进而导致爆炸,大量物料喷出,整套装置起火燃烧。

思考:如何才能做好医药企业防爆安全生产管理?

爆炸是物质系统一种极为迅速的物理或化学能量释放或转化的过程,是系统蕴藏或瞬间形成的大量能量在有限的体积和极短的时间内,骤然释放或转化的现象。

爆炸的危险性分析就是要分析该生产过程和物质贮存的爆炸火灾危险程度属于哪一类,存在哪些可能引发爆炸的因素。欲了解爆炸发生的危险性,应首先了解医药企业发生的爆炸的分类。

一、爆炸概述

1. 爆炸的分类

(1) 按爆炸性质分类 将其分为物理性爆炸、化学性爆炸和核爆炸三类。

① **物理性爆炸** 是指由物质的物理变化而引起的爆炸，如锅炉爆炸、蒸气爆炸等以压缩空气、液化气体超压引起的爆炸。

② **化学性爆炸** 是指物质在瞬间完成化学反应，同时释放大量气体和热量引起的爆炸。化学性爆炸可分为以下几种。

a. 简单分解爆炸：爆炸时不发生燃烧反应，而是爆炸物分解为元素，并在分解反应过程中产生能量。属于这一类爆炸的物质有雷汞、雷银、乙炔银、乙炔铜、叠氮化铅、三氧化氮、三碘化氮、三硫化三氮等。

b. 复分解爆炸：伴有燃烧反应，燃烧所需氧是其本身分解时产生的。大多数炸药和一些有机过氧化物的爆炸属于此类。

c. 可燃性混合物爆炸：该类爆炸在医药等企业的爆炸事故中占主导地位。可燃气体、可燃液体蒸气、可燃粉尘与空气或氧等助燃气体的混合物均属于可燃性混合物。当可燃物含量与空气、氧气等助燃气体比例达到一定范围，即爆炸极限范围时，该可燃性混合物成为爆炸性混合物。

③ **核爆炸** 是指由核裂变、核聚变反应所释放出的巨大核能引起的爆炸。

(2) 按爆炸速度分类 可将爆炸分为以下3类。

① **轻爆** 燃烧速度为数米每秒。

② **爆炸** 燃烧速度为十几米至数百米每秒。

③ **爆轰** 燃烧速度为1000~7000m/s。

(3) 按爆炸反应物分类 可将爆炸分为以下4类。

① 可燃气体（纯）的分解爆炸。

② 可燃气体混合物爆炸。

③ 可燃粉尘爆炸 如铝粉、面粉、煤粉等与空气（O_2）混合物爆炸等。

④ 可燃蒸气、可燃液体雾滴的爆炸。

2. 爆炸的破坏作用

爆炸的破坏作用主要有冲击波、震动、碎片冲击、造成火灾及其他。

(1) 冲击波 随爆炸的出现，冲击波最初出现正压力，而后出现负压力。冲击波产生正负交替的波状气压向四周扩散，从而造成附近建筑物的破坏。建筑物破坏程度与冲击波能量的大小、本身坚固性和建筑物与产生冲击波的中心距离有关。

(2) 震动 在遍及破坏作用的区域内，能使物体震荡、松散的力量。

(3) 碎片冲击 机械设备、装置、容器等爆炸以后，其变成碎片飞散出去，会在相当广的范围造成危害，碎片一般飞散到100~500m。

(4) 造成火灾 通常爆炸气体扩散只发生在极其短促的瞬间，对一般可燃物质来说，不足以造成起火燃烧，而且冲击波还能起到灭火作用。但是，当建筑物遗留大量的热或残余火苗时，会把从破坏的设备内部不断流出的可燃气体或易燃、可燃液体的蒸气点燃，使厂房可燃物起火，加重爆炸的破坏力。

(5) 其他破坏作用 毒物泄漏及扩散蔓延，以及次生灾害。

3. 爆炸危险场所危险区域划分

在有爆炸危险的环境区域内，由于爆炸物出现的频率、持续时间、危险程度不同，为了便于防爆电气设备的选用和爆炸性环境的电力设计，在GB 50058—2014《爆炸危险环境电力装置设计规范》中对气体、粉尘和火灾危险环境进行了危险区域划分。

(1) 爆炸性气体环境危险区域划分

① 0级区域（简称0区） 是指在正常情况下，爆炸性气体混合物连续地、短时间频繁出现或长时间存在的环境。除了密闭空间，如密闭的容器、贮油罐等内部气体外，0区很少存在；高于爆炸上限的混合物环境或有空气进入时可能使其达到爆炸极限的环境，划分为0区。

② 1级区域（简称1区） 是指在正常运行时，爆炸性气体混合物有可能出现的环境。如油桶、油罐、油槽灌注可燃液体的开口部位附近区域；泄压阀、排气阀、呼吸阀、阻火阀等爆炸性气体排放口附近空间；浮顶贮罐的浮顶上空间；无良好通风的室内有可能释放、积聚形成爆炸性混合物的区域；洼坑、沟槽等阻碍通风，爆炸性气体混合物易于积聚的场所。

③ 2级区域（简称2区） 是指在正常运行时，不可能出现爆炸性气体混合物的环境，或即使出现爆炸性气体混合物，也仅是短时存在的环境。如有可能由于腐蚀、陈旧等原因致使设备、容器破损泄漏而出现危险物料的区域；因误操作或因异常反应形成高温、高压，有可能泄漏出现危险物料的区域；由于通风设备故障，爆炸性气体有可能积聚形成爆炸性混合物的区域。

注："正常情况"包括正常开车、停车和运转（如敞开卸料、装料等），也包括设备和管线允许的正常泄漏在内；"不正常情况"包括装置损坏、操作维修不当及装置的拆卸、检修等。

(2) 爆炸性粉尘环境危险区域划分 爆炸性粉尘危险场所的划分由原来的两种区域"10区、11区"改为三种区域"20区、21区、22区"。

① 20区 在正常运行过程中可燃性粉尘连续出现或经常出现，其数量足以形成可燃性粉尘与空气混合物和/或可能形成无法控制和极厚的粉尘层的场所及容器内部。

② 21区 在正常运行过程中，可能出现粉尘数量足以形成可燃性粉尘与空气混合物但未划入20区的场所。该区域包括与排放粉尘点直接相邻的场所、出现粉尘层和正常操作情况下可能产生可燃浓度的可燃性粉尘与空气混合物的场所。

③ 22区 在异常条件下，可燃性粉尘云偶尔出现并且只是短时间存在，或可燃性粉尘偶尔堆积或可能存在粉尘层并且产生可燃性粉尘空气混合物的场所。如果不能保证排除可燃性粉尘堆积或粉尘层时，则应划分为21区。

医药企业火灾的发生

> **知识拓展**
>
> **火灾危险环境区域划分**
>
> 火灾危险环境区域划分是根据火灾事故发生的可能性或后果，以及危险程度、物质状态的不同，按规定分为以下3个区域。
>
> 1. 21区
>
> 21区是指具有闪点高于环境温度的可燃气体，在数量和配置上能引起火灾危险的

> 环境。
>
> 2. 22区
>
> 22区是指具有悬浮状、堆积状的可燃性气体或可燃性纤维，虽不能形成爆炸性混合物，但在数量和配置上能引起火灾危险的环境。
>
> 3. 23区
>
> 23区是指具有固体状可燃物质，在数量和配置上能引起火灾危险的环境。

二、爆炸的发生条件、影响因素和预防措施

1. 爆炸极限及其影响因素

(1) 爆炸极限 又称爆炸浓度极限，是指可燃物质（可燃气体、蒸气和可燃粉尘）与空气或氧气在一定浓度范围内均匀混合，遇火源能够发生爆炸的浓度范围。该范围的最低值为可燃性混合物能发生爆炸的最低浓度，即爆炸下限；可燃性混合物发生爆炸的最高浓度为爆炸上限。上、下之间的范围就是该可燃物在该助燃物中的爆炸极限。

因此，可燃物质（可燃气体、蒸气、可燃粉尘等）化学性爆炸的条件为：a. 可燃物质（可燃气体、蒸气、可燃粉尘等）；b. 可燃物质与空气或氧气均匀混合，浓度达到爆炸极限；c. 在火源作用下。部分气体和液体蒸气的爆炸极限见表2-8。

表2-8 部分气体和液体蒸气的爆炸极限

序号	物质名称	爆炸极限(体积分数)/%	
		下限	上限
1	甲烷	5.0	15.0
2	氢气	4.0	75.6
3	一氧化碳	12.5	74.0
4	二氧化碳	1.0	60.0
5	乙烷	3.0	15.5
6	甲醇	5.5	36.0
7	乙醇	3.5	19.0
8	苯	1.2	8.0
9	乙烯	2.7	34.0
10	乙醚	1.7	48.0
11	丙酮	2.5	13.0
12	乙酸乙酯	2.1	11.5

(2) 影响爆炸极限的因素 爆炸极限不是一个物理常数，它随条件的变化而变化。影响气体可燃性混合物的爆炸因素如下。

① 初始温度 混合物的初始温度越高，爆炸范围越大，即爆炸下限越低，上限越高，爆炸危险性越大。如丙酮在0℃下爆炸极限为4.2%~8%，50℃时爆炸极限为4.0%~9.8%。

② 初始压力　混合物的初始压力增大，一可降低气体混合物的自燃点，二在高压下分子间距缩小，使反应更易发生，加快反应速度。因此，爆炸上限明显增高，爆炸极限的范围变宽，爆炸的危险性增加。

在已知的可燃气体中，只有一氧化碳的爆炸极限范围随压力的增大而减小。如甲烷在0.1MPa时的爆炸极限为5.6%～14.3%，5MPa时的爆炸极限为5.4%～29.4%。

当混合物初始压力减小时，爆炸极限范围缩小；当压力降低到某一数值时，会出现爆炸下限和上限重合的现象，这个把爆炸极限缩小为零的压力称为爆炸的临界压力。这就意味着初始压力低于临界压力时，不会发生混合气体的爆炸。

③ 容器材质和尺寸　对爆炸极限的范围均有影响。容器管道直径越小，爆炸极限范围越小。但当直径小到一定尺寸时，火焰不能通过。这一间距称为最大灭活间距或临界直径。当容器管道直径小于最大灭活间距时，火焰因无法通过而熄灭。阻火器就是利用上述原理阻止火灾蔓延的。

④ 惰性介质　氮、二氧化碳、水蒸气、四氧化碳等惰性气体含量越高，爆炸极限范围越窄，危险性越小。当惰性气体达到一定浓度时，可使混合物不发生爆炸。这是因为惰性气体浓度的加大，使体系中的氧含量更加不足，爆炸上限明显下降。

⑤ 点火源　各种爆炸性混合物都有一个最低引爆能量，点火源能量越高，爆炸极限范围越宽。如CH_4在100V、1A电火花下不会爆炸，100V、2A时为爆炸极限5.9%～13.6%，100V、3A时爆炸极限为5.85%～14.8%。

⑥ 氧含量　增高，爆炸上限显著增大，爆炸极限范围变宽，但对爆炸下限影响不大。如H_2与空气混合物的爆炸极限为4%～75%，H_2与氧气混合物的爆炸极限为4%～95%。

2. 粉尘爆炸

制药过程中产生的药物粉尘、金属粉尘（如镁粉、铝粉）、粮食粉尘（淀粉）等悬浮于空气中，粒度足够细并达到一定浓度时，在相对密闭空间内，遇到足够的点火源能量，就能发生粉尘爆炸。

可燃粉尘爆炸应具备以下三个条件：粉尘本身具有爆炸性，粉尘必须悬浮在空气中并与空气混合到爆炸极限浓度，有足以引起粉尘爆炸的热能量。

影响粉尘爆炸的因素如下。

(1) 物理化学性质　物质的燃烧热越大，则其粉尘的爆炸危险性也越大，如煤、碳、硫等；越易氧化的物质，其粉尘越易爆炸，如镁、氧化亚铁等。越易带电的粉尘越易爆炸。

(2) 颗粒大小　颗粒越细，吸附氧就越多，因而越易发生爆炸；且发火点越低，爆炸下限越低。随着颗粒直径的减小，不仅化学活性增加，而且还容易带静电。

(3) 粉尘浓度　粉尘爆炸有一定的浓度范围，但粉尘爆炸上限较高，一般资料中多数只列出粉尘爆炸的下限。

3. 防爆的主要措施

案例

防爆的重要性

某口服固体制剂车间由于较长时间没有生产，操作工人在使用烘盘时，先用75%的酒精进行消毒，后为了加快干燥速度，其将烘盘放入烘箱内干燥，一段时间后，只听见"轰"的一声，烘箱爆炸了，车间的玻璃窗基本上破碎，烘箱的一扇门飞出3米多后在墙上砸出一条深深的印迹，所幸当时岗位上无人，否则被烘箱门击中，后果不堪设想。

由此可见防爆的重要性。

防爆技术是医药企业安全生产技术的重要内容之一。为保证安全生产，必须首先做好预防工作，消除可能引起爆炸的危险因素，这也是防爆的最根本方法。

(1) 防止可燃爆系统的形成

① **防止泄漏**　在保证安装、检修方便的前提下，处理危险物料的设备和管路时，应尽量少用法兰连接，而采用焊接；输送危险液体、气体的管道应采用无缝钢管；装载腐蚀性介质的储罐底部尽量不安装阀门，腐蚀性液体应从顶部抽吸排出。建议使用磁浮式液位计，如用计液玻璃管时，应安装结实防护，以免打碎玻璃，导致液体物料泄漏。必要时，在可燃性液体可能泄漏的地点，设置测爆仪，并与加料装置联锁。当发生物料泄漏时，自动报警并切断加料装置。

② **通风排气**　其效果要满足以下两点，一是防火、防爆，二是避免人员中毒。如无法保证完全密闭，为保证易燃、易爆物质在厂房生产环境中的浓度不超过危险浓度，必须采取有效的通风排气措施，借助于通风来降低空气中可燃物的浓度。自然通风不能满足要求时，就必须采用机械通风，强制换气。不管是采用排风还是送风方式，都要避免气体的循环使用，保证进入车间的是纯净的空气。

③ **惰性化处理**　用惰性气体部分取代空气。在通入可燃性气体后就不能形成爆炸性混合气体，从而消除爆炸危险，这就是惰性化的含义。惰性化处理就是用惰性气体稀释可燃气体、蒸气或可燃粉尘的爆炸混合物，以抑制其燃烧或爆炸。医药生产中常用的惰性气体有氮气、二氧化碳、水蒸气及卤代烃等。惰性气体的用量取决于系统中氧的最高允许含量。不同可燃物采用不同惰性气体稀释时，氧的最高允许含量是不同的。但是，由于惰性气体无色、无味，泄漏时不易被发现，易造成人员窒息。因此，在惰性化处理防爆时，要采取控制措施，以防止泄漏造成人员窒息。

(2) 消除点火源　为预防爆炸危害，对点火源进行控制和消除是消除燃烧三要素同时存在的一个重要措施。引起爆炸的点火源主要有：a. 各种明火（炉子、喷灯、烟头）、摩擦、撞击、绝热压缩等；b. 电火花、电弧、静电放电、短路、雷击、电磁辐射（手机等）等；c. 自热自燃、化学反应热等；d. 热表面，如烟囱、暖气片、炽热物体等；e. 光能（日光照射）转化为点火源等。在有爆炸危险的生产场所，应对这些点火源保持充分的注意，并采取严格的控制措施。

(3) 爆炸探测　爆炸事故是在具备一定的三要素（可燃气、氧气和火源）的条件下出现的。其中可燃气的偶然泄漏和积聚程度，是现场爆炸危险性的主要监测指标，相应的测爆仪便是监测现场爆炸性气体泄漏危险程度的重要工具。特别是在厂房或设备内部动火检修时，需测定易燃气体、蒸气或粉尘是否超过爆炸极限。当可燃液体或气体发生泄漏而操作人员未发现时，监测报警仪可在设定的安全浓度范围内发出警报，便于人们及时处理泄漏点，从而避免重大事故的发生。早发现、早排除、早控制，防止事故的发生、蔓延和扩大。

(4) 采用防爆安全装置——泄压装置　包括安全阀和爆破片。

① **安全阀**　作用是为了防止因设备和容器内压力过高而爆炸。当设备和容器内的压力

升高，超过安全规定的限度时，安全阀即自动开启，泄出部分介质，降低压力，至安全范围内时再自动关闭，从而实现设备和容器内压力的自动控制，防止设备和容器的破裂爆炸。安全阀按结构和作用原理分为静重式、杠杆式和弹簧式等。

② 爆破片　又称防爆膜、泄压膜，是一种断裂型的安全泄压装置。它的一个重要作用是：当设备发生化学性爆炸时，保护设备免遭破坏。其工作原理是在设备或容器的适当部位设置一定面积的脆性材料，构成薄弱环节。当爆炸刚发生时，在较小的爆炸压力作用下，这些薄弱环节首先遭受破坏，立即将大量气体和热量释放出去，爆炸压力也就很难再继续升高，从而保护设备或容器的主体免遭更大损坏，使在场的生产人员不致遭受致命的伤亡。

(5) 使用指示装置　用于指示系统压力、温度和水位的装置。它使操作者能随时观察、了解系统的状态，以便及时加以控制和妥善处理。常用的指示装置有压力表、温度计和液位计。

案例

某制粒车间烘箱爆炸事故

某厂的制粒车间，某中药用乙醇作润湿剂制粒，制粒后放入烘箱烘干，由于排风不畅，烘箱、屋子里乙醇味很重。一工人在门口，一工人开窗，一工人断电，电火花引爆乙醇，断电工人95％面积烧伤，医治无效死亡，另两人不同程度烧伤，车间玻璃和天花板全部震裂。

事故原因是工作环境不符合防爆要求，烘箱也不是防爆烘箱，废气排放不畅，电路开关也没有设计成防爆装置，工人违规操作（在乙醇味很浓的情况下，私自开关电闸）。

试分析可以采取哪些措施防止类似事件出现。

模块二
防火、防爆安全生产管理

项目三

火灾及爆炸事故应急救援

知识目标　了解灭火的基本原理和方法。
熟悉常用消防器材的相关知识。
掌握火灾及爆炸事故应急救援的原则和方法。

案例导入　**盐城市"3·21"特别重大爆炸事故**

2019年，盐城市某化工企业发生特别重大爆炸事故，造成78人死亡、76人重伤、640人住院治疗，直接经济损失达19.86亿元，社会影响较大。

思考：如何才能做好医药企业火灾及爆炸事故应急救援？

我国消防工作的方针是"预防为主、防消结合"。"预防为主"就是把火灾、爆炸预防放在首位，项目一、二已经阐述了如何做好火灾、爆炸的预防工作，以从根本上防止火灾、爆炸的发生。"防消结合"就是将预防和扑救有机结合起来，在做好火灾、爆炸预防工作的同时，做好火灾、爆炸事故的应急救援。

一、灭火的基本原理

根据燃烧的条件可知，燃烧必须在可燃物、助燃物、点火源三要素同时存在，且达到一定的条件后才会发生，因此，灭火的本质就是设法破坏上述三者中的任何一个，使燃烧反应终止。

> **知识拓展**
> **灭火的基本方法**
> 灭火的基本方法有隔离法、冷却法、窒息法和化学抑制灭火法。

041

（1）隔离法　就是将着火的区域与周围可燃物质隔开，中断可燃物的供给，使火灾不能蔓延。这是一种较为常用的方法，主要用于扑救各种固体、液体和气体火灾。

（2）冷却法　就是将水等灭火剂喷射到燃烧着的物质上，降低燃烧物的温度。当温度降到该物质的燃点以下时，火就会熄灭。用于冷却法灭火的灭火剂主要是水。另外，固体二氧化碳、液体二氧化碳和泡沫灭火剂也有冷却作用，主要用于扑灭粉尘、纤维状物等固体可燃物的火灾。

（3）窒息法　就是用不燃或难燃的物质覆盖、包围燃烧物，阻碍空气与燃烧物质接触，使燃烧因缺少助燃物质而停止。如将黄沙、干土、毯、湿布等直接覆盖在燃烧物的表面，通过隔绝空气，使燃烧窒息而停止。泡沫灭火器、二氧化碳灭火器等的灭火原理就是窒息法。

（4）化学抑制灭火法　又称化学反应中断法，就是将抑制剂掺入燃烧区域中，以抑制燃烧连锁反应进行，使燃烧中断而灭火。用于化学反应中断法的灭火剂有干粉和卤代烃等。

二、常用灭火剂

为了能迅速扑灭火灾，必须按照现代防火技术、生产工艺过程特点、着火物质的性质、灭火剂的性质及取用便利等原则来选择灭火剂。常用的灭火剂有水、水蒸气、泡沫液、二氧化碳、干粉、卤代烃等。

1. 水

水是最常用的灭火剂，资源丰富，取用方便。水的热容量大，1kg 水升高 1℃，需要 1kcal（1cal＝4.18J）的热量；1kg 100℃的水汽化成水蒸气则需要吸收 539kcal 的热量。因此水能从燃烧物中吸收大量热量，而使燃烧物的温度迅速下降，从而终止燃烧。当水喷入燃烧区以后，便立即受热汽化成为水蒸气，体积增大 1700 多倍，当大量的水蒸气笼罩于燃烧物的周围时，可以阻止空气进入燃烧区，从而大大减少氧的含量，使燃烧因缺氧窒息而熄灭。加压后的密集水流能喷射到较远的地方，具有较大的机械冲击作用，能冲过燃烧表面而进入内部，从而使未着火的部分与燃烧区隔离开来，防止燃烧物继续分解燃烧。

水适用于扑救初起火灾，又常用于扑救大面积的火灾。水作为灭火剂通常以水、水柱、雾状水和水蒸气四种形态出现。由于形态不同，灭火效果也不同，实际工作中需要根据燃烧物的性质并结合火灾现场实际情况选用。

不能用水扑灭的火灾：①密度小于水和不溶于水的易燃液体引起的火灾，如汽油、煤油、柴油等油品，苯类、醇类、醚类、酮类、酯类及丙烯腈等大容量贮罐，如用水扑救，水则会沉在液体下层，被加热后会引起暴沸，形成可燃液体的飞溅和溢流，使火势扩大；②遇水产生燃烧物的火灾，如金属钾、钠、碳化钙等，不能用水，而应用沙土灭火；③硫酸、盐酸和硝酸引发的火灾，不能用水流冲击，因为强大的水流能使酸飞溅，流出后遇可燃物质，有引起爆炸的危险，另酸溅在人身上，能灼伤人；④电气火灾未切断电源前不能用水扑救，因为水是电导体，容易造成触电；⑤高温状态下化工设备的火灾不能用水扑救，以防高温设备遇冷水后骤冷，引起形变或爆裂。

2. 泡沫灭火剂

泡沫灭火剂的泡沫是一种体积细小、表面被液体包围的气泡群，密度小于最轻的易燃液体，能覆盖在液面上，起窒息和冷却作用。泡沫灭火剂分为化学泡沫灭火剂、空气泡沫灭火剂、抗溶性泡沫灭火剂、氟蛋白泡沫灭火剂和水成膜泡沫灭火剂等。

根据泡沫灭火剂溶液成泡后发泡倍数（膨胀率）的大小，泡沫灭火剂又可以分为低倍数、中倍数和高倍数3种。低倍数泡沫灭火剂的发泡倍数一般在20倍以下，中倍数泡沫灭火剂的发泡倍数在20~200倍之间，高倍数泡沫灭火剂的发泡倍数一般在200~1000倍之间。发泡倍数的计算公式如下：

$$发泡倍数 = 发泡体积/溶液体积$$

通常使用的泡沫灭火剂的发泡倍数为6~8倍，低于4倍的不能使用。

泡沫灭火剂主要用于扑救各种不溶于水的可燃、易燃液体的火灾，也可用于扑救木材、橡胶等固体火灾。因为泡沫灭火剂含有一定量的水，因此不能用于扑救带电设备及由遇水燃烧物质引起的火灾。

3. 二氧化碳灭火剂

二氧化碳灭火剂（MT）是将经过压缩液化的二氧化碳灌入钢瓶内制成的，从钢瓶里喷射出来的固体二氧化碳（干冰）的温度可达-78.5℃，干冰汽化后，二氧化碳气体覆盖在燃烧区，除了具有窒息作用之外，还有一定的冷却作用，因而使火焰熄灭。

由于二氧化碳不含水，不导电，所以可以用来扑灭精密仪器和一般电气火灾以及一些不能用水扑灭的火灾。但是二氧化碳不宜用来扑灭金属钾、钠、镁、铝等和金属过氧化物（如过氧化钾、过氧化钠等）等氧化剂的火灾。因为当二氧化碳从灭火器中喷出时，温度降低，会使环境空气中的水蒸气凝集成小水滴，上述物质遇水发生化学反应，释放大量的热量，抑制了冷却作用；同时放出氧气，使二氧化碳的窒息作用受到影响。因此，上述物质用二氧化碳灭火效果不佳。

4. 干粉灭火剂

干粉灭火剂的主要成分是碳酸氢钠和少量的防潮剂（硬脂酸镁及滑石粉等）。用干燥的二氧化碳或氮气作动力，将干粉从容器中喷出，形成粉雾喷射到燃烧区。干粉中的碳酸氢钠受高温作用发生分解，其化学反应方程式如下：

$$2NaHCO_3 = Na_2CO_3 + H_2O + CO_2$$

上述反应是吸热反应，反应放出大量的二氧化碳和水，水受热变成水蒸气并吸收大量的热能，起到一定冷却和稀释可燃气体的作用。

干粉灭火剂的种类很多，大致可分为以下3类：a. 以碳酸氢钠（钾）为基料的干粉，用于扑灭易燃液体、气体和带电设备的火灾；b. 以磷酸三铵、磷酸氢二铵、磷酸二氢铵及其混合物为基料的干粉，用于扑灭可燃固体、可燃液体、可燃气体及带电设备的火灾；c. 以氯化钠、氯化钾、氯化钡、碳酸钠等为基料的干粉，用于扑灭轻金属火灾。

一些扩散性很强的易燃气体，如乙炔、氢气等，干粉喷射后难以使整个范围内的气体稀释，灭火效果不佳。因为在灭火后留有残渣，干粉灭火剂不宜用于精密机械、仪器、仪表的灭火。此外，使用干粉灭火时，要注意及时冷却降温，以免复燃。

5. 7501灭火剂

7501灭火剂是一种无色透明的液体，主要成分为三甲氧基硼氧烷，化学式为$(CH_3O)_3B_2O_3$，是扑灭镁-铝合金等轻金属火灾的有效灭火剂。

6. 烟雾灭火剂

烟雾灭火剂是在发烟火药基础上研制的一种特殊灭火剂，呈深灰色粉末状，其组分（按质量分数，%）为硝酸钾（50.50%）、木炭（12.50%）、硫黄（3.00%）、三聚氰胺（26.00%）和碳酸氢钠（8.00%），其理化性质见表2-9。

表2-9 烟雾灭火剂的物理和化学性质

项目		数据	项目		数据
水分/%		<0.6	燃烧/s		80~100
细度(140目筛通过)/%		全部	发气量/(mL/g)		250~300
燃烧气体组成/%	二氧化碳(CO_2)	40.8	燃烧气体组成/%	氨(NH_3)	0.4
	氮(N_2)	44.25		甲烷+氢(CH_4+H_2)	4.65
	氧(O_2)	0.2		其他气体	2.2
	一氧化碳(CO)	7.5			

烟雾灭火剂中的硝酸钾是氧化剂，木炭、硫黄和三聚氰胺是还原剂，它们在密闭系统中可维持燃烧而不需外部供氧。碳酸氢钠为缓燃剂，可降低发烟剂的燃烧速度，使其维持在适当的范围内不致引燃或爆炸。烟雾灭火剂85%以上燃烧产物是二氧化碳和氮气等不燃气体。当油罐起火，罐内温度上升到110℃时，低熔点合金熔化，探头帽脱落，导火索裸露被点燃，并很快引燃烟雾剂。烟雾剂燃烧后，迅速产生大量含二氧化碳和氮气的烟雾，使发烟器内压力上升，当达到一定压力时，烟雾冲破发烟器头盖上的密封薄膜，由喷孔向四周喷出，在液面上形成均匀、浓厚的云雾状惰性气体层，使油面与空气隔绝，同时使罐内可燃蒸气的浓度急剧下降，氧气浓度亦下降，从而达到灭火目的。

各种灭火剂的适用范围见表2-10。

表2-10 各种灭火剂的适用范围

灭火剂种类	火灾种类				
	木材等一般火灾	可燃液体火灾		带点设备火灾	金属火灾
		非水溶性	水溶性		
直流水	○	×	×	×	×
二氧化碳泡沫	○	○	×	×	×
7510灭火剂	×	×	×	×	○
二氧化碳、氮气	▲	○	○	○	×
钠盐、钾盐、Monnex干粉	▲	○	○	○	×
碳酸盐干粉	○	○	○	○	×
金属火灾用干粉	×	×	×	×	○

注：○——适用；▲——一般不用；×——不适用。

三、常用消防器材

1. 灭火器

常用的灭火器类型及性能见表2-11。

表 2-11　常用灭火器类型及性能

灭火器类型	泡沫灭火器	二氧化碳灭火器	四氯化碳灭火器	干粉灭火器
规格	10L 56～130L	2kg以下 2～3kg 5～7kg	2kg以下 2～3kg 5～8kg	8kg以下 50kg
药剂	筒内装有碳酸氢钠、发泡剂和硫酸铝溶液	瓶内装有压缩成液体的二氧化碳	瓶内装有四氯化碳液体并加有一定压力	钢瓶内装有钾盐（或钠盐）干粉，并备有盛装压缩气体的小钢瓶
用途	扑救固体火灾和各种不溶于水的可燃、易燃液体的火灾。不能扑救带电设备火灾和水溶性可燃、易燃液体的火灾（抗溶泡沫灭火剂除外）	扑救电器、精密仪器、油类和酸类火灾。不能扑救钾、钠、镁、铝等物质火灾	扑救电气设备火灾。不能扑救钾、钠、镁、乙炔、二硫化碳等物质火灾	扑救石油、石油产品、油漆、有机溶剂、天然气设备火灾
效能	10L喷射时间60s，射程8m；60L喷射170s，射程13.5m	接近着火地点，保持3m远	3kg喷射时间30s，射程7m	8kg喷射时间4～18s，射程4.5m
使用方法	倒过来稍加摇动或打开开关，药剂即可喷出	一只手拿着喇叭筒对着火源，另一只手打开开关即可喷出	只要打开开关，液体就可喷出	提起圈环，干粉即可喷出
保养和检查	放在使用方便的地方；注意使用期限；防止喷嘴堵塞；一年一检查，泡沫低于4倍时应换药	每月检测一次，当小于原重时，应充气	检查压力，小于额定压力时应充气	置于干燥通风处，防潮勿晒；每年检查一次干粉是否受潮；小钢瓶内气压每半年检查一次，若重量减少应充气

灭火器的种类及数量，应根据保护部位的燃烧物料性质、火灾危险性、可燃物数量、厂房占地面积，以及固定灭火设施对扑救初起火灾的可能性等因素综合考虑决定。具体见 GB 50140—2005《建筑灭火器配置设计规范》。

2. 消防用水设施

消防用水设施主要有消防给水管道和消防栓两种。

（1）消防给水管道　是一种能够保障消防所需用水量的给水管道，一般要求独立供水。消防管道有高压和低压两种。室外消防管道应环状供水，输水管路不少于两条，环状管道应用阀门分为若干独立管段，每个管段消防栓数量不宜超过 5 个。

（2）消防栓　消防栓可供消防车取水，也可直接连接水带进行灭火，是消防供水的基本设施。消防栓分为室外和室内两类。室外消防栓分为地下式和地上式两种，一般在北方易冻区域必须设置为地下式，以防止水结冰。

> **知识拓展**
>
> **企业员工"四个能力"**
>
> 企业员工"四个能力"如下。a. 检查、消除火灾隐患能力：即查用火、用电，禁违章操作；查通道出口，禁堵塞封闭；查设施器材，禁损坏挪用；查重点部位，禁失控漏管。b. 扑救初级火灾能力：即发现火灾后，起火部位员工一分钟内形成第一灭火力量；火灾确认后，单位三分钟内形成第二灭火力量。c. 组织疏散逃生能力：即熟悉疏散通道，熟悉安全出口，掌握疏散程序，掌握逃生技能。d. 消防宣传教育能力：即有消防宣传人员，有消防宣传标识，有全员培训机制，掌握消防安全常识。

四、火灾、爆炸事故应急救援的一般原则

1. 早报警，以减少损失

当发现初起火时，在积极组织扑救的同时，尽快使用火警报警装置、电话等向消防队报警和向领导汇报，使消防人员、车辆及时赶到现场，缩短灭火时间，减少损失。报警时要沉着冷静，及时、准确地说清起火部门（单位）、岗位和位置、燃烧的物质、火势大小等。如向110或119火警电话报警，应同时指派人员到消防车可能到的路口接应，并主动、及时向消防人员介绍燃烧物的性质和火场内情况，以便迅速组织扑救。

2. 边报警，边扑救

在火灾的初起阶段，由于燃烧面积小、燃烧强度弱，放出的辐射热量少，是扑救的最有利时机。故在报警的同时，要利用灭火器材和方法，及时扑灭初期火灾。

3. 先控制，后灭火

在扑救可燃气体、液体火灾时，首先要切断可燃气体和液体来源。在未切断其来源前，扑救应以冷却保护为主；在切断可燃物来源后，集中力量把火灾扑灭。

4. 先救人，后救物

应贯彻执行救人重于灭火的原则，先救人后疏散物质。灭火的首要任务就是要把被火围困的人员抢救出来。在灭火力量较强时，灭火和救人可同时进行，但绝不能因灭火而贻误救人时机。人未救出前，灭火往往是为了打开救人通道或减弱火势对人的威胁程度，从而更好地救人脱险，及时为扑灭火灾创造条件。在救人时，应先把受火灾威胁最严重的人员抢救出来，抢救时要做到准确、果断、勇敢，以保证被救人员的安全。

5. 防中毒，防窒息

许多化学物品燃烧时会产生有毒烟雾。一些有毒物品燃烧时，如使用的灭火剂不当，也会产生有毒或剧毒气体。另外，因使用二氧化碳等窒息灭火法，火场附近空气中氧含量的降低可能引起窒息。因此，在扑救火灾时还要特别注意防中毒、防窒息。在扑救有毒物品时要正确选用灭火剂，以避免产生有毒或剧毒气体。在扑救时，人尽可能站在上风向，必要时要佩戴面具，以防发生中毒或窒息。

6. 听指挥，莫惊慌

发生火灾时一定要保持镇静，不要惊慌，迅速采取正确措施扑灭初火。在消防队赶到后，必须听从火场指挥人员的指挥，互相配合，积极主动扑救火灾。

总之，要按照积极抢救人命、及时控制火势、迅速扑灭火灾的基本要求，及时、正确、有效地扑救火灾。

五、几种常见火灾、爆炸的应急救援

火灾控制不当可能会引起爆炸，而爆炸之后往往会引起火灾。火灾通常都有一个从小到大、逐步发展直至熄灭的过程。室内火灾的发展过程，是从可燃物被点燃开始的，由燃烧温度的变化速度所测定的温度-时间曲线来划分火灾的初起期、发展期、最盛期、减弱期和熄灭期五个阶段。初起阶段火灾较易控制，也是扑灭火灾减少损失的理想阶段。

1. 化学危险物品火灾扑救

扑救化学危险物品的火灾时，如果灭火方法不当，就有可能使火灾扩大，甚至导致爆炸、中毒事故的发生。

(1) 易燃和可燃液体火灾扑救 这些液体，特别是易燃液体火灾发生迅速而猛烈，有时甚至会发生爆炸。灭火方法主要根据它们的密度大小，是否溶于水和哪种方法对灭火有利来确定。

① 不溶于水、比水轻的液体（如乙醚、汽油等）的火灾，可用泡沫或干粉扑救。初起火时，燃烧面积不大或燃烧物不多时，也可用二氧化碳扑救。但不能用水扑救，因用水灭火时，液体比水轻，会浮在水面上随水流淌而扩大火灾。

② 不溶于水，密度大于水的液体（如二硫化碳）等着火时，可用水扑救，但只有覆盖在液体表面的水层有一定厚度时，方能压住火焰。敞口容器内易燃、可燃液体着火时，不能用沙土扑救。因沙土非但不能覆盖于液体表面，反而会沉积于容器底部，造成液面上升以致溢出，使火灾蔓延、扩展。

③ 能溶于或部分溶于水的液体（如甲醇、乙醇等醇类，乙酸乙酯，丙酮等）发生火灾时，应用雾状水或抗溶性泡沫、干粉等扑救。初火或可燃物不多时，也可用二氧化碳扑救。如用化学泡沫灭火，泡沫强度必须比扑救不溶于水的易燃液体大3～5倍。

(2) 易燃固体火灾扑救 这类物质发生火灾时，一般都能用水、沙土、石棉毯、泡沫、二氧化碳、干粉等灭火器材扑救。但粉状固体，如铝粉、镁粉、闪光粉等，不能直接用水、二氧化碳扑救，以免粉尘被冲散在空气中形成爆炸性混合物而可能发生爆炸。如用水扑救，则必须先用沙土、石棉毯覆盖。磷的化合物、硝基化合物和硫黄等易燃固体着火时，有有毒和刺激性气体，扑救时人要站在上风向，以防中毒。

(3) 遇水燃烧物品和自燃物品火灾扑救 遇水燃烧物品（如金属钠等）的共同特点是遇水能发生剧烈化学反应，放出可燃性气体而引起燃烧或爆炸。该类火灾应用干沙土、干粉等扑救，严禁用水、酸碱等泡沫扑救。自燃物品起火时，一般可用大量水进行灭火，也可用沙土、二氧化碳和干粉灭火。由于三乙基铝遇水产生乙烷，铝铁溶剂燃烧时温度极高，能使水分解产生氢气，故不能用水灭火。

(4) 毒害物品和腐蚀性物品火灾扑救 一般毒害品着火可用水及其他灭火器扑救，但毒害品中的氰化物、硒化物、磷化物着火时，如遇酸能产生剧毒或易燃气体，故不能用酸碱灭火器扑救，只能用雾状水或二氧化碳等灭火。腐蚀性物品着火时，可用雾状水、干沙土、泡沫、干粉等扑救。硫酸、硝酸等酸类腐蚀品不能用加压密集水流扑救，因水会使酸液发热甚至沸腾，四处飞溅而伤害扑救人员。

2. 电气火灾扑救

电气设备发生火灾时，为防止触电事故，一般都在切断电源后扑救。

(1) 断电灭火 电气设备发生火灾或引燃附近可燃物时，首先要切断电源。切断电源时，除要防止触电和电弧灼伤外，还应注意切断电源的位置要适当，防止切断电源影响扑救工作的进行。

电源切断后，扑救方法与一般火灾扑救方法相同。

(2) 带电灭火 如等切断电源后再进行扑救，就会有使火势蔓延、扩大的危险，或断电后会严重影响生产，这时为了取得扑救的主动权，扑救就需要在带电的情况下进行。

带电灭火时应注意以下几点：a. 必须在确保安全的前提下进行，应用不导电的灭火剂（如二氧化碳、干粉等）进行灭火，不得直接用导电的灭火剂和直射水流、泡沫等进行喷射，否则会造成触电事故；b. 使用小型二氧化碳、干粉灭火器时，由于其射程较近，灭火人员要注意保持一定的安全距离，在灭火人员穿戴绝缘手套和绝缘靴、水枪喷嘴安装接地的情况下，可以采用喷雾状灭火；c. 如遇带电导线落于地面，则要防止跨步电压触电，扑救人员需要进行灭火时，必须穿上绝缘鞋（靴）。

此外，有油的电气设备（如变压器、油开关）着火时，也可用干燥的黄沙盖住火焰，使火熄灭。

3. 生产装置初起火灾扑救

医药企业生产用的原料、中间产品和成品，大部分是易燃、易爆物品。在生产时中往往经过许多工艺过程，在连续高温和压力变化及多次化学反应的过程中，容易造成物料的"跑、冒、滴、漏"，极易起火或形成爆炸性混合物。因此，当生产装置发生火灾、爆炸事故时，现场操作人员应立即使用灭火器材，进行初起火灾的扑救，将火灾消灭在初起阶段，最大限度地减少灾害损失；如火势较大不能及时扑灭，则应积极采取有效措施控制其发展，等待专职消防力量扑救。扑救生产装置初起火灾的基本措施如下。

① 迅速查清着火部位、燃烧物质及物料的来源。在灭火的同时，及时关闭阀门，切断物料，这是扑救生产装置初起火灾的关键措施。

② 采取多种方法，消除爆炸危险。带压设备泄漏着火时，应根据具体情况，及时采取防爆措施，如关闭管道或设备上的阀门，疏散或冷却设备、容器，打开反应器上的放空阀或驱散可燃蒸气或气体等。

③ 准确使用灭火剂：根据不同的燃烧对象、燃烧状态选用相应的灭火剂，防止由于灭火剂使用不当，灭火材料与燃烧物质发生化学反应，使火势扩大，甚至发生爆炸。对反应器、反应釜等设备的火灾，除从外部喷射灭火剂外，还可以采取向设备、管道、容器内部输入蒸汽、氮气等的灭火措施。

④ 生产装置发生火灾时，当班负责人除立即组织岗位人员积极扑救外，还应指派专人打火警电话报警，以便消防队及时赶赴火场扑救。报警时要讲清起火单位、部位和着火物质，以及报警人姓名和报警的电话号码。消防队到场后，生产装置负责人或岗位人员，应主动向消防指挥员介绍情况，讲明着火部位燃烧介质温度、压力等生产装置的危险状况，人员伤亡情况和已经采取的灭火措施，供专职消防队迅速作出灭火对策。

⑤ 消灭外围火焰，控制火势发展：扑救生产装置火灾时，一般是首先扑灭外围或附近建筑的燃烧，保护受火势威胁的设备、车间，对重点设备加强保护，防止火势扩大、蔓延；然后逐步缩小燃烧范围；最后扑灭火灾。

⑥ 根据生产装置的火灾危险性及火灾危害程度，及时采取必要的工艺灭火措施。在某些情况下，对扑救医药火灾是非常重要和有效的。对火势较大、关键设备破坏严重、一时难以扑灭的火灾，当班负责人应及时请示；同时组织在岗人员进行火灾扑救。可采取局部停止进料、开阀导罐、紧急放空、紧急停车等工艺紧急措施，为有效扑灭火灾、最大限度降低灾害创造条件。

4. 人身起火扑救

医药企业生产环境中，由于工作场所作业客观条件的限制，人身起火事故往往因火灾、

化学合成药生产工艺上的防火注意事项

爆炸事故或在火灾扑救过程中引起，也有的由违章操作或意外事故造成。人身起火燃烧，轻者留有伤残，重者甚至危及生命。因此，及时、正确地扑救人身起火，可大大降低伤害程度。

① 人身起火时，一般应采取就地打滚的方法，用身体将起火部分压灭。此时，受害人应保持清醒头脑，切不可跑动，否则风助火势，会造成更严重的后果；衣服局部起火，可采取脱衣，局部裹压的方法灭火。明火扑灭后，应进一步采取措施清理棉毛织品的阴火，防止死灰复燃。

② 化纤织品比棉布织品有更大的火灾危险性，化纤织品燃烧速度快，容易粘在皮肤上。扑救化纤织品人身火灾时，应注意扑救中或扑灭后，不能轻易撕扯受害人的烧残衣物。否则容易造成皮肤大面积创伤，使裸露的创伤表面感染加重。

③ 易燃、可燃液体大面积泄漏导致的人身起火，一般发生突然，燃烧面积大，受害人不能进行自救。此时，在场人员应迅速采取措施灭火。如将受害人拖离现场，用湿衣服、毛毡等物品压盖灭火；或使用灭火器压制火势，转移受害人后，再采取人身灭火方法。使用灭火器灭人身火灾时，应特别注意不能将干粉、CO_2等灭火剂直接对着受害人面部喷射，防止造成窒息，也不能用二氧化碳灭火器对人身进行灭火，以免造成冻伤。

④ 火灾扑灭后，应特别注意烧伤患者的保护，应先用绷带或干净的床单对烧伤部位进行简单包扎，后尽快将患者送医院治疗。必要时，对伤者进行人工呼吸，有条件的，可以配备简易呼吸器辅助人工呼吸，这样既解决了抢救人员口对口人工呼吸的不便，又可减轻工作人员的疲劳，避免较长时间采用口对口呼吸造成的低氧血症。

球囊-面罩通气术

知识导图

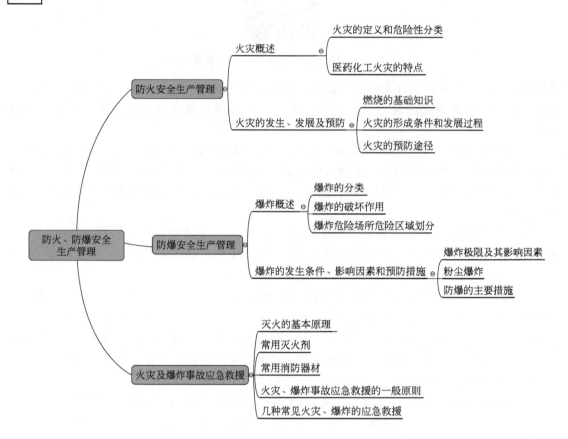

❓ 目标检测

一、A 型题（最佳选择题）

1. 燃烧的基本类型有（　　）。
   A. 闪燃、着火
   B. 闪燃、着火和自燃
   C. 闪燃、着火和爆燃
   D. 闪燃、自燃和爆燃

2. 火灾发生的必要条件是（　　）。
   A. 助燃物　　B. 可燃物　　C. 点火源　　D. 以上均是

3. 火灾的初起阶段，（　　）是反映火灾特征的主要方面。
   A. 温度　　B. 烟气　　C. 烟气浓度　　D. 火苗

4. 甲类贮存物品仓库与厂内主要道路路边之间的防火间距不应小于（　　）米。
   A. 50　　B. 30　　C. 10　　D. 5

5. 非接触式探测器可以在离起火点较远的位置进行探测，其探测速度较快，适宜探测（　　）的火灾。
   A. 发生阴燃　　B. 发展较慢　　C. 发生回燃　　D. 发展较快

6. 碳酸氢钠干粉灭火剂一般不用于（　　）引起的火灾。
   A. 易燃液体　　B. 易燃气体　　C. 带电设备　　D. 可燃固体

7. 用湿棉被、黄沙等覆盖在燃烧物的上面，属于（　　）灭火。
   A. 隔离法　　B. 冷却法　　C. 窒息法　　D. 抑制法

8. 用于扑灭可燃固体、可燃液体、可燃气体及带电设备的初起火灾的灭火剂是（　　）。
   A. 干粉灭火剂
   B. 水
   C. 泡沫灭火剂
   D. 二氧化碳灭火剂

9. （　　）不是按爆炸速度分类的。
   A. 轻爆　　B. 核爆炸　　C. 爆轰　　D. 爆炸

10. 不是爆炸破坏作用的主要表现形式的是（　　）。
    A. 冲击波　　B. 碎片冲击　　C. 震动　　D. 环境污染

11. 贮存易燃、易爆物质的场所要防明火，（　　）不是产生明火的主要原因。
    A. 加热操作　　B. 动火作业　　C. 飞火　　D. 摩擦

12. （　　）不是扑救火灾的一般原则。
    A. 边报警，边扑救
    B. 先控制，后灭火
    C. 先救人，后救物
    D. 先报警，后扑救

13. （　　）系列灭火器适用于扑灭油类、易燃液体、电器和机械设备等的初起火灾，具有结构简单、容量大、移动灵活、操作方便的特点。
    A. 干粉灭火器
    B. 高倍数泡沫灭火器
    C. 二氧化碳
    D. 低倍数泡沫灭火器

二、X 型题（多项选择题）

1. 爆炸破坏的作用形式主要有（　　）及其他破坏作用。
   A. 震动　　B. 冲击波　　C. 碎片冲击

D. 造成火灾　　　　　E. 环境污染
2. 影响气体爆炸极限的主要因素有（　　）。
A. 激发能源　　　　B. 初始温度　　　　C. 容器体积
D. 初始压力　　　　E. 氧含量
3. 影响粉尘爆炸的因素有（　　）。
A. 燃烧热大小　　　B. 带静电　　　　　C. 粉尘的浓度
D. 氧化难易度　　　E. 粉尘的粒度
4. 在制药生产中，引起火灾的点火源有（　　）。
A. 明火　　　　　　B. 摩擦与撞击　　　C. 高温表面
D. 电气火花　　　　E. 静电火花
5. 基本的灭火方法有（　　）。
A. 隔离法　　　　　B. 窒息法　　　　　C. 冷却法
D. 抑制法　　　　　E. 人工灭火法

三、思考题

1. 企业员工的"四懂四会"和"四个能力"有哪些内容？
2. 燃烧的三要素是什么？如何进行控制？
3. 电器设备着火如何进行扑救？
4. 火灾、爆炸事故应急救援的一般原则是什么？
5. 什么是闪燃、闪点、自燃和自燃点？
6. 防火的主要措施有哪些？
7. 防爆的主要措施有哪些？
8. 如何扑救气体火灾？
9. 医药化工火灾的特点是什么？
10. 如何扑救生产装置初起火灾？
11. 如何扑救化学危险物品火灾？
12. 常用的灭火器有哪些类型？

实训项目一

灭火器的正确使用

【实训目的】

① 掌握灭火器的分类、作用及使用条件。
② 学会正确选择、使用维护和保养灭火器的方法。
③ 能够扑灭初起火灾。

【实训条件】

1. 实训场地

实验实训中心及校园空地。

2. 实训材料

干粉灭火器、泡沫灭火器、二氧化碳灭火器、25kg 铁桶一个、铁油盆两个、木柴 15kg 废油 15kg、废棉布 3kg 等。

【实训内容】

1. 灭火器的分类及使用方法

(1) 干粉灭火器

① 灭火机制：隔离灭火法。
② 使用方法：与二氧化碳灭火器相同。
开启铅封→拔出保险栓→喷口对准火焰根部→压下压把→左右扫射（使干粉均匀喷洒）。
③ 适用范围：易燃及可燃液体、气体、带电设备、固体物质。
④ 禁忌：轻金属火灾。
⑤ 注意：防止复燃。

(2) 泡沫灭火器

① 灭火机制：冷却灭火法、隔离灭火法（化学反应后生成灭火泡沫）。
② 使用方法：开启铅封→喷口对准火焰根部→上下倒置→拔出保险栓→摇动。
③ 适用范围：固体物质和可燃液体火灾。
④ 禁忌：带电设备、水溶性液体（醇、醛、酯类）、轻金属火灾。

(3) 二氧化碳灭火器

① 灭火机制：冷却灭火法、隔离灭火法。

② 使用方法：开启铅封→拔出保险栓→喷口对准火焰根部→压下压把。

③ 适用范围：易燃可燃液体、可燃气体、低压电器设备、仪器仪表、图书档案工艺品、陈列品等初起为灾（不污损物件、不留痕迹）。

④ 禁忌：高压电源（600V 以上）、轻金属火灾。

⑤ 注意：棉麻纺织品要防止复燃，要戴手套，以免皮肤接触喷筒和喷射胶管，防止冻伤，600V 以上电器火灾，先断电后灭火。

2. 干粉灭火器基础知识和实操演示

(1) 干粉灭火器的结构 干粉灭火器是指内部充装干粉灭火剂的灭火器。手提式干粉灭火器分为贮气瓶式和贮压式两种结构。

① 贮气瓶式干粉灭火器又分为外挂式和内置式。外挂式干粉灭火器装有出粉管、进气管，二氧化碳钢瓶上装有提环，钢瓶悬挂在筒身外部。内置式干粉灭火器由筒体、筒盖贮气钢瓶喷射系统和开启机构等部件组成。

② 贮压式干粉灭火器由筒体、筒盖、喷射系统和开启机构等部件组成。压缩氮气与干粉共贮于灭火器筒体内，无贮气瓶和出气管。筒盖上设有一块压力表。

(2) 干粉灭火器的应用范围 主要适用于扑救易燃液体、可燃气体和电气设备的初起火灾，还可扑救固体类物质的初起火灾。但其都不能扑救金属燃烧火灾。常用于加油站、实验室、液化气站、油库、车辆及公共建筑等场所。

(3) 检查灭火器，确保完好可用

① 检查灭火器的标志：合格的灭火器必须有产品合格证；外包装上应有制造厂名、厂址、产品名称、级别、出厂日期、货号、使用注意事项、生产许可证编号。

② 按照《手提式灭火器》（GB/T 4351—2005），检查灭火器的质量：确保灭火器各部件完好，压力在正常范围内。

(4) 教师演示干粉灭火器的使用方法

① 灭火时，可手提或肩扛灭火器奔向火场，在燃烧处 5m 左右，选择上风位置，一手紧握喷粉胶管，一手打开开启装置喷射。若是外挂式贮气瓶干粉灭火器，操作者提起贮气瓶上的开启提环；内置式贮气瓶或贮压式，操作者应先将开启把上的保险销拔下，然后将开启压把压下。

② 干粉灭火器扑救可燃、易燃液体火灾时，应对准火焰根部扫射。如被扑救的液体火灾呈流淌状燃烧，应对准火焰根部由近而远，并左右扫射，直至把火焰全部扑灭。如可燃液体在容器内燃烧，应对准火焰根部左右晃动扫射，使干粉雾流覆盖整个容器开口表面。应注意不能将喷嘴直接对准液面喷射，防止喷流冲击力将可燃液体溅出容器造成火势蔓延扩大。

③ 使用干粉灭火器扑救固体可燃物火灾时，应对准燃烧最猛烈处喷射，并上下、左右扫射。

(5) 讲解灭火器的维护与保养

① 置于干燥通风、温度适宜、取用方便之处，忌热源、暴晒。

② 开启即须充装，不得变换药剂种类。

③ 定期充装并作水压试验，标明厂名、日期。

④ 每半年检查内容压力显示器，二氧化碳灭火器应每半年检查一次重量。

3. 学生实战演练(也可作为火灾逃生演练灭火部分)

(1) 在操场空地预设模拟火场点火

(2) 对所有人员讲清模拟火灾类型、灭火器使用方法，安排专人负责点火

(3) 演练开始

① 在油盆中点火。

② 教师首先给学生示范灭火。

③ 组织学生分批实施灭火。在演练过程中，教师及工作人员维持秩序，并对产生的错误进行逐一纠正，做到人人会用灭火器。

(4) 清理现场，演练结束

【实训报告】

① 实训结束后，进行分组讨论并做好记录。

② 教师进行总结点评。

③ 学生按规定格式完成实训报告，书写自己的实训体会。

实训项目二

火灾逃生演练

【实训目的】

① 了解防火基本知识,增强消防安全意识。
② 通过火灾逃生模拟演练,掌握常见火灾的灭火方法和逃生技能。
③ 树立学生现场逃生的正确观念。

【实训条件】

1. 实训场地
校园空地。

2. 实训材料
灭火器等。

【实训内容】

1. 实训准备
为了落实"预防为主,安全第一"的安全方针,开展师生火灾逃生模拟演练,提高师生的安全意识和逃生能力。
① 正确听辨报警声。
② 火灾现场正确逃生自救演练。

2. 明确应急救援组织机构及职责(均由师生进行角色扮演)

(1) 应急救援指挥部
① 总指挥由企业法定代表人担任,全面统一指挥火灾应急救援。
② 副总指挥由分管安全副总担任,协助总指挥履行职责,为总指挥现场决策提供参谋,总指挥无法履行职责时,代行总指挥职责。
③ 根据火灾情况,确定是否疏散人员。
④ 掌握火势发展情况,及时布置救援任务,并检查各组执行情况。
⑤ 消防队到场后,及时向公安消防部门的火场总指挥报告情况。

(2) 通讯联络组
① 及时向应急救援演练总指挥报告失火情况。

② 模拟拨打119报警电话，报告火灾情况、学校的具体位置、到达学校的最近路线等。

③ 应急救援期间，保持指挥部的指令和对外联络的畅通。

(3) 灭火行动组

① 接到报警后迅速到指定的地点（操场）集合。

② 组织人员查看火情，掌握火势发展情况。

③ 及时向指挥部汇报火情。

④ 根据火情切断电源、可燃气源。

⑤ 使用灭火器材扑灭初起火灾。

(4) 抢险组　负责重要设备、重要物品的救护和保护，加强巡逻，防止意外发生。

(5) 医疗救护组　负责伤员救护，联系医疗机构支援，由企业医院或者医务室负责。

(6) 警戒疏散组　负责现场警戒，指挥并引导火灾现场人员迅速转移到安全区域。

(7) 执行情况检查组　检查各组接到通知后是否迅速到位，检查学生疏散情况，负责巡视学校各角落。

3. 演练前的准备

(1) 场地划分　划出安全警戒线、各班安全到达位置。

(2) 音响调试　确保音响系统正常运转，发各种警报信息。

(3) 模拟演练　负责人介绍火灾逃生安全知识、各班组安全逃生路线、逃生方法。

4. 逃生线路

由组织者提前制订并公布，纳入应急救援预案中。

5. 火灾逃生实战演练

① 指导教师或负责人宣布"××学校火灾逃生演练现在开始"。

② 灭火行动组负责点燃火源，制造烟雾。

③ 拉响警铃。

④ 灭火行动组、通讯联络组、抢险组、医疗救护组、警戒疏散组、执行情况检查组等各组人员迅速到位，各负其责，做好各项救护、抢险、通报、警戒、检查等工作。

⑤ 各班组负责人立即紧急集合并疏散，组织学生迅速离开教室，有序下楼。负责人分别在各班组队伍前、后位置，带领学生，按指定路线下楼，并要稳定学生的情绪，大声地指挥，教育学生撤离时要用手、毛巾或衣服捂住口鼻，弯腰撤离，注意楼梯口行走安全。

⑥ 警戒疏散组成员在楼梯口组织学生迅速、有序撤离，防止踩踏事故的发生。执行情况检查组要检查楼层的各教室是否有人员滞留，在确认本楼层没有滞留人员后，立即到达指定安全区。

⑦ 各班组沿安全逃生路线疏散，离开火灾事故发生地点。

⑧ 各班组紧急疏散到指定的安全区，按队列排好并清点人数，向指导教师或负责人汇报人数和疏散情况。

⑨ 全体人员到达安全区域后，各组确定无意外情况，火势被扑灭后，演练结束。

【实训报告】

① 实训结束后，进行分组讨论并做好记录。

② 教师进行总结点评。

③ 学生按规定格式完成实训报告，书写自己的实训体会。

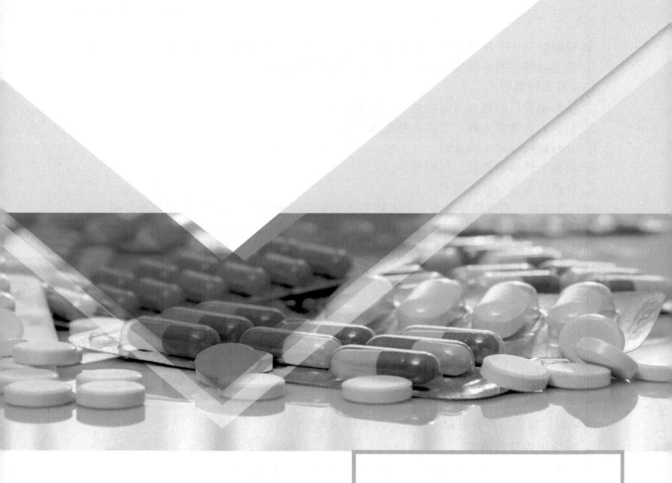

模块三

用电安全生产管理

> **思政与素质目标**
>
> - 培养学生严谨的工作态度，养成劳动纪律的自觉性。
> - 树立安全第一的思想，强化电气安全生产意识。

模块三
用电安全生产管理

项目一

电气设备安全生产管理

知识目标
了解影响触电伤害程度的因素。
熟悉触电伤害的种类和触电事故的规律。
掌握用电安全技术措施和触电急救方法。

案例导入　江苏某公司电击事故

2017年，江苏某公司两名作业人员在制药车间内进行钢平台制作相关作业，其中一人在连接用电线路时被电击倒地，经抢救无效死亡。事故直接原因是作业人员安全意识淡薄，在未穿戴绝缘手套、绝缘鞋的情况下违章进行用电线路维修作业。

思考：如何加强医药企业用电安全生产管理？

一、用电安全概述

电气设备是医药企业必不可少的设备，主要担负着变配电、能量转换以及系统控制、保护等功能，其安全稳定运行是保证企业连续稳定运行的基础。若电气设备绝缘老化、润滑失灵、电路腐蚀，设备安装接地、接零等保护不及时，生产过程中则极易引发漏电触电事故。其不仅会给员工的身体带来极大的危害，而且也会妨碍企业的安全生产和健康有序的发展，甚至引发火灾和爆炸事故。因此，电气设备安全生产管理是医药企业安全生产管理的重要组成部分。

1. 触电的定义和事故分类

（1）**触电的定义**　当人体触及带电体时，电流通过人体时产生的生理和病理伤害。
（2）**触电事故的分类**
① 按对人体伤害方式分类
a. 电击：是指电流通过人体内部，对中枢神经系统和人体的心脏及肺部等重要器官造

成伤害，使人出现痉挛、持续抽搐、昏迷、心脏骤停等症状的现象，严重者甚至死亡。它是触电中最危险的触电伤害，属于全身伤害，一般不会在人体留下大面积明显的伤痕。绝大多数触电死亡事故是由电击导致的。

b. 电伤：是指电对人体外部造成的局部伤害，即由电流的热效应、化学效应、机械效应对人体外部组织或器官造成的伤害。其主要分为电烧伤、电烙印、皮肤金属化三大类，此外还有机械损伤、电光眼。

电烧伤分为电流灼伤和电弧烧伤。电流灼伤一般发生在低压系统中，是电流转化为热能、机械能等其他形式的能量对人体造成的损伤。电弧烧伤是电弧产生的高温对人体造成的大面积深度灼伤甚至是烧焦。电弧表面温度达4000~5000℃，弧中心温度可高达10000℃。

电烙印是人体长期接触载流导体时，由于电流的化学效应和机械效应的作用，使接触部位皮肤变硬，失去原有弹性、色泽的现象，如烙印一般。

皮肤金属化是指在高温电弧的作用下，金属颗粒沉积在皮肤中，使皮肤变成金属色，粗糙且坚硬。

机械损伤是电流作用于人体时，由中枢神经反射和肌肉强烈收缩等作用导致的机体组织断裂、骨折等伤害。

电光眼是发生弧光放电时，由红外线、可见光、紫外线对眼睛造成的伤害，表现为角膜炎或结膜炎。

② 按造成事故的原因分类

a. 直接接触触电：人体触及正常运行情况下带电导体时造成的触电，其危险性最高。

b. 间接接触触电：人体触及正常情况下不带电，但当线路或设备发生故障时人体触及外露的导电部分而造成的触电，此为最常见的触电类型。

③ 按触电方式分类

a. 低压触电：人体直接或间接接触火线，并与零线或大地构成通路造成的触电。低压触电又分为单相触电和两相触电。单相触电是指当人在地面或其他接地导体上时，人体的某一部位触及一相带电体而发生的触电事故。两相触电是指人在地面或其他接地导体上时，人体同时接触两相带电体而发生的触电事故。两相触电的危害大于单相触电，其多发生在检修过程中。

b. 高压触电：人体接触或靠近高压带电体时造成的触电。高压触电又分为高压电弧触电和跨步电压触电。高压电弧触电是指人靠近高压带电体一定距离时，造成弧光放电而触电。电压越高，对人身的危险性越大。跨步电压触电是指当高压输电线落在地面上时，会在接地点附近产生电压降。当人位于接地点附近时，两脚之间就会产生电压差，此时就有电流通过人体，造成跨步电压触电。

2. 触电伤害程度的影响因素

大量触电事故表明，触电都是人体接触带电体后，电流对人体产生作用而引起的。电流通过人体时，会引起针刺感、压迫感、打击感、痉挛感、疼痛、昏迷、血压升高、心律不齐甚至心室颤动等症状。影响人体触电伤害程度的因素主要有以下几种。

(1) 电流大小 一般情况下，通过人体的电流越大，人体的生理反应越强烈，引起心室颤动所需的时间就越短，致命的危险就越大。按照人体对电流生理反应的不同，可将电流分为以下三级。

① 感知电流 人体有通电感觉的最小电流，身体表现为轻微麻抖和轻微刺痛。成年男

性的平均感知电流约为 1.1mA，成年女性约为 0.7mA。感知电流通常不会对身体造成伤害，但要注意防止电流增大导致的高空坠落、摔伤等二次事故的发生。

② 摆脱电流　人体触电后能自主摆脱的电流最大值。当电流超过摆脱电流后，触电者会感到异常痛苦、恐慌和难以忍受。若时间过长，则可能造成昏迷、窒息甚至死亡。不同的人，摆脱电流也各不相同，成年男性最小摆脱电流约为 9mA，成年女性约为 6mA，儿童的摆脱电流值较成人小。

③ 致命电流　较短时间内危及生命的最小电流值，也称室颤电流。一般情况下，通过人体的电流超过 50mA 时，心脏会开始室颤，出现致命的危险。超过 100mA 时，只要很短时间就会使人停止呼吸，失去知觉而死亡。

(2) 电流持续时间　通过人体电流的持续时间越长，越容易引起心室颤动，危险性就越大。这主要是因为通电时间长，能量增加，从而引起室颤电流减少，伤害程度增大。人体电阻也会因为紧张出汗、触电时紧密接触等降低，进而导致通过人体的电流大大增加。因此发生触电事故时，要尽快使触电人员脱离电源。

(3) 电流途径　电流可通过多种途径通过人体，但通过任一部位都有可能造成人死亡。例如，电流通过中枢神经系统（脑、脊髓）会对神经系统造成严重损害；通过大脑会引起昏迷，甚至死亡；通过脊髓会导致瘫痪；通过心脏，会引起心室颤动，较大的电流还会使得心脏停止跳动，血液循环途径中断。一般来说，电流从左手到前胸是最短、最危险的电流途径，从脚到脚是危险性最小的电流途径，但也要注意接触者由于痉挛摔倒而引发的二次事故。

(4) 电流频率　电流可分为直流电流、交流电流。交流电流又可分为工频电流和高频电流。这些电流对人体都有伤害，但伤害程度不同。人体忍受直流电流、高频电流的能力比工频电流强，工频电流（50Hz）对人体的危害最大，主要用于车间电气设备。

(5) 人体电阻　根据欧姆定律可知，当电压一定时，电阻越小，电流越大。影响人体电阻的因素有很多，如皮肤潮湿、多汗、有损伤时就会降低人体电阻；接触电压、接触面积增大，人体电阻也会降低，从而使通过人体的电流增加，触电伤害增大。

(6) 其他因素　电流对人体的作用，从性别上来看，女性比男性更加敏感，女性的感知电流和摆脱电流比男性低约三分之一；从年龄上看，触电后儿童和老人比青壮年的伤害程度严重；从健康状况和精神状态上看，电击对心脏病、肺病、内分泌失调及精神病等患者最危险，其触电死亡率最高；从体重来看，体重越大，肌肉越发达者的摆脱电流越大，心室颤动电流约与体重成正比。

3. 触电事故的规律

(1) 季节性明显　统计资料表明，一年中触电事故以第二、三季度较多，主要集中在 6 月至 9 月。因为夏秋两季多雨，天气潮湿会大大降低电气设备的绝缘性。天气炎热，人体易出汗，皮肤电阻降低，操作人员不穿戴防护服和使用绝缘工具等更是提高了触电事故的发生率。

(2) 低压触电事故多　统计数据表明，低压触电事故率远高于高压触电事故率。其中，单相触电事故占总触电事故的 70% 以上。主要是因为电气设备发生故障，人体触及意外带电体而发生触电事故。

(3) 线路部位事故多　电气总干线事故发生较少，多发生在分支线、电缆头、插座、接触器、开关等处。操作者在检修或连接线路时往往不断电，从而发生触电事故。

(4) 误操作触电事故较多 接触电气设备工作的人员大多数以青、中年为主。有的操作工人经验不足、安全知识比较欠缺、违规操作、应急能力较差。企业设备不合格、检修不到位、措施不完善也很容易造成触电事故。

据统计资料表明，90%以上的触电事故是至少由两个原因引起的。触电事故的发生往往在一瞬间，死亡率较高。掌握触电事故的规律有助于用电设备的安全检查，对于企业制定安全防护措施，实施用电安全技术具有很大的参考价值。

二、用电安全操作技术

为了更好地使用用电设备，防止触电事故的发生，人们必须掌握用电安全操作技术，采取安全防护措施。

1. 直接触电的防护措施

(1) 绝缘 用绝缘材料将带电体封闭起来。良好的绝缘是设备和线路正常运行的必要条件，也是防止触电事故的重要措施。绝缘通常可分为气体绝缘、液体绝缘和固体绝缘三类。在有强电的作用下，气体和液体绝缘物质被击穿后能自行恢复其绝缘性能，固体物质被击穿后则完全丧失其绝缘性能，不能恢复。因此电气设备和线路绝缘材料的选择必须考虑电压等级、使用环境和运行条件，以保证绝缘的安全作用。

(2) 屏护 是指采用遮栏、护罩、护盖、箱匣等把危险的带电体同外界隔离开来的安全防护措施。其特点是屏护装置不直接与带电体接触，对所用材料的电气性能无严格要求，但应有足够的机械强度和良好的耐火性能。

(3) 间距 是指带电体与地面之间，带电体与其他设备和设施之间，带电体与带电体之间必要的安全距离。间距的作用是防止触电、火灾、过电压放电及各种短路事故，以及方便操作。其距离取决于电压高低、设备类型、安装方式和周围环境等。例如，常用开关设备的安装高度为1.3~1.5m；明装插座应离地面1.3~1.8m；暗装插座应离地面0.2~0.3m；在低压操作中，人体或其携带工具与带电体的最小距离不应小于0.1m。

(4) 安全电压 根据欧姆定律（$I=U/R$）可知流经人体电流的大小与外加电压和人体电阻有关，当电阻一定时，电压越大，通过人体的电流就越大。因此，可以将通过人体的电压限制在一定范围内，以在一定的程度上保障人身安全，这样的电压就称为安全电压。必须注意的是：安全电压只是相对来说，并不是绝对安全的，其大小由自身情况和人体电阻等因素共同决定。

(5) 漏电保护装置 又称为触电保安器，是为了保证故障情况下人身和设备的安全。由于其在设备及线路漏电时可自动切断电源起到保护作用，因此多用于预防触电、火灾和爆炸事故。

漏电保护装置根据反映讯号的种类又可以分为电压型漏电保护装置和电流型漏电保护装置。前者主要参数是动作时间和动作电压，一般只适用于单台用电设备，不适合作为直接接触保护和分级保护场所。且其热稳定性较差、损坏率高，故已基本不用。电流型漏电保护装置的主要参数是动作时间和动作电流，通常可选择高灵敏度、快速型的漏电保护装置（动作电流30mA）防止人体各种触电事故。

电气设备中其余的防护装置不应由于漏电保护装置的安装而减少或取消，对于运行中的漏电保护装置，应做到每月检查一次，保证其运行良好。如有故障，应立即由专业人员检修并更换。

(6) **电气安全用具** 为防止操作人员触电、电弧灼伤、高空坠落，在进行电气作业时必须使用安全工具。电气安全工具分为两种，一种是绝缘安全用具，如绝缘笔、绝缘夹钳、绝缘手套、绝缘靴等；另一种是一般防护用具，如携带型接地线、临时遮拦、警告牌、安全带等。

2. 间接触电的防护措施

(1) **保护接地** 为了防止电气设备由于绝缘损坏或其他因素引起带电造成的触电危险，把电气设备的金属外壳通过接地线与接地装置连接起来，即保护接地。适用于中性点不接地的高低压电网，或者是安装了其他安全措施的低压电网，保护电阻小于4Ω。电机、地座、金属扶手栏杆、变压器、开关设备、照明器及其他电气设备的金属外壳都应予以接地。

(2) **保护接零** 把电气设备在正常情况下不带电的金属部分与电网的零线或中性线紧密连接起来，使其与零线一样同为零点位的技术。保护接零只适用于中性点直接接地的低压电网。在三相四线制的供电系统中，为尽可能降低零线的接地电阻，变压器中性点可靠接地，零线上一处或多处再进行重复接地。例如，医药企业中某些潮湿的生产车间应优先采用保护接零，零线回路中禁止安装熔断器。用电设备的保护措施一旦安装好，非专业技术人员不得随意拆卸。

3. 综合管理防护措施

触电事故涉及的原因非常多，药品生产企业必须消除隐患以保证用电设备的安全性。除了上述针对性措施外，企业还应采取综合管理防护措施。

(1) **健全电气安全管理制度** 企业根据自身情况建立适用于企业用电管理范围的规章制度，严格按照制度执行相关规定。相关人员进行电气作业时必须使用安全工具，如穿戴绝缘手套和绝缘靴，使用绝缘垫、绝缘台和绝缘杆，防止人体触电。

(2) **全面落实各级人员责任** 明确企业主要负责人的安全生产责任，建立全员岗位的生产责任制，及时排查和清除生产过程中可能出现的事故隐患，健全安全生产保证体系和监督体系。

(3) **开展电力安全教育和培训** 根据安全生产法等法律法规要求，企业应定期开展电力安全教育与培训。针对岗位人员，采取理论知识和技能实操考核相结合，合格后方可上岗并随时抽查，由此加强一线员工的安全生产意识。创新安全培训方式，让员工在轻松的学习中掌握技能知识。

(4) **强化电力安全文化建设** 各企业要加强推进电力安全文化建设，营造企业安全生产氛围，保障安全生产水平，将企业安全文化融入员工思想深处，使其自觉遵守劳动纪律，共同推动电力安全文化建设。

案例

某企业触电事故

2018年8月30日，某企业人员在实验室外检查空压机故障时，发生触电事故，造成1人死亡。

事故的直接原因是作业者安全意识淡薄，在空压机接线过程中违反公司制定的《电工安全操作规程》，未按相关规范要求对防爆金属线管接口处作钝化处理，不慎将金属线管内铜芯线的外层绝缘保护套拉破致使金属线管导电。作业者操作时不慎接触到金属线管致其触电死亡。

事故的间接原因是企业未认真落实安全生产主体责任；未严格执行本单位的安全生产规章制度和安全操作规程；未严格遵循生产安全事故隐患排查治理制度；主要负责人督促、检查安全生产工作不到位；安全生产教育和培训不力；未及时发现和清除事故现场隐患。

由此可见，企业的完善管理和作业人员的安全意识对预防触电事故的重要性。

三、触电事故应急救援

当触电事故发生时，救护人员先使触电者脱离电源，然后根据触电者具体情况采取积极措施，保护触电者生命，减轻伤情和痛苦。现场抢救遵循八字方针——"迅速""就地""准确""坚持"。

1. 脱离电源

一般来说，使触电者脱离电源有两种方法，一是立即切断触电者所触及导电体或设备的电源；二是设法使触电者脱离带电部分。脱离电源过程中，救护人员应先保护好自己，再实施救援。不可用手直接接触触电者，以免自身触电。同时做好防护措施，防止高空作业的触电者脱离电源后坠落。救护人员应针对不同的场合采用不同的脱离电源措施。

（1）低压触电　对于低压触电事故，如果电源开关或插座在触电地点附近，应立即断开开关或拔出插头。如果触电地点远离电源，可用带绝缘柄的钳子或木把斧子将导线切断。如果导线搭落在触电者身上，可用干燥的木棍、木板、手套、绳索将电线挑开，抢救者也可戴上手套或包裹干燥的衣服等绝缘物品拖拽触电者或站在干燥的木板、绝缘垫上，用其中一只手拖拽触电者干燥的衣服使其脱离电源。切记避免碰到金属物品和触电者的裸露身躯，不得直接拉触电者的脚。如果触电者躺在地上手指紧握导线，设法把干木板垫到触电者身下，使其与地面隔离。

（2）高压触电　如发现接触者触及高压带电设备，应立即通知有关部门停电。戴上绝缘手套、穿上绝缘鞋，用适合该电压等级的绝缘工具按顺序切断电源。触电发生在架空线路上时，可采用向上抛掷金属线的方法，使线路短路跳闸，从而断开电源。注意在抛掷金属线之前，应先将金属线一端接地，另一端系重物。抛掷的一端不可触及触电者和其他人，注意防止电弧伤人或断线危及人身安全。抛掷者抛出后，需迅速离开接地的金属线 8～10m 或双腿并拢站立，以防跨步电压伤人。

2. 现场救护

当触电者脱离电源以后，应立即进行现场对症救治。

若触电者伤势不重、神志清醒，或有呼吸、有心跳，则应使其平躺，严密观察，暂不要使其站立或走动，注意保暖和保持空气新鲜，同时通知医护人员。

若触电者已神志不清、意识丧失，心跳停止，没有呼吸或不能正常呼吸（仅仅是喘息），应立马拨打急救电话并对触电者实施心肺复苏术。

心肺复苏（CPR）是针对心脏、呼吸停止的患者采取的紧急抢救措施，目的是利用胸外按压形成暂时的人工循环使心脏自主搏动和血液循环，用人工通气代替自主呼吸并使患者恢复自主呼吸，以维持患者生命。据资料统计，心搏骤停1min内，实施CPR操作，抢救成功率可达90%；心搏骤停4min内，实施CPR操作，抢救成功率降至50%；心搏骤停6min内，抢救成功率仅为4%；超过10min，抢救成功率几乎为0。由此可见，在有效的时间内对触电者采取现场急救措施是十分必要的。具体流程如下：

(1) 评估

① 以触电者为中心，通过眼睛观察、耳朵和鼻子感觉等确认周围环境安全。若现场不安全，立即将触电者就近移至干燥与通风场所，脱离危险环境；若现场安全，切勿随意移动患者，以保证及时有效施救。

② 大声呼叫伤员或用双手轻拍其肩部，以判断患者有无睁眼、皱眉等任何肢体动作，如没有，则判断为无反应。禁止摇动伤员头部呼叫。

③ 观察触电者胸廓有无起伏，判断伤员呼吸。专业人员可通过单侧触摸颈动脉脉搏（喉结左右约两指幅处）进行判断，总时间不超过10s。

(2) 寻求帮助　立即呼叫帮助，拨打急救电话，启动急救反应系统，根据情况尽量获取自动体外除颤器。

(3) 胸外心脏按压　立即恢复急救体位，将触电者仰卧在硬板或地面上，使头部稍后仰，松开衣服和裤带，清除口腔异物，保证气道通畅。

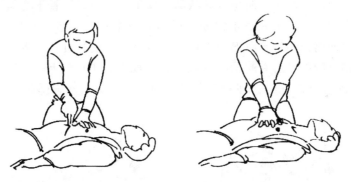

图 3-1　胸外心脏按压法

① 按压部位　胸骨下1/3交界处或双乳头与前正中线交界处。确定正确按压位置的步骤：a. 右手的食指和中指沿触电伤员的右侧肋弓下缘向上，找到肋骨和胸骨接合处的中点；b. 两手指并齐，中指放在切迹中点（剑突底部），食指平放在胸骨下部；c. 另一只手的掌根紧挨食指上缘，置于胸骨上。如图3-1所示。

② 按压姿势　救护人员位于触电者的一侧，采用跪姿/站势，双膝平病人肩部。两手掌根相叠，手指翘起，不接触伤员胸壁。双臂绷直，与胸部垂直，不得弯曲。利用上身重力，垂直用力向下按压。

③ 按压深度　成人胸骨下陷至少5cm，不超过6cm（婴儿约4cm，儿童约5cm）。按压后掌根立即放松，但不得离开胸壁，让伤员胸部自动复原，心脏扩张，恢复血液循环。能触摸到颈或股动脉搏动即为有效的挤压。

④ 按压频率　至少100次/min，按压与放松应稳定有规律地进行，二者时间各占50%，间断时间不超过5s。约2min后交换按压者，以保证高质量的胸外按压不断进行。

注：胸外心脏按压法不可用力过猛，以免肋骨骨折或引起心脏出血。

(4) 开放气道 若发现伤员口内有假牙、呕吐物、血块等异物，可将其身体和头部同时侧转，迅速用一个手指或两个手指交叉从口角处插入，取出异物。注意防止将异物推到咽喉深部。

采用仰头抬颌法（图 3-2），使病人口腔与咽喉成直线。救治者跪在病人的右侧，一只手放在病人的前额，用力将头部下压，另一只手置于伤员下颌骨下缘将脸部向上、向前抬起，以起到通畅呼吸道的作用。若触电者颈椎有损伤，急救者可采用双手抬颌法（图 3-3），将肘部支撑在伤员所在的平面上，双手将下颌角托起，使患者头部上仰。

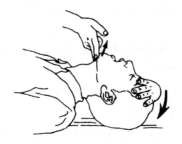 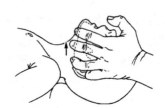

图 3-2　仰头抬颌法　　　　　图 3-3　双手抬颌法

(5) 口对口（鼻）人工呼吸 使触电者仰卧在硬板或地上，在保证气道通畅的情况下，救护人员一只手捏紧伤员鼻子，防止气体从鼻孔漏出；另一只手置于伤员下颌骨下缘，将伤员的头部托起使之后仰。救护人员正常吸气后向其口中吹气，通气时长应超过 1s。吹气完毕后救护人员应立即离开接触者嘴巴，放松触电者鼻子，使其自身呼吸，连续吹气两次。该过程中时刻观察伤员胸部是否有起伏的呼吸动作。成人人工通气频率 10～12 次/min，婴儿和儿童通气频率 12～20 次/min。注意避免过度通气，以免引起胃膨胀。口对口人工呼吸法如图 3-4 所示。

 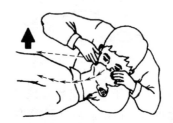

图 3-4　口对口人工呼吸法

触电伤员如果牙关紧闭，可采用口对鼻人工呼吸。该过程中要将伤员嘴唇紧闭，防止漏气。如有条件的话，也可以采用呼吸面罩、呼吸隔膜进行隔式人工呼吸，避免直接接触引起交叉感染。

(6) 复苏循环

① 若同时采用胸外心脏按压法和口对口（鼻）人工呼吸法，单人操作时，每按压 30 次后吹气 2 次（30∶2），按压 5 个循环周期后（约 2min）触摸伤员的颈动脉和观察自主呼吸是否恢复；

② 双人操作时（图 3-5），两人同时进行，一人负责胸外心脏按压，一人负责人工呼吸，每按压 30 次，由另一人吹气 2 次，反复进行。

(7) 电除颤 研究表明，当患者心脏、呼吸骤停时，70% 以上会出现室颤，持续时间为

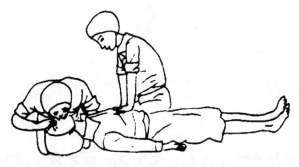

图 3-5　双人实施心肺复苏

几分钟到十几分钟，若现场存在急救装置——自动体外除颤器（AED），应尽可能第一现场应用。因为经过心肺复苏，伤员重要脏器的血液和氧气的基本需要已得到满足，但其心脏仍处于颤动的状态，可通过电治疗使其恢复正常的心跳状态。而除颤每延迟 1min，抢救成功的可能性就下降 7%～9%，所以可判断是否需要进行除颤，如若需要，需快速实施。操作方法如下：打开电源，贴上电极片，一个放在心底，一个放在心尖，接上插头，观察除颤器对触电者心脏节律的判断。要求所有人不得接触伤员和机器，判断完成后根据除颤建议按下除颤按钮。注意，除颤完成后不要马上检查心跳或脉搏，而应该重新进行胸外按压。因为即使除颤成功，转至正常心跳还需几十秒时间，此时心脏处于无血液循环的状态。当 5 个胸外按压循环结束后，再判断患者的心率是否恢复。

(8) **终止指标**　在触电急救的过程中，若无特殊情况，施救者应坚持使用心肺复苏术抢救伤员，不可随意放弃，也不可消极等待医生救援。当触电者自主呼吸循环恢复，颈动脉有搏动、有轻微的肢体动作都表明复苏成功。若有医生判断伤员已死亡、专业人员接手抢救或施救者已筋疲力尽无法施救，则可停止胸外按压。

3. 外伤处理

对于与触电同时发生的外伤，应根据情况酌情处理。

① 对于不危及生命的轻度外伤，可在触电急救之后处理。

② 对于严重的外伤，应与触电同时处理。如伤口出血，应予以止血。为了防止伤口感染，最好予以包扎。

项目二

防静电安全生产管理

知识目标
了解静电的危险性分析。
熟悉静电的基础知识,理解静电产生的条件。
掌握防静电的安全技术措施。

案例导入 中药提取罐装置爆炸事故

2018 年,位于天津西青区的某制药有限公司提取车间发生一起爆炸事故,造成 3 人死亡、2 人重伤,直接经济损失约 1740.8 万元。

事故的直接原因是中药提取罐罐底出渣口液体泄漏后高速喷溅产生静电,静电荷积聚放电,引燃了提取罐周围乙醇蒸气与空气混合形成的爆炸性气体,导致爆炸发生。除此之外,企业对安全生产工作不重视,未落实安全生产主体责任等也间接导致了事故的发生。

思考:如何才能做好医药企业的防静电安全生产管理?

一、静电概述

在医药行业中,部分介质在其生产、运输、贮存和使用过程中经常会产生和积聚静电。如果这些电荷不能及时释放,积聚到一定程度,则极易发生静电放电,引燃易燃易爆气体、液体蒸气或悬浮粉尘与空气形成的可燃性混合物,导致火灾甚至爆炸,危害人身安全,影响正常生产。因此,认识静电的产生和防护对企业安全生产是十分必要的。

1. 静电的定义

静电是一种处于静止状态的电荷。当不同物质的表面相互接触时,如果存在电子或离子之间的交换,分离时就会产生带电现象,即产生静电。静电现象是一种常见的带电现象。在日常生活中，当天气非常干燥，早上起来梳头时，头发经常会"飘"起来，这是由于头发和梳子摩擦使头发带静电。夜晚脱毛衣时除了听见轻微的"啪、啪"声，还会看见明亮的蓝色小火花，这是因为毛衣和身体互相摩擦导致静电放电现象。北方冬天天气干燥，客人之间握手寒暄时，手指刚接触对方，就会突然感觉针刺感，骤然缩手。这是因为人身上电荷积累，无从泄漏，与他人接触便产生了轻微的电击。由于静电电量有限，一般不会造成太大危害。

在医药行业中，静电现象也是很常见的。众所周知，药品生产需经历多个工序，如投料、过滤、分离、干燥、混合、入库等过程。在这些过程中物料之间相互接触，泵、管线、阀门、过滤器、储罐等设施与物料摩擦，都会使物料产生静电。当静电产生的电场强度和物料表面的电位达到一定极限时，将产生火花放电，若遇到可燃性混合气体，就会使其被点燃，引起爆炸或火灾。

2. 静电的特点

（1）**静电电压高** 静电电量虽然不大，但电压很高，容易发生火花放电。其中固体静电可达到 20 万伏以上，液体静电和粉体静电可达到数万伏，人体静电也可达到 1 万伏以上。

（2）**泄漏慢** 由于绝缘材料的电阻率和介电常数都很高，所以静电积累后泄漏很慢。这样就使带电体保留危险状态的时间更长，危险程度相应增加。

（3）**远端放电** 也就是静电在远处放电。根据感应起电的原理，若厂房中某一条管路或设备积聚了静电，其附近的设备会将静电扩散至另一处，使其在意想不到的地方放电，使人遭到电击。

（4）**尖端放电** 导体的形状影响静电的分布。通常，导体尖端部分的静电电荷密度最大，电场最强，易形成尖端放电现象，产生危险。

（5）**静电屏蔽** 可以用接地的金属网、容器等将带静电的物体屏蔽。这样不仅可以使被屏蔽的物体免受静电场感应，而且可以使外界不受静电的干扰。

3. 静电的危害

（1）**火灾、爆炸** 在医药企业中，火灾、爆炸事故是静电最严重的危害。当带电体与不带电或静电电位低的物体互相接近时，二者电位差如果达到 300V 以上，就会出现火花放电。若周围存在可燃、易燃液体蒸气，可燃气体及可燃性粉尘，静电放电的火花能量达到周围可燃物的最小着火能量，且可燃物在空气中的浓度达到爆炸极限，即可发生燃烧或爆炸。据统计，大部分静电事故通常可发生在有机溶剂（如汽油、甲苯、乙醇）运输过程中；易燃液体的灌注、取样、过滤过程中；原料、成品、半成品的称量及包装过程中；研磨、搅拌、筛分或输送粉体物料过程中。设备胶带传动与输送等过程中也经常发生静电事故。

企业生产往往属于连续生产，在这个过程中，操作人员穿的衣服、鞋子以及携带的工具与其他物体摩擦时，就有可能产生静电。例如，穿塑料底鞋的人在木质地板或塑料地板上行走时，人体静电电压可高达数千伏。身穿化纤混纺衣物、坐在人造革面椅子的人，在其起立时，人体静电电压有时可超过 1 万伏。当携带静电荷的人靠近金属管道或其他金属物体时，人的手指或脚就会释放出电火花。

> **案例**
> **宿迁市某化工企业易燃物料起火事件**
> 2016 年，在位于宿迁市某医药中间体化工企业中，作业人员周某正在使用塑料管

> 进行易燃液体物料（二甲氧基丙烷）的倒料工作。由于倒料过程中，液体与输送管道不断摩擦，产生静电，从而引发了火灾，造成两幢车间受损，部分机器设备及原料烧毁，过火面积约1500m², 2人受伤。因此，易燃液体输送、灌注过程中，必须严格控制液体流速，降低静电的产生。

(2) 静电电击 当人体接触带有大量静电荷的带电体时，带电体便会向人体进行放电，从而导致电流流向人体。同理，当人体带有较多静电荷时，电流流向接地体时也会发生电击。这种电击称为静电电击。必须指出的是，静电电击只发生在一瞬间，其并不是电流持续通过人体的电击，而是由静电放电造成的瞬间冲击性电击，产生的电流称为瞬时冲击电流。这种电击不会对人体造成致命损伤，大多数会有震颤和痛感。但由于电击造成的精神紧张、恐惧心理、误操作、高空坠落、摔伤等二次事故往往是需要警惕的。静电电击时人体的反应如表3-1所示。

表3-1 静电电击时人体的反应

静电电压/kV	人体反应	备注
1.0	无任何感觉	
2.0	手指外侧有感觉，但不疼	发出微弱的放电声
2.5	有针触的感觉，有哆嗦感，但不疼	
3.0	有被针刺的感觉，微疼	
4.0	有被针深刺的感觉，手指微疼	可看到放电的微光
5.0	手掌到前腕均感到疼	由指尖延伸放电的发光
6.0	手指感到剧疼，后腕感到沉重	
7.0	手指和手掌感到剧疼，有麻木感觉	
8.0	从手掌到前腕有麻木感觉	
9.0	手腕感到剧疼，手感到麻木沉重	
10.0	整个手感到疼，有电流过的感觉	
11.0	手指剧麻，整个手感到被强烈电击	
12.0	整个手感到被强烈打击	

(3) 妨碍生产 在生产过程中，如不及时清除静电，将会妨碍生产或降低产品的质量。因为静电，在生产过程中会有大量的粉体被吸附，若不及时清理，将会导致筛孔堵塞、管道运输阻力增大，造成输送不畅，逐渐引起系统压强增大。当管道中压强超过一定值时，设备将会出现裂纹，甚至引发爆炸。贮运产品的过程中，由于产品与容器壁存在大量碰撞、摩擦，产生一定的静电能量，使得产品熔融、相互之间黏结、变色、分解、质量下降。另外，随着科技的不断进步，大部分企业也引入了许多先进、智能、生产加工一体化的设备装置，静电的存在更是会影响设备控制系统、生产仪表、计算机等电子元件，致使系统产生误操作而酿成事故。

静电虽然危害很大，但也有很多优点。静电技术在工业生产中的应用也越来越广，如静电除尘、静电吸附、静电喷漆、静电键合，其都是利用静电的特点来进行工作的，这与生产工艺中产生的有害静电不尽相同。

二、静电的产生条件

初中物理上我们就学过静电知识，知道了摩擦可以产生静电，但摩擦为什么能产生静电？还有没有其他产生静电的方式？要想知道产生静电的条件，首先应该了解静电的形成。

1. 静电的形成

静电，就是一种处于静止状态的电荷，若电荷不静止，就会形成电流。只要两种物质紧密接触后迅速分离就有可能产生静电，其产生可以用接触面上形成的双电层和接触电位差进行解释。这也是目前静电放电过程最普遍的一种原理。除此之外，还有吸附带电、电解起电、热电效应、感应起电等多种原理，本章节不一一解释。

(1) 双电层和接触电位差 物质是由分子或原子构成的，原子由位于其中心的原子核和核外运动的电子组成。电子带负电，原子核带正电。正常情况下，电子和原子核所带的电量相等，所以物质一般不显电性。不同原子的原子核对周围电子的吸引力不同，当两种物质紧密接触时，电子就会由吸引力小的一方转移至吸引力大的一方，这时在接触界面上就会出现数量相等、极性相反的两层电荷，这两层电荷就被称为双电层。电荷之间的电位差叫作接触电位差。当这两种物质分离时，由于电位差的存在，电子不能完全复原，从而便产生电子的滞留，形成静电。两相（例如固体-固体、固体-液体、液体-液体、固体-气体）之间均可出现双电层，只要接触分离就都有可能产生静电。

(2) 不同物质状态的静电

① **固体静电** 如图 3-6 所示，两个固体物质相互接触，接触时产生双电层，分离时各自带有正负电荷，即产生静电。摩擦就是一个不断接触与分离的过程，这也是一种最常见的产生静电的方法。

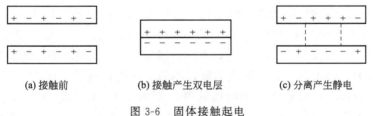

(a) 接触前　　　　(b) 接触产生双电层　　　　(c) 分离产生静电

图 3-6　固体接触起电

> **知识拓展**
>
> **粉 体 静 电**
>
> 粉体是由固体物质分散而成的细小颗粒。由于其分散性高、比表面积大，易悬浮在空气中，与空气接触概率大，极易产生静电。在生产的研磨、搅拌、筛选、过滤和料管中气力输送等工序中经常有静电产生。轻则使操作人员遭到电击，影响生产；重则引起重大爆炸事故。

② **液体静电** 液体在流动、搅拌、沉降、过滤、摇晃、喷射、飞溅、冲刷、灌注等过程中都可能产生静电。这种静电常常能使易燃液体、可燃液体引发火灾和爆炸。其起电原理如图 3-7 所示。

当被输送的液体与管壁相接触时，管壁界面上是一层正电荷，液体中极薄的一层（紧密

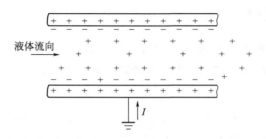

图 3-7 液体接触起电

层）是负电荷，与其相邻的较厚的一层（扩散层）又是正电荷。扩散层中正电荷随着液体不断流动形成电流，也称为流动电流。如果管道接地，在液体电流流动的过程中，接地的途径上也会有相应的电流流过，因此管道上不会积累静电；如果本身就是绝缘管或者对地绝缘，液体电流流过时则会在管道上积累大量的静电。因此，汽油、酒精、苯、二甲苯等有机溶剂属于易燃、易爆液体，其极易挥发与空气形成爆炸性混合物，在运输、进料、搅拌、过滤的过程中必须注意防止静电火花的产生。

③ 气体静电　纯净的气体是不会产生静电的，当部分企业使用或排出的气体中含有少量不同状态的颗粒时，这些气体在通过管道、泵、阀门等部件外喷时，由于颗粒杂质的碰撞、摩擦而产生静电。

2. 影响静电产生和消散的因素

静电的产生容易受材料本身、所含杂质、工艺设备、空气湿度、温度等多种因素的影响。因此，事故的随机性会大大增加。这里主要讨论以下几种因素对静电产生和消散的影响。

(1) 材质和杂质　物体能否产生静电荷，静电荷能否积累和消散取决于物体电阻率的大小。物体电阻率越大，导电性越差，物体上的电荷率不易流失，静电荷易积累；物体电阻率越小，导电性越好，分离时电荷易返回原处，不易积累静电荷。实践表明，电阻率在 $10^6\,\Omega\cdot m$ 以下的物体即使积累了静电荷，也会很快消散，不易带静电；电阻率在 $10^6\sim10^8\,\Omega\cdot m$ 之间的物体的静电量不会很大；最易带静电物质的电阻率为 $10^8\sim10^{13}\,\Omega\cdot m$，该类物质应重点预防；物体电阻率大于 $10^{13}\,\Omega\cdot m$ 时，导电性差，虽不易产生静电，但一旦产生静电荷后便难以消除。表 3-2 给出了常见物质的电阻率。

物体中若混有杂质，也会增加静电的产生。如液体中含有高分子材料（如橡胶、沥青），则会增加静电的产生；当液体中含有水时，在搅拌、喷射的过程中也会产生附加静电，当运动停止后，水珠停止的过程中也会产生静电；燃料油中含有水时，若搅拌则会引发静电事故。但也有杂质能够降低原有材料的电阻率，这些杂质导电性强，吸湿性强，有利于静电的泄漏，例如抗静电剂。

(2) 工艺设备和工艺参数　任何物体表面都是不光滑的。两个物体之间紧密接触，当接触距离小于 $25\times10^{-8}\,cm$ 时，就会有电子的转移，即会形成双电层。接触面积越大，双电层正、负电荷越多，产生的静电就越多。在企业中，绝大多数设备输送管道是粗糙管，液体流动时与管壁的接触面积增大，碰撞和摩擦的概率增多，流动电流就大。例如，平皮带与皮带轮之间的滑动位移比三角皮带大，产生的静电也比较强烈；过滤器会大大增加液体和器壁的接触和分离程度，可能使液体静电电压增加十几倍到 100 倍以上。

表 3-2　常见物质的电阻率

物质名称	电阻率/$\Omega \cdot m$	物质名称	电阻率/$\Omega \cdot m$
苯	$1.6 \times 10^{11} \sim 10^{12}$	醋酸甲酯	2.9×10^{3}
甲苯	$1.1 \times 10^{10} \sim 2.7 \times 10^{11}$	醋酸乙酯	1.0×10^{7}
二甲苯	$2.4 \times 10^{10} \sim 3 \times 10^{11}$	聚苯乙烯	$10^{15} \sim 10^{17}$
氯苯	$1.0 \times 10^{11} \sim 10^{14}$	氯乙烯	$10^{10} \sim 10^{14}$
煤油	7.3×10^{12}	聚乙烯	$>10^{15}$
汽油	2.5×10^{11}	聚四氟乙烯	$10^{14} \sim 10^{17}$
二硫化碳	3.9×10^{11}	羊毛	$10^{7} \sim 10^{9}$
液氢	4.6×10^{17}	尼龙布	$10^{9} \sim 10^{11}$
乙醚	5.6×10^{9}	干燥木材	$10^{8} \sim 10^{12}$
石油乙醚	8.4×10^{12}	天然橡胶	$10^{12} \sim 10^{15}$
乙醇	7.4×10^{6}	石蜡	$10^{14} \sim 10^{17}$
异丙醇	2.8×10^{3}	硅油	$10^{11} \sim 10^{13}$
丙酮	1.7×10^{5}	干燥木材	$10^{8} \sim 10^{12}$
蒸馏水	1.0×10^{4}	纸	$10^{3} \sim 10^{8}$

任何物体产生静电的同时也伴有静电的泄漏。静电产生的静电量初始会随着时间的延长而不断增加,当积累到某一程度时,静电量趋于某一稳定值而不会无限增大,与泄漏量达到平衡。物体达到平衡状态所需的时间与其流动速度有关,速度越快,所需时间越短。生产过程中应严格控制输送液体物料时的流速。

(3) 环境条件　空气湿度也是影响静电积累的一个重要因素。当空气的相对湿度在 50% 以上时,物体的表面会凝结成一层水膜,水膜中不仅溶入了空气中的二氧化碳,有时还会溶入绝缘体所析出的电解质,使得物体的电阻率降低,从而加快静电泄漏。如早上起床后,用塑料的梳子梳头发时,头发会"飘"起来,若将梳子蘸点水就能消除静电。

三、静电事故的预防

在医药企业中,火灾和爆炸是最危险的静电事故,对静电引起火灾、爆炸的条件进行分析,采取相应的防护措施,对防止其他静电危害同样有效。

静电引起火灾、爆炸必须同时具备以下三个基本条件:①有静电荷的产生和积累,并达到足以引起火花放电的静电电压;②静电放电周围存在可燃气体或可燃液体蒸气与空气的混合物;③静电火花能量达到可燃物的最小引燃能量。因此,只要采取适当的措施,消除三个基本条件中的任意一个,就能防止静电危害。

防止静电危害原则上可以从防止静电产生和控制静电积累两方面着手。控制工艺过程和选用合适的材料可有效防止静电的产生;加速静电的泄漏和中和,使静电电荷不超过安全限度,则可控制静电积累。也可以通过防止人体带静电和静电安全管理两方面预防静电事故的发生。

1. 工艺控制

工艺控制就是在工艺流程、设备结构、材料选择和操作管理等方面采取措施,以限制静电的产生和控制静电的积累。

(1) 限制物料的输送速度 物料的输送速度越快,与管壁产生的摩擦速度就越快,产生的静电量就越多,发生静电放电的可能性就越大。研究表明,当液体物料在管道中流动时,其允许流速与电阻率有着十分密切的关系。表 3-3 给出了液体电阻率在不同范围内的最大允许流速。同时,管道的内径越大,静电量也会越大。

表 3-3 液体电阻率与最大允许流速

电阻率/$\Omega \cdot m$	最大允许流速/(m/s)
$<10^5$	10
$10^5 \sim 10^9$	5
$>10^9$	1.2

(2) 加快静电电荷的逸散 易燃液体进行灌装作业时,液体内的电荷会不断向器壁及液面集中,形成静电积聚。在积聚的过程中,静电也会慢慢泄漏、消散,但此过程需要一定的时间。若灌装停止后立马进行取样、搬运、拆除地线等操作,则很容易发生事故。因此易燃液体灌装前后均应静置 15min,使静电充分消散后再进行其他作业。可通过通风(抽气)、填充二氧化碳和氮气、控制温度的方法降低可燃液体蒸气与空气混合物的浓度。

(3) 消除产生静电的附加源 从罐顶进料时,液体会猛烈向下喷洒。为了减少由从贮罐顶部灌注液体时的冲击而产生的静电,可改变灌注管头的形状和灌注方式,以有利于降低贮罐液面的最高静电电位。为了避免液体在容器内喷溅,应从底部注油或将油管延伸至容器底部液面下。油罐和管道内混有杂质时,静电发生量增大,所以石油产品在生产输送中要避免水、空气及其他杂质的混入。

(4) 选用合适的材料 一种材料与另外一种材料接触、分离时,其所带静电荷数量和极性随材料的不同而不同。生产过程中使物料通过不同材料制成的设备时,若通过其中一种材料制成的设备产生的静电压为正电,通过另一种材料制成的设备产生的静电压为负电,则可使物料上的静电荷互相抵消,从而减少或消除静电的危害。

(5) 适当安排加料顺序 在工艺允许的条件下,适当改变加料顺序也可以降低静电的危险性。如在某搅拌工艺过程中,汽油由最初的全部加入改为部分加入,搅拌后再加入剩余的汽油,可使液浆表面静电压大大下降。需注意的是,加料顺序确定后,操作人员不可任意更改,否则会适得其反。

2. 静电泄漏法

泄漏,就是促使静电荷向大地泄漏、消散。常用方法包括接地、增湿、加抗静电剂。

(1) 接地 是消除静电危害最常见也是最有效的措施。在企业中所有涉及易燃液体、气体和粉体的设备必须接地,如过滤器、反应器、贮槽、贮罐等。输送物料的管道要相互跨接,形成连续的导电体并有效接地,从而消除静电的积聚;可能产生和积聚静电的固体和粉体作业设备(如压片机、粉碎机、胶囊填充机、制粒机等)也均应接地。

(2) 增湿 在有静电危害的场所,增湿带电体在自然环境中所带的静电荷会自行消散。若生产工艺允许,企业可增设空调、专用喷雾器等保证空气相对湿度。人们可用洒水或拖地等办法增加车间内空气湿度。据测试,空气相对湿度超过 70% 时一般不会产生静电,低于 40% 时静电则不易逸散,容易形成高电位。

(3) 加抗静电剂 在易产生静电的高绝缘材料中加入少量抗静电剂，可增大材料的导电性和亲水性，使其绝缘性和电阻率下降，从而促进绝缘体上静电荷的导出，消除静电危险。

3. 静电中和法

静电中和法主要是利用静电消除器产生的电子和离子，使物料上的静电荷得到异性电荷的中和，从而达到消除静电危险的目的。

(1) 感应式静电消除器 一种最简单的静电消除装置，没有外加电源，由接地的若干支放电针、放电刷或放电线及其支架等附件组成。使用时将针尖对准带电介质，离其表面1～2cm，或将针尖插入带电液体介质内部，静电就在放电针上感应出极性相反的电荷，形成很强的电场。当局部电场超过30kV/cm时，空气被电离，产生正、负离子，与物料电荷中和，从而消除静电危险。

(2) 外接电源式静电消除器 可分为直流型静电消除器和交流型静电消除器，二者都是利用高电压使放电针针尖与接地之间形成强电场，进而使空气电离的。但直流型和交流型静电消除器的工作原理完全不一样，直流型静电消除器是直接中和带电体上的电荷，使用过程中易产生火花放电，不能用于有爆炸危险的场所。交流型静电消除器是针尖附近产生的与带电体极性相反的离子向带电体移动，进而中和电荷。一般多采用交流型静电消除器。

(3) 放射线式静电消除器 利用放射性同位素使空气电离，产生正、负离子，消除生产物料上的静电。放射线式静电消除器离带电体越近，消电效能越好，一般取10～20cm。使用时要注意控制放射线对人体的伤害和对产品的污染。放射线只能在其特定方向上使空气电离，发挥中和作用，可用于有火灾和爆炸危险的场所。

(4) 离子流式静电消除器 在直流外接电源式静电消除器工作原理的基础上，将经过净化、干燥的空气压缩后运输到需要静电消除的场所。离子流式静电消除器可以远距离（60～100cm）消除静电，采用防爆型结构，安全、防火。

(5) 组合式静电消除器 可采用具有感应作用和放射线作用或具有高压电场作用和放射线作用的静电消除器的组合，其兼有两者消电的优点，故具有很好的消电效果。

应根据工艺条件和现场环境选用静电消除器。操作人员除了在既定场合能正确选用静电消除器外，还应能正确操作。

4. 防止人体带静电

人体是容易产生、积累静电且放电能量较大的物体。因此避免人体静电积累也是防止静电危害的主要措施。

(1) 人体接地 在有静电危害的场所，人们应注意着装，如穿戴防静电工作服、鞋和手套，不得穿用化纤衣物。在人体必须接地的场所，应装设金属导电接地装置，工作人员可随时触碰以消除自身静电，也可佩戴接地的腕带。

> **知识拓展**
>
> **防静电工作服原理**
>
> 在化纤织物中，间隔或均匀地混入导电纤维，由此制成的防静电工作服的消电基于电荷的泄漏与中和。当接地时，织物上的静电除因导电纤维的电晕放电被中和之外，还可经由导电纤维向大地泄放；不接地时则借助于导电纤维微弱的电晕放电而消电。

(2) 工作地面导电化 特殊危险场所的工作地面应是导静电性地面，或者形成导电性条件。如洒水使地面形成水膜，增加其导电性；也可铺设导电地板，其不但能导走设备上的静电，还可以将人体的静电导走。导电地板材料的电阻率应在 $1.0 \times 10^4 \Omega \cdot m$ 以下。

（3）安全操作 不准使用化纤材料制作的拖布或抹布擦洗物体或地面；在有静电危险的场所，不得携带与工作无关的金属物品等。

5. 静电安全管理

为了预防静电危害，避免事故产生，各企业还应当制定静电安全操作规程和防静电装置管理制度，并严格按照制度执行相关规定；落实安全主体责任制，遵循生产安全事故隐患排查治理制度；加强静电安全教育培训，强化员工对静电危害的认识，杜绝静电危害对生产及个人的不良影响。

案例

某企业停产检修作业时的爆鸣事故

2019年，某企业在停产检修的作业中发生爆鸣事故，事故造成1人死亡、1人重伤。经初步分析，事故原因是：正在检修的原料釜存有氢气，作业人员打开人孔盖板时，氢气与空气混合，被铁制工具撞击产生的火花或人体静电引发爆鸣，冲击波导致1人在人孔处作业平台死亡、1人掉落在高度差约2m的下层平台受伤。

试分析可采取哪些措施防止此类似事件出现。

项目三

防雷电安全生产管理

知识目标
- 了解雷电的危险性分析。
- 熟悉雷电的基础知识，理解雷电产生的条件。
- 掌握防雷电的安全控制措施。

 案例导入 广西某企业发生雷灾事故

2018年，广西玉林市某公司发生了一起雷灾事故。事故造成配电室的变压器、避雷器被击损坏各1台，办公楼机房避雷器损坏3套，门岗3套避雷器及4台监控设备损坏，共造成经济损失13万元。

思考：如何才能做好医药企业防雷电安全管理？

一、雷电概述

雷电是一种自然现象，是发生在大气层中的电现象。雷击会产生极高的电压和电流，可损坏建筑物、电线电缆、机器设备，引发火灾、爆炸，直接或间接危及人身安全。带电积云是形成雷电的基本条件。当带不同电荷的积云相互接近到一定程度，或带电积云与大地表面凸出物接近到一定程度时，就会产生强烈的放电现象，发出耀眼的白光；此时空气温度可高达20000℃，受热急剧膨胀，发出爆炸性的轰鸣声，这就是雷电。

1. 雷电的分类

（1）直击雷 带电积云与大地表面凸出物接近到一定程度时，若周围没有带异性电荷的云块，积云就会在地面凸出物上感应出异电荷，两者组成巨大的电容器。当感应电荷积聚到一定程度时，便会击穿空气，造成云块与地面凸出物之间的强烈放电。直击雷的每次放电包含先导放电、主放电、余光三个阶段,每次雷击时间不会超过 0.5s,且有重复放电的特征。大约 50% 的直击雷每次放电有三四个冲击,有的甚至能出现几十个冲击。雷电直接作用在建筑物上时,不仅会产生巨大的雷电流,还会产生电效应、热效应和机械效应,从而对设备设施造成破坏和对人畜造成伤害。

(2) 感应雷　也称雷电感应、感应雷击或间接雷击,其可分为静电感应和电磁感应两种。静电感应是带电积云接近地面时,在地面凸出物顶部感应出大量异电荷的现象。当积云对其他部位放电后,凸出物顶部的电荷则失去束缚,以雷电波的形式,沿凸出物迅速传播。雷击后,巨大的雷电流在周围空间产生迅速变化的强大磁场,即电磁感应。这种迅速变化的磁场能在邻近的金属导体上感应出很高的电压。雷电感应引起的电磁能量若不及时泄入地下,则可能产生放电火花,引起火灾、爆炸或造成触电事故。

其中由直击雷或感应雷产生的高电压雷电波,沿架空线路或金属管道两个方向进行传播,侵入并危及室内电子设备和自动化控制等各个系统,这种电波称为雷电侵入波,它的传播速度可达 300m/μs(电缆中传播速度为 150m/μs)。

(3) 球雷　俗称"滚地雷",是雷电放电时形成的发红光、橙光、白光或其他颜色光的火球。这种雷电出现的概率较低,直径大多为 20cm 左右,运动速度约为 2m/s,持续时间为数秒到数分钟。其能在地面上滚动,也可以从门、窗、烟道等通道进入室内,对油库危害较大。

2. 雷电的危害

雷击时产生的高温、猛烈的冲击波以及强烈的电磁辐射等物理效应,使其能在瞬间产生巨大的破坏作用。其常常造成人员伤亡、建筑物毁坏、供配电系统短路、通信设备信号中断,危害人民财产和人身安全。其作用危害包括电作用、热作用、机械作用和其他作用。

(1) 电作用　雷电产生的数十万至数百万伏的冲击电压,可击穿电气设备的绝缘物质,造成大面积停电、停产。由绝缘损坏产生的短路还可能引起火灾和爆炸事故。人体也会因设备漏电及高压窜入低回路发生触电事故。强大的雷电流流经大地时对雷击点和接地的金属部分产生极大的对地电压,也可导致接触电压或跨步电压触电。若闪电直接袭击人体,往往会导致雷电击伤,严重者甚至会死亡。

(2) 热作用　巨大的雷电电流流经导体时,可在极短的时间内转换成热能,产生的高温碰到金属导体或可燃物时,造成可燃物燃烧、金属熔化、飞溅,引发火灾和爆炸。

(3) 机械作用　电流产生的热效应作用于树木或液体管道、贮罐时,其内部水分急剧汽化,使得物体剧烈膨胀,压力升高,产生强大的机械力,最终使被击物体遭受破坏。

(4) 其他作用　由雷电侵入波、雷电反击、电磁感应产生的强电压也会导致电气线路绝缘破坏,易燃易爆品燃烧、爆炸。

> **知识拓展**
>
> **雷 电 反 击**
>
> 当接闪器、引入线和接地体等防雷保护装置遭受雷击时,其会产生很高的电位。若装置与建筑物内部的电气设备、线路或其他金属管线的绝缘距离太小,就会形成很高的电位差,出现放电现象,即出现雷电反击。雷电反击的破坏性极大,可导致电气设备的绝缘被破坏,金属管被烧穿,易燃易爆品燃烧引发火灾和人身伤亡事故。

二、雷电的发生

1. 雷电的形成

雷电是云内、云与云之间或云与大地之间的自然放电现象。天气的原因使近地层空气温度高，密度低，从地面蒸发的水蒸气产生上升运动。在此过程中，水蒸气与上部冷空气凝结成小水滴或冰晶粒子形成积雨云。由于上层空气密度较大，会自发向下运动，如此形成对流。在此过程中，云中水滴和冰晶不断接触、碰撞产生摩擦，各自带正、负电荷。正、负电荷聚集到一定量时，就会形成电位差。当电位差达到一定程度时，两种电荷之间就会发生极短时间（<0.0001s）放电，产生18000～20000℃高温和很强的雷电电流，空气受热急剧膨胀，发出爆炸性的轰鸣声，这就是雷鸣。电流将空气击穿，形成一个放电通道，出现的火光就是闪电。

闪电和雷鸣同时产生，但一般情况下，声音在空气中的传播速度为340m/s，光的传播速度为3×10^8m/s，声音的传播速度远远小于光的传播速度，故先看到闪电，后听到雷声。若距离闪电近，则可听到尖锐的爆裂声；若距离远，听到的则是隆隆声。雷电发生时，常伴有阵风和暴雨，有时还伴有冰雹和龙卷风，其多发生于春季、夏季、秋季。

2. 雷电的特点

(1) **放电时间极短**　只有50～100μs。

(2) **冲击电流大**　幅值高达几十至几十万安培。

(3) **电流陡度大**　可达50kA/s，属于高频冲击波。

(4) **冲击性强、冲击电压高**　高达300～500kV。

(5) **释放热能多**　瞬间能使局部空气温度升高至数千摄氏度以上。

3. 医药企业雷击对象

(1) **地面**　地面是电荷最集中的地方，因此电场强度也最大。雷击处通常是土壤中电阻率较小或者是电阻率不连续的地方。如金属管线集中的交叉点、埋藏管道的地面出口处。

(2) **地面上尖顶或突出部位建筑物**　因为尖顶处电场强度大，首先会吸引雷电先驱，如排气筒、塔顶。

(3) **金属结构建筑物或内有大量金属设备的厂房**　如电气设备、管道、釜、管道连接点、贮罐等。

4. 雷击的形式

(1) **直接雷击**　包括雷击直击和雷击侧击。它是在雷击活动区内，雷击直接通过人体、建筑物、设备等对地放电产生的电击现象。

(2) **间接雷击**　雷击产生的电磁场效应和通过导体传导的雷击流，如以雷击波侵入、雷击反击等形式侵入建筑物内，导致建筑物、设备损坏或人身伤亡的电击现象。

三、雷电事故的预防

雷击时会产生高温、猛烈的冲击波以及强烈的电磁辐射等物理效应，对高耸的建筑物、空旷区内孤立物体以及特别潮湿的建筑物、屋顶内金属结构的建筑物及露天放置的金属设备等有很大威胁，可引起人员伤亡、建筑物倒塌、配电系统短路、通信设备信号中断，危害人民财产和人身安全。为避免雷电造成的破坏,雷电事故的预防可从建筑物防雷和个人防雷两方面入手,采取适当的防雷措施。

1. 建筑物防护

按火灾和爆炸的危险性,人身伤亡的危险性,政治、经济价值,可将建筑物分为三类,如表3-4所示。医药企业主要是防止直击雷的发生。

表3-4 建筑物防雷等级划分

建筑物防雷等级	定义
第一类建筑物	易燃易爆物品等与电火花会引起爆炸,会造成巨大破坏或人身伤亡的建筑物
第二类建筑物	对国家政治和国民经济有重要意义的建筑物,以及制造、使用和贮存爆炸危险物质,但电火花不易引起爆炸,或不造成巨大破坏和人身伤亡的建筑物
第三类建筑物	除第一类、第二类防雷建筑物以外需要防雷的建筑物

(1) 直击雷防护 建筑物易受雷击部位的防雷主要以安装避雷装置为主。一套完整的外部防雷装置包括接闪器、引下线和接地装置。内部防雷包括安装电磁屏蔽、等电位连接和装设避雷器等措施,避免雷击电磁脉冲可能造成的危害,减小建筑物内部的雷电流及其电磁效应,以保护电力设备和电力线路。

① 接闪器 包括避雷针、避雷线、避雷网、避雷带及建筑物金属屋面和金属构件。利用其高出被保护物的突出部位,将雷电流引向自身,通过引下线、接地装置,迅速流入大地,从而保护建筑物和建筑物内的电气设备免受雷击。

② 引下线 连接接闪器和接地装置的金属导线,具有耐腐蚀性、机械强度高、热稳定好的特点,可保证雷电流通过时不熔化。引下线多采用圆钢或扁钢制成,设置时路线尽可能短而直,避免弯曲,每隔1.5~2m作一个固定点加以固定。根据建筑物防雷等级划分,第一类防雷建筑物引下线不应少于2根,并应沿建筑物四周和内庭院四周均匀或对称布置,其间距沿周长计算不宜大于12m;第二类防雷建筑物专设引下线不应少于2根,并应沿建筑物四周和内庭院四周均匀对称布置,其间距沿周长计算不应大于18m;第三类防雷建筑物专设引下线的数量不应少于两根,并应沿建筑物四周和内庭院四周均匀对称布置,其间距沿周长计算不宜大于25m。

③ 接地装置 又称接地体或接地极,作用是接收从引下线传入的雷电流,将电流泄入大地。其材质也必须具有腐蚀性,一般用镀锌钢管制作,连接两支地极的圆钢或扁钢要用沥青防腐。

防雷装置虽能有效避免雷击,但必须定期做好设施全面检查工作,如接闪器装置有无折断、导体是否锈蚀、接地线是否破坏、接地地阻是否变化等。发现问题后要及时整改,确保设备完好。如有特殊情况,临时性的检查也是有必要的。

(2) 感应雷防护 由感应雷造成的危害,主要是爆炸和火灾。防感应雷的措施主要是将建(构)筑物上的金属体及其保护范围内的金属体可靠接地。可单设接地装置,接地电阻不大于10Ω,也可与设备接地装置共用。

(3) 雷电侵入波防护 据统计,低压系统中由雷电侵入波引发的雷电事故占总雷害事故的70%以上。为防止其侵入,对电力线路及变配电装置主要采用避雷器和避雷线保护;对各类建筑物则主要采用相应部位接地的措施,也可安装电涌保护器,以有效防雷和过电压瞬时保护。

2. 个人防雷

雷暴时，要注意人身防雷。掌握以下两条原则，一是要远离可能遭雷击的物体和场所；二是在室外时设法使自己及其随身携带的物品不要成为雷击的对象。

① 雷电时，非工作需要，尽量减少户外逗留，最好穿塑料等不浸水的雨衣。如有条件，可寻找金属框架或带防雷装置的建筑物、汽车躲避，不得在高耸的树下停留。

② 雷电时，离开凸起的山丘、小道，离开运动场、游泳池、湖泊和海滨，远离铁丝网、晾衣绳、架空线路、孤立的树木。

③ 雷电时，避免使用或接触电气设备、电话，离电气线路1.5m以上。注意关闭门窗，防止球雷入户造成危害。

知识拓展

防雷避险六字诀

（1）学　要学习雷电及其防雷有关知识。

（2）听　通过多种渠道，及时收听各级气象部门发布的雷电预报、预警信息。

（3）察　密切注意观察天气的变化情况，一旦发现某种异常的现象，要立即采取防雷避险措施。

（4）断　在防雷救灾中，首先要切断可能导致二次灾害的电、煤气、水等灾源。

（5）救　学习救助知识，组织大家自救和互救，尤其要对受雷击严重者进行及时抢救。

（6）保　除了个人保护外，还应利用社会防灾保险，以减少个人和单位的经济损失。

雷电的形成及预防

知识导图

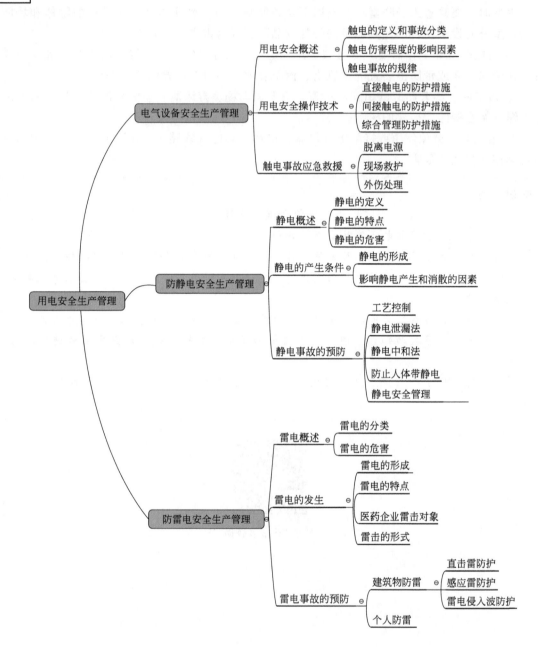

❓ 目标检测

一、A型题（最佳选择题）

1. 电流对人体的伤害可以分为电伤、（　　）两种类型。
   A. 电弧　　　　　B. 电击　　　　　C. 电烙印　　　　　D. 触电

2. 当人体电阻一定时，作用于人体的电压越高，通过人体的电流就（　　）。
   A. 越大　　　　　B. 越小　　　　　C. 不变　　　　　D. 不确定

3. 带电体有接地故障时，离故障点越近，跨步电压触电的危险性越（　　）。
   A. 大　　　　　B. 小　　　　　C. 相等　　　　　D. 不确定

4. 电击致命的主要原因是电流引起（　　）。
   A. 心律不齐　　　B. 心室颤动　　　C. 中枢神经麻痹　　　D. 肌肉痉挛

5. 漏电保护器的使用是防止（　　）。
   A. 触电事故　　　B. 电压波动　　　C. 容量超负荷　　　D. 电流不稳

6. 下列属于防止间接触电的措施为（　　）。
   A. 安全电压　　　B. 屏护　　　　　C. 绝缘　　　　　D. 保护接零

7. 触电急救时，首先要使触电者迅速（　　）。
   A. 恢复呼吸　　　B. 脱离电源　　　C. 保持清醒　　　D. 站立行走

8. 为消除静电危害，可采取的有效措施是（　　）。
   A. 接地　　　　　B. 穿化纤服　　　C. 绝缘　　　　　D. 保护接零

9. （　　）不属于静电的特点。
   A. 尖端放电　　　B. 泄漏慢　　　C. 远端放电　　　D. 电压低

10. 雷击直接击在易燃物上，可直接引起火灾，这属于（　　）。
    A. 电作用的破坏　B. 机械作用的破坏　C. 热作用的破坏　D. 气浪的破坏

二、X型题（多项选择题）

1. 下列属于防止直接触电的措施为（　　）。
   A. 屏护　　　　　B. 间距　　　　　C. 绝缘
   D. 漏电保护装置　　　　　E. 保护接地

2. 低压触电又分为（　　）。
   A. 单相触电　　　B. 跨步电压触电　　　C. 多相触电
   D. 电击　　　　　E. 高压电弧触电

3. 下列属于影响触电伤害程度的因素为（　　）。
   A. 电流持续时间　B. 人体电阻　　　C. 电流途径
   D. 电流大小　　　　　E. 电流频率

4. 如触电者意识丧失，呼吸心跳停止，可立即采取的措施（　　）。
   A. 拍打　　　　　B. 搬动　　　　　C. 胸外心脏按压
   D. 口对口人工呼吸　　　　　E. 抓挠

5. 静电泄漏法可采取的措施包括（　　）。
   A. 限制物料的输送速度　　　B. 增湿　　　　　C. 接地
   D. 使用静电消除器　　　　　E. 抗静电剂

6. 静电的危害形式有（　　）。
A. 火灾　　　　　B. 爆炸　　　　　C. 灼伤
D. 电击　　　　　　　　　　　　　E. 妨碍生产

7. 雷电可分为（　　）。
A. 直击雷　　　　B. 感应雷　　　　C. 爆炸雷
D. 球雷　　　　　　　　　　　　　E. 闪电

8. 一套完整的外部防雷装置包括（　　）。
A. 蓄电池　　　　B. 引下线　　　　C. 避雷针
D. 接地装置　　　　　　　　　　　E. 接闪器

三、思考题

1. 简述防止触电的技术措施。
2. 简述影响触电伤害程度的各种因素。
3. 如何预防静电事故的发生？
4. 简述雷电的危害。
5. 静电是如何产生的？
6. 静电有哪些特点和危害？
7. 如何预防雷电事故的发生？
8. 简述雷电的特点。

实训项目三

触电急救技能训练

【实训目的】

① 了解触电的有关知识。
② 熟悉触电急救的措施。
③ 掌握徒手心肺复苏的操作方法。

【实训条件】

1. 实训场地

心肺复苏实训室。

2. 实训材料

心肺复苏模拟人、一次性 CPR 训练屏障消毒膜。

【实训内容】

1. 触电现场急救

急救原则：迅速、就地、准确、坚持。

2. 心肺复苏操作

（1）**评估环境** 周围环境是否安全。

（2）**判断意识** 救护者通过轻拍重喊、高声呼救、检查呼吸心跳判断伤员意识。若伤员意识丧失，则立马将其恢复急救体位（仰卧平躺在地面或硬平板上），松开衣服和裤带，清除口腔异物，保证气道通畅。

（3）**胸外心脏按压**

a. 按压位置：胸骨下 1/3 交界处或双乳头与前正中线交界处。

b. 按压姿势：救护人员位于触电者的一侧，采用跪姿/站姿，双膝平病人肩部。两手掌根相叠，手指翘起，不接触伤员胸壁。双臂绷直，与胸部垂直，不得弯曲。利用上身重力，垂直用力向下按压。

c. 按压深度：成人胸骨下陷至少 5cm。按压后掌根立即放松，但不得离开胸壁。

d. 按压频率：每分钟不少于 100 次。

(4) 开放气道 检查触电者口腔是否有假牙、血块等异物,若有,须除去异物。采用仰头抬颌法开放气道。

(5) 人工呼吸 将一次性CPR训练屏障消毒膜置于伤员口部,操作者一手捏住患者的鼻孔,正常吸气后,口唇包住伤员的口唇,缓慢将气体吹入伤员气道,吹气完毕后放开鼻孔,让气体自然由口鼻逸出。每次吹气时长 1~1.5s,每分钟吹气 10~12 次。

若同时采用胸外心脏按压法和口对口人工呼吸法,单人操作时,每按压 30 次后吹气 2 次(30∶2);双人操作时,两人同时进行,一人负责胸外心脏按压,一人负责人工呼吸,每按压 30 次,由另一人吹气 2 次,反复进行。按压 5 个循环周期后(约 2min)触摸伤员的颈动脉和观察自主呼吸是否恢复。

(6) 整体质量判定 有效吹气 10 次,有效按压 150 次,从意识判断到最后一次吹气,总时长不超过 130s。

【实训报告】

① 实习最后环节,进行分组讨论并做好记录。
② 教师进行总结点评。
③ 课后,学生按规定格式完成实训报告,书写自己的实训体会。

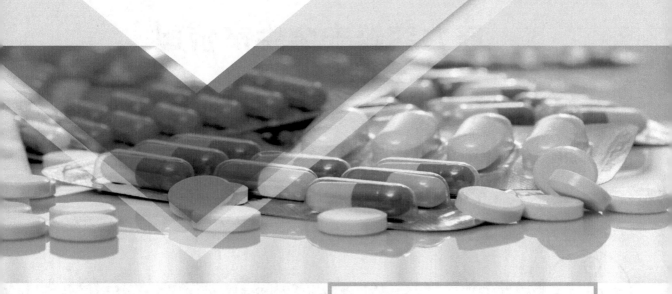

模块四

特种设备安全生产管理

思政与素质目标

- 形成责任意识，安全第一，认真履行岗位职责。
- 树立正确的职业道德观念，在工作中认真做好每一项工作。

项目一

压力容器安全生产管理

知识目标 掌握压力容器❶的定义、压力容器的安全操作方法等。
熟悉压力容器的分类。
了解压力容器的定期检验。

案例导入　压力容器爆炸事故

2015年6月,内蒙古某化工厂发生一起爆炸引起的较大生产安全事故,事故造成3人死亡、6人受伤,直接经济损失达800多万元。

事件回放:经过调查,该化工厂设备管理部门有关人员,未按照相关法律法规对该压力容器进行管理,致使屡次出现裂纹,且未能及时解决,引发脆断导致脱硫气瞬间爆出,因脱硫气中氢气含量较高,爆出瞬间引起氢气爆炸着火,最终导致事故的发生。

思考:如何进行压力容器的安全操作?

一、压力容器概述

特种设备,是指对人身和财产安全有较大危险性的锅炉、压力容器(含气瓶)、压力管道、电梯、起重机械、客运索道、大型游乐设施、场(厂)内专用机动车辆等。国家对特种设备实行目录管理。特种设备目录由国务院负责特种设备安全监督管理的部门制定。

压力容器属于特种设备,在医药行业中被广泛应用,如药品生产过程中常使用的设备——合成药物设备、生物发酵设备、灭菌设备等。每年因压力容器的不当使用,导致许多

---

❶　压力指的是表压(压强)。

事故的发生，这些事故往往危及人类的健康，有的甚至夺走了人们的生命。因此，对药品生产企业压力容器进行严格管理，显得尤为重要。我国《中华人民共和国特种设备安全法》（以下简称《特种设备安全法》）已于2013年6月29日通过，自2014年1月1日起施行。只有严格按照相关法律法规管理压力容器，才能保证安全生产，避免事故发生。

1. 压力容器的定义和分类

(1) 压力容器的定义 原国家质量监督检验检疫总局（以下简称原国家质检总局）修订了《特种设备目录》，经国务院批准，于2014年10月30日公布施行。该目录中规定：压力容器是指盛装气体或者液体，承载一定压力的密闭设备，其范围规定为最高工作压力大于或者等于0.1MPa（表压）的气体、液化气体和最高工作温度高于或者等于标准沸点的液体、容积大于或者等于30L且内直径（非圆形截面指截面内边界最大几何尺寸）大于或者等于150mm的固定式容器和移动式容器；盛装公称工作压力大于或者等于0.2MPa（表压），且压力与容积的乘积大于或者等于1.0MPa·L的气体、液化气体和标准沸点等于或者低于60℃液体的气瓶；氧舱。

(2) 压力容器的分类 压力容器的品种多、数量大，可根据压力容器的安装方式、用途、设计压力等，将容器分为不同种类。

① 根据压力等级划分　根据压力容器的设计压力（p）将其划分为低压、中压、高压和超高压四个压力等级（表4-1）。

表4-1　压力容器等级划分

压力等级	代号	压力值/MPa
低压	L	$0.1 \leqslant p < 1.6$
中压	M	$1.6 \leqslant p < 10.0$
高压	H	$10.0 \leqslant p < 100.0$
超高压	U	$p \geqslant 100.0$

② 根据安装方式分类　a. 固定式压力容器。安装在固定位置使用的压力容器。b. 移动式压力容器。由罐体或者大容积钢质无缝瓶式压力容器与走行装置或者框架采用永久性连接组成的运输装备，包括铁路罐车、汽车罐车、长管拖车、罐式集装箱和管束式集装箱等。

③ 根据用途进行分类　压力容器按照在生产工艺过程中的作用原理，可划分为反应压力容器、换热压力容器、分离压力容器、储存压力容器。具体划分如下：a. 反应压力容器（代号R）。主要用于完成介质的物理、化学反应，例如各种反应器、反应釜、聚合釜、合成塔、变换炉、煤气发生炉等。b. 换热压力容器（代号E）。主要用于完成介质的热量交换，例如各种热交换器、冷却器、冷凝器、蒸发器等。c. 分离压力容器（代号S）。主要用于完成介质的流体压力平衡缓冲和气体净化分离，例如各种分离器、过滤器、集油器、洗涤器、吸收塔、铜洗塔、干燥塔、汽提塔、分汽缸、除氧器等。d. 储存压力容器（代号S，其中球罐代号B）。主要用于储存或者盛装气体、液体、液化气体等介质，例如各种型式的储罐。

在一种压力容器中，如果同时具备两个以上的工艺作用原理，则应当按照工艺过程中的主要作用来划分。

2. 压力容器的安全附件及仪表

安全附件及仪表是压力容器必不可少的组成部分，压力容器的安全附件，包括直接连接在压力容器上的安全阀、爆破片装置、易熔塞、紧急切断装置等。压力容器的仪表,包括直接连接在压力容器上的压力、温度、液位等测量仪表。

(1) 通用要求 按照《固定式压力容器安全技术监察规程》的规定,其通用要求如下。

① 制造安全阀、爆破片装置的单位应当持有相应的特种设备制造许可证。

② 安全阀、爆破片、紧急切断阀等需要型式试验的安全附件,应当经过国家市场监督管理总局核准的型式试验机构进行型式试验,并且取得型式试验证明文件。

③ 安全附件的设计、制造,应当符合相关安全技术规范的规定。

④ 安全附件出厂时应当随带产品质量证明文件,并且在产品上装设牢固的金属铭牌。

⑤ 安全附件实行定期检验制度,安全附件的定期检验按照本规程与相关安全技术规范的规定进行。

(2) 安全附件的功能

① 安全阀 当压力容器内压力超过规定的正常工作压力时,能自动减压的装置。当容器内的压力恢复正常后,安全阀将自动关闭,使压力始终保持在规定的范围内。安全阀主要有静重式、杠杆式和弹簧式三种。

② 爆破片装置 当压力容器超压时,由进口静压使爆破片受压爆破而泄放出介质以减压,爆破片装置是断裂型超压泄放装置,爆破后即不可再用,须更换。爆破片的设计爆破压力一般不大于该容器的设计压力,并且爆破片的最小爆破压力不得小于该容器的工作压力。当设计图样或者铭牌上标注有最高允许工作压力时,爆破片的设计爆破压力不得大于压力容器的最高允许工作压力。

③ 易熔塞 "熔化型"安全泄放装置。容器壁温度超限时易熔塞熔化而释放压力,在中、低压的小型压力容器中常见,结构简单,容易更换。

④ 紧急切断装置 紧急切断阀通常与截止阀串联安装在紧靠容器的介质出口管道上,当发生事故或泄漏时,可紧急关闭,防止事故扩大。

压力容器的安全附件

(3) 仪表的功能

① 压力表 指示容器内介质压力,是压力容器的重要安全装置。选用的压力表,应当与压力容器内的介质相适应;压力表表盘刻度极限值应当为工作压力的1.5~3.0倍。

② 液位计 是用来观察和测量容器内液位位置变化情况的装置。液位计应当安装在便于观察的位置,否则应当增加其他辅助设施。液位计上最高和最低安全液位,应当作出明显的标志。在安装使用前,设计压力小于10MPa的压力容器用液位计,以1.5倍的液位计公称压力进行液压试验;设计压力大于或者等于10MPa的压力容器用液位计,以1.25倍的液位计公称压力进行液压试验;贮存0℃以下介质的压力容器,选用防霜液位计;寒冷地区室外使用的液位计,选用夹套型或者保温型结构;用于易爆、毒性危害程度为极度或高度危害介质以及液化气体压力容器上的液位计,有防止泄漏的保护装置;要求液面指示平稳的,不允许采用浮子(标)式液位计。

③ 温度计　主要用于测量压力容器介质的温度。对于需要控制壁温的容器，还必须装设测试壁温的温度计。

> **知识拓展**
>
> **特种设备代码编写方法**
>
> 　　设备代码为设备的代号，必须具有唯一性，由设备基本代码、制造单位代号、制造年份、制造顺序号组成，中间不能空格。
>
>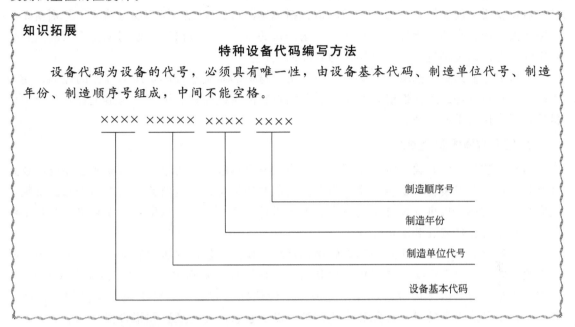

二、压力容器安全操作技术

压力容器在众多领域具有不可取代的作用，如应用于医药生产的合成反应、灭菌上。压力容器还具有一定的复杂性。正确地操作压力容器，建立安全操作规程，是确保压力容器正常工作的重要保证，也是防止事故发生的关键。

1. 压力容器的设计、制造

为了保障固定式压力容器的安全使用，预防和减少事故，保护人民生命和财产安全，促进经济社会发展，固定式压力容器的设计和制造应按照《特种设备安全法》《特种设备安全监察条例》执行。

（1）设计　设计压力容器时，应当严格按照相关法律法规及技术标准执行。如不按照规定设计，存在不合理设计时，将会造成不可估量的后果。在设计时，必须综合考虑并分析各设计因素，主要包括材料的选用、工作压力、使用环境等。因此，合理地设计压力容器，不仅要考虑安全性，也要考虑实效性，只有这样，才能减少压力容器使用过程中的风险，产生较大的安全经济价值。

① 设计结构的多样性　压力容器具有复杂多样性，容器的工作压力、工作温度范围、接管载荷更是不同。压力容器在结构设计上，应平滑过渡，避免形状上的突变。合理地设计，避免有附加应力的刚性结构，才能在设计这一关节上，得到安全保障。

② 设计要求　压力容器的设计总图上，必须加盖设计单位设计专用印章，专用印章中至少包括设计单位名称、相应资质证书编号、主要负责人、技术负责人等内容。压力容器的设计委托方应当以正式书面形式向设计单位提出压力容器设计条件。设计条件至少包含操作参数、设备使用地及其自然条件、介质组分与特性、预期使用年限、几何参数和管口方位等。

（2）**制造** 压力容器的制造单位应当取得特种设备制造许可证，并按照批准的范围进行制造，依据有关法规、安全技术规范的要求建立压力容器质量保证体系并且有效运行。焊接是制造设备质量的关键。压力容器的制造包括现场制造、现场组焊、现场粘接，分别指无法运输的大型压力容器（含球罐）在使用现场进行的制造、分段出厂在使用现场进行的压力容器组焊、在使用现场进行的非金属压力容器的粘接。

在压力容器的材料选取上，必须严格筛选，材料的质量直接影响压力容器的性能、使用寿命等。具有良好的工艺性能，是压力容器用材料的关键因素。因此，制造过程中，应把材料的选择，作为重要一环。

2. 压力容器的安全操作

（1）**安装** 按照有关规定，使用单位应当是取得相应资质的单位，建立质量保证体系并且有效运行。在安装前，安装单位应当向使用地的特种设备安全监管部门书面告知。安装单位应当向使用单位提供安装方案、图样和施工质量证明文件等技术资料；安装单位及其主要负责人对压力容器的安装承担责任。

（2）**建立标准工艺操作规程和岗位操作规程** 使用单位根据压力容器的特点和作用、操作方法和要点，建立标准工艺操作规程和岗位操作规程，明确提出压力容器安全操作要求。操作规程至少包括以下内容：操作工艺参数、岗位操作方法、运行中重点检查的项目和部位、运行中可能出现的异常现象和防止措施，以及紧急情况的处置和报告程序。

（3）**人员要求** 从事压力容器操作人员属于特种作业人员，需经当地劳动主管部门专业安全技术培训，考试合格取证后，方可持证上岗作业。而且操作人员必须经过岗位操作培训和安全技术培训。

（4）**使用**

① 按标准工艺操作规程和岗位操作规程进行操作 执行各项规章制度，做好相关记录，精心操作。压力容器使用单位应当建立岗位责任、隐患治理、应急救援等安全管理制度，制定操作规程，确保设备的安全运行。

② 坚守岗位，平稳操作 坚守岗位，严格按照压力容器安全操作规程或工艺操作规程操作。掌握设备的构造、技术特性、工艺流程、工艺指标、发生事故应采取的措施等。在升降温度或压力时，应缓慢，不得使温度或压力突然变化，做到平稳操作。

③ 运行时，应巡回检查 压力容器运行中，应时刻观察，坚持巡回检查，对发现的异常情况及时处理并且记录，保证在用压力容器始终处于正常使用状态，并填写操作记录。

④ 禁止超温、超压、超负荷运行 压力设备应该在规定的工作压力、温度、负荷下，安全稳定地工作。操作过程中应避免人为操作造成超温、超压引发事故。不同的压力容器，产生超压的原因不同，如装料过量、意外受热或物料中混有杂质等，其会造成气体密度增大或反应速度加快进而造成超压。超压会引起裂纹，甚至爆炸事故的发生。

3. 异常情况处理

压力容器在运行中如发生故障，出现下列异常情况之一时，操作人员应立即采取应急专项措施，并按相关规定程序，及时报告本单位有关部门和领导。

① 工作压力或温度超过操作规程规定的范围，采取措施后，仍不能有效控制的情况。

② 设备的主要受压元件产生裂纹、变形，难以保证容器安全运行。

③ 安全附件失灵、损坏到难以保证容器安全运行。

④ 发生火灾直接威胁到容器安全操作。
⑤ 液位异常，得不到有效控制的情况。
⑥ 压力容器与压力管道发生严重振动，危及安全运行。
⑦ 其他异常情况。

三、压力容器使用维护与定期检验

使用单位应当建立对压力容器装置的巡回检查制度，并对压力容器本体及其安全附件、装卸附件、安全保护装置、测量调控装置、附属仪器仪表进行经常性维护保养。对发现的异常情况及时处理并记录，保证在用压力容器始终处于正常使用状态。

1. 压力容器的安全使用及要求

(1) 安全使用 安全地使用压力容器，须按规定的使用方法，如果不正确使用压力容器，则会造成一定的不良后果。尽管压力容器种类较多，使用方法不一，但关于正确使用压力容器有共同的要点。

① 开机准备　检查各安全附件及仪表是否处于正常状态及范围，并试运行。

② 开启阀门　开启压力容器阀门前，需检查无误。

③ 添加物料　按照操作规程，正确地添加物料，避免发生因加入物料先后顺序错误等引起不良后果。

④ 升降压或升降温　压力容器的升降压或升降温，应当缓慢进行。整个过程中要有预热，平稳升降压或升降温，减少波动幅度，以防容器内部产生较大的热应力而损坏容器。

⑤ 额定压力及温度　严禁容器使用时，容器压力、温度超过容器额定的工作压力、温度。

⑥ 定期检查　压力表、温度表和安全阀等安全附件及仪表应定期检查。

(2) 使用要求 企业行政技术负责人必须对压力容器的安全技术管理负责。压力容器使用单位应当按照《特种设备使用管理规则》的有关要求，对压力容器进行使用安全管理，设置安全管理机构，配备安全管理负责人、安全管理人员和作业人员，办理使用登记，建立各项安全管理制度，制定操作规程，并进行检查。相关负责人必须贯彻执行压力容器的有关法规，制定本单位压力容器安全管理规章制度和安全操作规程。使用单位应当按照规定在压力容器投入使用前或者投入使用后 30 日内，向所在地负责特种设备使用登记的部门申请办理特种设备使用登记证。

2. 压力容器的维护

压力容器的维护是确保安全使用的前提，使用单位应建立完善的管理体系，并符合相应规定，只有这样才能安全有效地使用压力容器。压力容器的维护包括压力容器本体和主要安全附件及仪表的维护。

(1) 压力容器本体的维护

① 压力容器应保持防腐层完好无损。定期检查防腐层有无自行脱落或在装料和安装容器内部附件时被刮落或撞坏现象。注意检查衬里是否开裂或焊缝处是否有渗漏现象。当发现压力容器防腐层损坏时，及时修补后才能继续使用。

② 压力容器外壁涂刷油漆，防止大气腐蚀。

③ 运行时，保持本体清洁，无渗漏、腐蚀现象，认真、详细地填写设备维修保养记录。

④ 加强压力容器在停用期间的维护。消灭压力容器的"跑、冒、滴、漏"现象，经常保持压力容器的完好状态。

(2) 主要安全附件及仪表的维护

① 安全阀　做好安全阀的日常维护工作，应当保持安全阀的清洁，防止污物腐蚀或堵塞安全阀。经常检查弹簧式安全阀铅封是否完好，防止弹簧式安全阀的调整螺钉被随便拧动。安全阀经校验后，应加锁或者铅封。开启压力不得超过最大允许工作压力。每年要定期检验一次，并做手动试验，防止内杆阀芯粘连。

② 压力表　齐全、准确、灵敏。压力表安装前应进行校验，压力表校验后应加铅封。在刻度盘上应当划出指示工作压力的红线，注明下次检定日期。压力表检定后应当加铅封。

③ 液位计　液面应指示平稳，对液位计实行定期检修制度。液位计上的最高和最低安全液位，应当有明显的标志。液位计如出现指示位置模糊不清、有裂纹、阀件固死等情况，应停止使用。

3. 压力容器的定期检验

压力容器定期检验，是指特种设备检验机构按照一定的时间周期，在压力容器停机时，根据《固定式压力容器安全技术监察规程》的规定对在用压力容器安全状况所进行的符合性验证活动。

(1) 定期检验程序　一般包括检验方案制订、检验前的准备、检验实施、缺陷及问题的处理、检验结果汇总、出具检验报告等。

(2) 检验机构及人员　检验机构应当按照核准的检验范围从事压力容器的定期检验工作，检验和检测人员应当取得相应的特种设备检验检测人员证书。检验机构应当对压力容器定期检验报告的真实性、准确性、有效性负责。

(3) 报检　使用单位应当在压力容器定期检验有效期届满的1个月前向检验机构申报定期检验。检验机构接到定期检验申报后，应当在定期检验有效期届满前安排检验。

(4) 检验周期

① 金属压力容器检验周期　金属压力容器一般于投用后3年内进行首次定期检验。以后的检验周期由检验机构根据压力容器的安全状况等级，按照以下要求确定：a. 安全状况等级为1、2级的，一般每6年检验一次；b. 安全状况等级为3级的，一般每3～6年检验一次；c. 安全状况等级为4级的，监控使用，其检验周期由检验机构确定，累计监控使用时间不得超过3年，在监控使用期间，使用单位应当采取有效的监控措施；d. 安全状况等级为5级的，应当对缺陷进行处理，否则不得继续使用。

② 非金属压力容器检验周期　非金属压力容器一般于投用后1年内进行首次定期检验。以后的检验周期由检验机构根据压力容器的安全状况等级，按照以下要求确定：a. 安全状况等级为1级的，一般每3年检验一次；b. 安全状况等级为2级的，一般每2年检验一次；c. 安全状况等级为3级的，应当监控使用，累计监控使用时间不得超过1年；d. 安全状况等级为4级的，不得继续在当前介质下使用，如果用于其他适合的腐蚀性介质，应当监控使用，其检验周期由检验机构确定，但是累计监控使用时间不得超过1年；e. 安全状况等级为5级的，应当对缺陷进行处理，否则不得继续使用。

(5) 定期检验项目

① 金属压力容器定期检验项目　以宏观检验、壁厚测定、表面缺陷检测、安全附件检验为主，必要时增加埋藏缺陷检测、材料分析、密封紧固件检验、强度校核、耐压试验、泄

漏试验等项目。设计文件对压力容器定期检验项目、方法和要求有专门规定的，还应当从其规定。

② 非金属及非金属衬里压力容器定期检验项目　以宏观检验、安全附件及仪表检验为主，必要时增加密封紧固件检验、耐压试验等项目；非金属压力容器中的金属受压部件定期检验还应当符合《固定式压力容器安全技术监察规程》中关于金属压力容器的相应规定。设计文件对压力容器定期检验项目、方法和要求有专门规定的，还应当从其规定。

项目二

其他特种设备安全生产管理

知识目标 掌握锅炉、压力管道的定义及安全操作技术。
熟悉锅炉、压力管道的分类。
了解锅炉的定期检验。

案例导入　锅炉排污包焊管爆裂事故

2014年2月，河北某化工厂发生锅炉排污包焊管爆裂事故，造成2人死亡，经济损失上百万元，社会影响较大。

事故原因：相关人员违反公司《锅炉岗位安全操作规程》，在锅炉没有停炉、降温、泄压下，进行相关维修工作。该事故反映出：使用单位安全生产管理不到位，工作人员安全生产意识淡薄。

思考：对于锅炉的安全操作，有哪些规定？

一、其他特种设备概述

在特种设备中，除了压力容器以外，还有锅炉、压力管道、电梯、起重机械、客运索道、场（厂）内机动车辆等。在医药行业中，锅炉、压力管道等特种设备，是其他特种设备中的常见设备。

1. 锅炉

① 锅炉的定义　锅炉是指利用各种燃料、电或者其他能源，将所盛装的液体加热到一定的参数，并通过对外输出介质的形式提供热能的设备，其范围规定为设计正常水位容积大

于或者等于 30L，且额定蒸汽压力大于或者等于 0.1MPa（表压）的承压蒸汽锅炉；出口水压大于或者等于 0.1MPa（表压），且额定功率大于或者等于 0.1MW 的承压热水锅炉；额定功率大于或者等于 0.1MW 的有机热载体锅炉。特种设备中锅炉目录见表 4-2。

表 4-2 特种设备中锅炉目录

代码	种类	类别	品种
1000	锅炉		
1100		承压蒸汽锅炉	
1200		承压热水锅炉	
1300		有机热载体锅炉	
1310			有机热载体气相炉
1320			有机热载体液相炉

② 锅炉的分类　可按照不同的分类方式，把锅炉分为不同种类。

a. 按设备等级分类：锅炉可分为 A、B、C、D 级锅炉（表 4-3）。

表 4-3 锅炉设备级别

设备等级	种类	相应条件
A 级	超临界锅炉	$p \geqslant 22.1\text{MPa}$（$p$ 为额定工作压力，下同）
	亚临界锅炉	$16.7\text{MPa} \leqslant p < 22.1\text{MPa}$
	超高压锅炉	$13.7\text{MPa} \leqslant p < 16.7\text{MPa}$
	高压锅炉	$9.8\text{MPa} \leqslant p < 13.7\text{MPa}$
	次高压锅炉	$5.3\text{MPa} \leqslant p < 9.8\text{MPa}$
	中压锅炉	$3.8\text{MPa} \leqslant p < 5.3\text{MPa}$
B 级	蒸汽锅炉	$0.8\text{MPa} < p < 3.8\text{MPa}$
	热水锅炉	$p < 3.8\text{MPa}$，且 $t \geqslant 120℃$（t 为额定出水温度，下同）
	有机热载体气相炉	$Q > 0.7\text{MW}$（Q 为额定热功率，下同）
	有机热载体液相炉	$Q > 4.2\text{MW}$
C 级	蒸汽锅炉	$p \leqslant 0.8\text{MPa}$，且 $V > 50\text{L}$（V 为设计正常水位水容积）
	热水锅炉	$p < 3.8\text{MPa}$，且 $t < 120℃$
	有机热载体气相炉	$0.1\text{MW} < Q \leqslant 0.7\text{MW}$
	有机热载体液相炉	$0.1\text{MW} < Q \leqslant 4.2\text{MW}$
D 级	蒸汽锅炉	$p \leqslant 0.8\text{MPa}$，且 $30\text{L} \leqslant V \leqslant 50\text{L}$
	汽水两用锅炉	$p \leqslant 0.04\text{MPa}$，且 $D \leqslant 0.5\text{t/h}$（$D$ 为额定蒸发量）
	仅用自来水加压的热水锅炉	且 $t \leqslant 95℃$
	气相或液相有机热载体锅炉	$Q \leqslant 0.1\text{MW}$

b. 按用途分类：可分为电站锅炉、工业锅炉、生活锅炉、机车锅炉、船舶锅炉等。
c. 按容量分类：可分为大型、中型和小型锅炉。

2. 压力管道

(1) 压力管道的定义 压力管道是指利用一定的压力，用于输送气体或者液体的管状设备，其范围规定为最高工作压力大于或者等于0.1MPa（表压），介质为气体、液化气体、蒸汽或者可燃、易爆、有毒、有腐蚀性、最高工作温度高于或者等于标准沸点的液体，且公称直径大于或者等于50mm的管道。公称直径小于150mm，且其最高工作压力小于1.6MPa（表压）的输送无毒、不可燃、无腐蚀性气体的管道和设备本体所属管道除外。其中，石油天然气管道的安全监督管理还应按照《安全生产法》《石油天然气管道保护法》等法律法规实施。

(2) 压力管道的分类

① 按用途分类：分为长输管道（GA类）、公用管道（GB类）和工业管道（GC类）。

② 按介质压力分类：分为超高压、高压、中压、低压管道（表4-4）。

表4-4 压力管道按介质压力划分

设备名称	压力值 p/MPa
超高压管道	$p \geqslant 42$
高压管道	$10 \leqslant p < 42$
中压管道	$1.6 \leqslant p < 10$
低压管道	$0.1 \leqslant p < 1.6$

③ 按介质温度分类：分为高温、常温、低温管道（表4-5）。

表4-5 压力管道按介质温度划分

设备名称	温度范围/℃
高温管道	>200
常温管道	$-29 \sim 200$
低温管道	<-29

3. 起重机械

(1) 起重机械的定义 起重机械是指用于垂直升降或者垂直升降并水平移动重物的机电设备，其范围规定为额定起重量大于或者等于0.5t的升降机；额定起重量大于或者等于3t（或额定起重力矩大于或者等于40t·m的塔式起重机，或生产率大于或者等于300t/h的装卸桥），且提升高度大于或者等于2m的起重机；层数大于或者等于2层的机械式停车设备。

(2) 起重机械的分类 按功能和构造特点可分为轻小型起重设备、起重机、升降机、工作平台和机械式停车设备等五类。

4. 场（厂）内专用机动车辆

(1) 场（厂）内专用机动车辆的定义 场（厂）内专用机动车辆是指除道路交通、农用车辆以外仅在工厂厂区、旅游景区、游乐场所等特定区域使用的专用机动车辆。

(2) 场（厂）内专用机动车辆的分类 可分为场（厂）内专用机动工业车辆和非公路用

旅游观光车辆两大类。

二、其他特种设备安全操作技术

1. 锅炉的安全操作技术

(1) 锅炉使用的要求

① 在投入使用前或投入使用后 30 日内，按照规定到市场监督管理部门办理登记手续。

② 应建立"锅炉安全技术档案"，至少包括：出厂技术文件及监检证明，水处理设备的安装调试技术资料；设备安装、改造、修理技术及监检证明，定期检验报告；日常使用状况和维护保养记录，运行故障和事故记录。

③ 安全管理人员、锅炉运行操作人员和锅炉水处理作业人员，应当按照原国家质检总局颁发的《特种设备作业人员监督管理办法》的规定持证上岗。

④ 建立相应的使用管理制度，具体包括以下：岗位责任制，包括锅炉安全管理人员、班组长、运行操作人员、维修人员、水处理作业人员等职责范围内的任务和要求；巡回检查制度，明确定时检查的内容、路线和记录的项目；交接班制度，明确交接班要求、检查内容和交接班手续；锅炉及辅助设备的操作规程，包括设备投运前的检查及准备工作、启动和正常运行的操作方法、正常停运和紧急停运的操作方法；设备维修保养制度，规定锅炉停（备）用防锈蚀内容和要求以及锅炉本体、安全附件、安全保护装置、自动仪表及燃烧和辅助设备的维护保养周期、内容和要求；水（介）质管理制度，明确水（介）质定时检测的项目和合格标准；安全管理制度，明确防火、防爆和防止非作业人员随意进入锅炉房的要求，保证通道畅通的措施以及事故应急预案和事故处理办法等；节能管理制度，符合锅炉节能管理有关安全技术规范的规定；做好使用管理记录；作业前，做好各种检查，不任意提高运行参数，压火后应当保证锅水温度、压力不回升以及不缺水。

(2) 锅炉的安全操作

① 运行前的检查工作　在运行前，检查锅炉内应无杂物，耐火砖墙及前后拱无严重裂缝和结焦；烟道内无积灰、无杂物，烟道挡板严密，开关能正产工作。安全附件、炉膛等正常。

② 点火　点火时，锅炉内水位应正常，燃烧室和烟道施行通风，通风时间应足够，燃料准备充足。

③ 运行时　时刻观察运行状态，确保水位正常，锅炉压力在规定的范围内，无泄漏。

④ 停止运行　运行中发生受压元件泄漏、炉膛严重结焦、液态排渣、尾部烟道严重堵灰、炉墙烧红、受热面金属严重超温、汽水质量严重恶化等情况时应当停止运行。

⑤ 停炉　正常停炉是有计划的停炉，具体停炉应按照以下顺序进行：停止供给燃料、关闭送风机、关闭引风机、停止给水、降低压力、关闭给水阀、关闭蒸汽阀、打开疏水阀、关闭烟阀板。紧急停炉时应停止供给燃料和送风，减少引风；迅速使炉火熄灭，但不得往炉膛里浇水；排放蒸汽、降低压力表；促进空气流通，提高冷却速度；因锅炉缺水事故而紧急停炉时，严禁向锅炉给水，以防止受到突然的温度或压力变化而将事故扩大；如确定是满水事故，则应立即停止给水，关小烟道挡板，减弱燃烧，并开启排污阀放水，使水位适当降低，同时，采取防止蒸汽大量带水和管道内发生水冲击的措施等。

2. 压力管道的安全操作技术

压力管道的使用单位负责本单位管道的安全工作，保证管道的安全使用，对管道的安全性能负责。

(1) 压力管道使用的要求

① 配备必要的资源和具备相应资格的人员从事压力管道安全管理、安全检查、操作、维护保养和一般改造、维修工作。

② 使用单位的管理层应当配备一名人员负责压力管道安全管理工作。管道数量较多的使用单位，应当设置安全管理机构或者配备专职的安全管理人员，使用管道的车间（分厂）、装置均应当有管道的专职或者兼职安全管理人员；其他使用单位，应当根据情况设置压力管道安全管理机构或者配备专职、兼职的安全管理人员。管道的安全管理人员应当具备管道的专业知识，熟悉国家相关法规标准，经过管道安全教育和培训，取得特种设备作业人员证后，方可从事管道的安全管理工作。

③ 应建立管道安全技术档案并且妥善保管。

④ 使用单位应当按照管道有关法规、安全技术规范及相应标准，建立管道安全管理制度并且有效实施。

⑤ 必须在工艺操作规程和岗位操作规程中，明确提出管道的安全操作要求。

⑥ 对操作人员进行管道安全教育和培训，保证其具备必要的管道安全作业知识。

⑦ 操作人员只有在取得特种设备作业人员证后，才能上岗操作。

⑧ 制订应急救援预案，建立应急救援组织机构，配置与之相适应的救援装备，以防事故发生，造成严重后果。

⑨ 建立定期自行检查制度，检查后应当做出书面记录，书面记录至少保存3年。发现异常情况时，应当及时报告使用单位有关部门进行处理。

(2) 压力管道的安全操作 安全地操作压力管道是保证正常、稳定工作的必要前提。

① 运行前，做好准备工作 在使用压力管道前做好一切准备工作，落实各项安全措施。

② 运行中时刻观察，做好记录 在压力管道运行过程中，要时刻观察运行状态，随时做好运行记录。注意压力、温度是否在允许范围内，是否存在介质泄漏现象，设备的本体是否有肉眼可见的变形等，发现异常情况应立即采取措施并报告。

常规检查项目如下：a. 各项工艺指标参数、运行情况和系统平稳情况；b. 管道接头、阀门及管件密封情况；c. 保温层、防腐层是否完好，管道振动情况；d. 管道支吊架的紧固、腐蚀和支撑以及基础完好情况；e. 管道之间以及管道与相邻构件的连接情况；f. 阀门等操作机构是否灵敏、有效；g. 安全阀、压力表、爆破片等安全保护装置的运行、完好情况；h. 静电接地、抗腐蚀阴阳极保护装置完好情况；i. 其他缺陷或异常等。

③ 责任到人 操作压力管道的人员必须熟知所操作压力管道的性能和有关安全知识。非本岗人员严禁操作。值班人员应严格按照规定认真做好运行记录和交接班记录，交接班应将设备及运行的安全情况进行交底。交接班时要检查管道是否完好。

三、其他特种设备使用维护

1. 锅炉的使用维护

(1) 锅炉常规维护与保养 锅炉的维护保养十分重要，做好该项工作，可以使设备的使用寿命延长，并减少事故的发生。正常运转的锅炉，只有加强巡回检查，仔细观察，及时发现问题并处理，才能使锅炉安全经济运行。

① 燃烧设备的检查　锅炉在运行期间，应当随时注意燃烧机头工作声音是否正常，燃烧机头各部分有无故障。保证燃烧机头气、油路畅通，各个转动部分轴承应润滑良好，轴承温度升高不允许超过60~70℃。定期清洗气、油路上的过滤网。

② 炉墙、炉门的检查　由于热胀冷缩及其他，炉墙、炉门容易产生裂缝。在炉墙和钢结构的连接处，炉墙的膨胀缝处更能形成较大的缝隙。在使用一段时期后，其都容易产生缝隙而漏入空气，使过剩空气量增大，形成过量的烟气从烟中逸出，带走大量热量，增加热损失，降低热效率。因此，要经常检查炉墙和炉门是否良好、有无缝隙等，一经发现，应及时修补。

③ 保温层的检查　锅炉的保温层，使用时间较长后，可能会脱落，使散热量增加，既损失热量又增加锅炉房温度，有时可能会烫伤人。因此，如发现保温层脱落，必须及时修补。

④ 辅助设备的检查　阀门、水泵、油泵、阀杆、填料盒处都应密封，要经常检查这些部位，发现问题后及时处理。

⑤ 安全附件及仪表的检查　定期检查安全阀、压力表、液位计等，以防锈蚀卡住。安全附件一旦损坏，必须立即修复或更换。

⑥ 水处理设备的检查　经常检查水处理设备（软水器、除氧水箱、自动投药泵），监督水质情况。水质一旦不合格应立即查找原因，并立即对水处理设备进行更换或维修。

(2) 锅炉的定期检验　使用单位应当安排锅炉的定期检验工作，并且在锅炉下次检验日期前1个月向检验检测机构提出定期检验申请，检验检测机构应当制订检验计划。锅炉的定期检验工作包括锅炉在运行状态下进行的外部检验、锅炉在停炉状态下进行的内部检验和水（耐）压试验。外部检验、内部检验和水（耐）压试验在同一年进行时，一般首先进行内部检验，然后再进行水（耐）压试验、外部检验。

① 外部检验内容　a. 审查上次检验发现问题的整改情况；b. 核查锅炉使用登记及其作业人员资格；c. 抽查锅炉安全管理制度及其执行见证资料；d. 抽查锅炉本体及附属设备运转情况；e. 抽查锅炉安全附件及联锁与保护投运情况；f. 抽查水（介）质处理情况；g. 抽查锅炉操作空间安全状况；h. 审查锅炉事故应急专项预案。

② 内部检验内容　a. 审查上次检验发现问题的整改情况；b. 抽查受压元件及内部装置；c. 抽查燃烧室、燃烧设备、吹灰器、烟道等附属设备；d. 抽查主要承载、支吊、固定件；e. 抽查膨胀情况；f. 抽查密封、绝热情况。

③ 水（耐）压试验　a. 锅炉受压元件应当在无损检测和热处理后进行水压试验；b. 水压试验场地应当有可靠的安全防护设施；c. 水压试验应当在环境温度高于或等于5℃时进行，低于5℃时应当有防冻措施；d. 水压试验所用的水应当是洁净水，水温应当保持高于周围露点的温度，以防止表面结露，但温度也不宜过高以免引起汽化和过大的温差应力；e. 合金钢受压元件的水压试验水温应当高于所用钢种的脆性转变温度；f. 奥氏体受压元件水压试验时，应当控制水中的氯离子含量不超过25mg/L，如不能满足要求，水压试验后应当立即将水渍去除干净。

(3) 锅炉的定期检验周期

① 外部检验　每年进行一次。

② 内部检验　锅炉一般每2年进行一次，成套装置中的锅炉结合成套装置的大修周期进行，电站锅炉结合锅炉检修同期进行，一般每3~6年进行一次；首次内部检验在锅炉投

入运行后 1 年进行，成套装置中的锅炉和电站锅炉可以结合第一次检修进行。

③ 水（耐）压试验　检验人员或者使用单位对设备安全状况有怀疑时，应当进行水（耐）压试验；因结构无法进行内部检验时，应当每 3 年进行一次水（耐）压试验。

成套装置中的锅炉和电站锅炉由于检修周期等不能按期进行锅炉定期检验时，锅炉使用单位在确保锅炉安全运行或停用的前提下，经过使用单位技术负责人审批后，可以适当延长检验周期，同时向锅炉登记地市场监督管理部门备案。

2. 压力管道的使用维护

(1) 压力管道的维护与保养　使用单位应对管道进行经常性维护保养，并且做好记录，存入管道技术档案。发现异常情况时应当及时处理。压力管道的维护是保证和延长其使用寿命的重要环节。

① 保证安全、正确使用和依法管理　要避免对管道表面不必要的碰撞，保持容器、管道表面的光洁，防止各种电离，做好定期防腐。

② 阀门的操作部位要经常维护　定期进行活动，保证其开关灵活。

③ 安全阀、压力表要经常擦拭　确保其灵活、准确，并按时进行检查和校验。

④ 定期检查紧固螺栓完好状况　做到齐全、不锈蚀、丝扣完整，连接可靠。

⑤ 及时采取相关措施　压力管道因外界因素产生较大震动时，应采取隔断震源、加强支撑等减震措施。发现摩擦等情况应及时采取措施。

⑥ 静电跨接、接地装置要保持完好　及时消除缺陷，防止故障的发生。

(2) 压力管道的定期检验

压力管道定期检验分为在线检验和全面检验。在线检验是在运行条件下对在用设备进行的检验，在线检验每年至少 1 次，也可称为年度检验；全面检验是按一定的检验周期在管道停车期间进行的较为全面的检验。

① 在线检验主要检验管道在运行条件下是否有影响安全的异常情况，一般以外观检验和安全保护装置检验为主，必要时进行壁厚测定和电阻值测量。在线检验后应当填写在线检验报告，得出检验结论。

② 全面检验一般进行外观检验、壁厚测定、耐压试验和泄漏试验，并根据管道的具体情况，采取无损检测、理化检验、应力分析、强度校验、电阻值测量等方法。全面检验时，检验机构还应当对使用单位的管道安全管理情况进行检验和评价。检验工作完成后，检验机构应当及时向使用单位出具全面检验报告。

知识导图

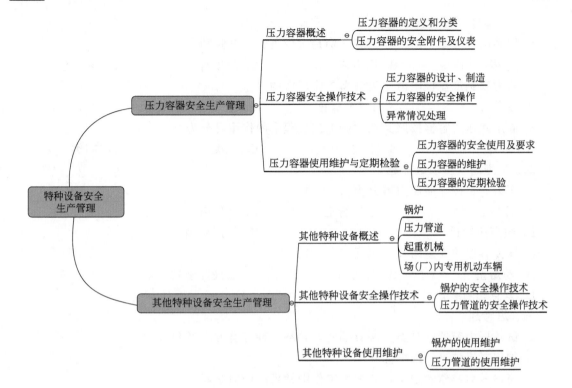

目标检测

一、A 型题（最佳选择题）

1. 锅炉的三大安全附件及仪表分别是水位表、安全阀和（　　）。
   A. 电表　　　　B. 压力表　　　　C. 温度计　　　　D. 蒸汽包
2. 压力表刻度盘极限值应为最高工作压力的（　　）。
   A. 8 倍　　　　B. 1.5～3 倍　　　C. 相等　　　　　D. 4 倍
3. 固定式压力容器按照其在生产工艺过程中的作用可分为（　　）。
   A. 一类　　　　B. 二类　　　　　C. 三类　　　　　D. 四类

二、X 型题（多项选择题）

1. 压力管道按介质压力可分为（　　）。
   A. 低压管道　　　　B. 中压管道　　　　C. 高压管道
   D. 超高压管道　　　E. 恒压管道
2. 压力容器的安全附件应包括（　　）。
   A. 易熔塞　　　　　B. 安全阀　　　　　C. 爆破片装置
   D. 紧急切断装置　　E. 气瓶

三、思考题

1. 试述压力容器的分类方法有哪些，并举一种分类方法说明。
2. 如何对锅炉进行维护保养？
3. 简述压力容器的定义，并列举工作中常见的压力容器。
4. 简述压力容器选型时的注意事项。

实训项目四

高压灭菌锅的使用

【实训目的】

① 掌握高压灭菌锅安全操作方法，使用要点。
② 通过该实训，熟悉《压力容器安全技术监察规程》中相关规定。
③ 了解高压灭菌锅的构造、灭菌原理等。

【实训条件】

1. 实训场地

实验室。

2. 实训设备

高压灭菌锅。

【实训内容】

高压灭菌锅的使用包括：启用前的准备、灭菌过程、注意事项等。

1. 启用前的准备

检查设备的安全阀、放气阀等是否正常；温度计、压力表是否正常。

2. 灭菌过程

灭菌过程包括加水、装料、加盖、排气、保压、降压等步骤。

3. 注意事项

① 高压灭菌锅中加入的水，应是蒸馏水，并做到定期换水。
② 使用前，应检查锅内水位是否处于规定范围。
③ 保持锅内清洁，并做到定期排污。
④ 灭菌液体时，应将液体灌装在耐热玻璃瓶中，瓶内液体不宜过满，严禁使用未打孔的橡胶或软木塞。
⑤ 灭菌结束后，不得立即开盖，须待压力表回零位。

【实训报告】

① 实习最后环节,进行分组讨论并做好记录。
② 教师进行总结点评。
③ 课后,学生按规定格式完成实训报告,书写自己的实训体会。

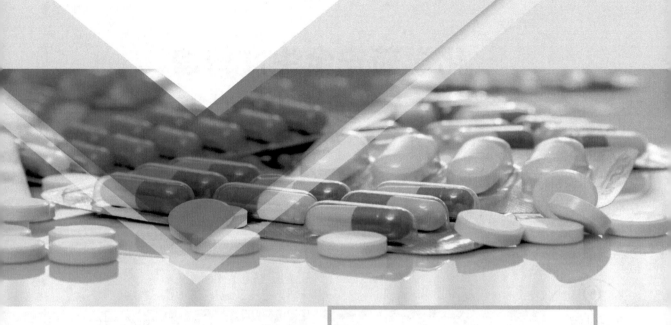

模块五

药品安全生产管理

思政与素质目标

- 在工作中高标准要求自己,培养爱岗敬业、勤奋爱学的工作态度。
- 树立安全第一的意识,养成良好的安全防范习惯,做到防微杜渐,防患于未然。

项目一

化学药安全生产管理

知识目标　解释说明化学原料药的概念及分类。
归纳总结化学药物制剂研究的基本内容。
收集整理火灾与爆炸事故的特点与预防。

案例导入　医药生产企业安全事故频发

2016年8月27日，某药业厂房车间爆炸起火，事故原因是仓库试剂发生反应，事故造成4人受伤。

医药生产企业安全事故频发，人民群众的生命健康受到严重威胁，药品生产企业安全防范、安全教育宣传工作需进一步加强、完善。

思考：如何才能做好化学药生产企业的安全生产管理？

一、化学药生产概述

药品具有商品的一般属性，通过流通渠道进入消费领域。在药品生产和流通过程中，基本经济规律起着主导作用。药品也是极为特殊的商品，人们不能完全按照一般商品的经济规律对待药品，必须对药品生产和流通等的某些环节进行严格控制，才能保障药品的安全、有效，以及合理地为人类服务。

1. 药品和化学原料药概述

（1）**药品的概念**　药品是指用于预防、治疗、诊断人的疾病，有目的地调节人的生理机能并规定有适应证或者功能主治、用法和用量的物质，包括中药、化学药和生物制品等。

（2）**化学原料药的概念及分类**　化学原料药，指用于生产各类制剂的原料药物，是制剂中的有效成分，由化学合成、植物提取或者生物技术所制备的用来作为药用的各种粉末、结晶、浸膏等，但病人无法直接服用的物质。

化学原料药根据其来源分为化学合成药和天然化学药两大类。

化学合成药又可分为无机合成药和有机合成药。无机合成药为无机化合物，极个别为元素，如用于治疗胃及十二指肠溃疡的氢氧化铝、三硅酸镁等；有机合成药主要是由基本有机化工原料，经一系列有机化学反应而制得的药物（如阿司匹林、氯霉素、咖啡因等）。

天然化学药按其来源，可分为生物化学药与植物化学药两大类。抗生素一般由微生物发酵制得，属于生物化学范畴。近几年出现的多种半合成抗生素，则是生物合成和化学合成相结合的产品。化学原料药中，有机合成药的品种、产量及产值所占比例最大，是化学制药工业的主要支柱。化学原料药质量好坏决定制剂质量的好坏，因此其质量标准要求很严格，世界各国对于其广泛应用的原料药都制定了严格的国家药典标准和质量控制方法。

> **知识拓展**
> **世界 GMP 的发展历程**
>
> GMP 的发展史是药品质量的发展史，是保证公众所用药品安全、有效的发展史，是血与火的经验教训史。
>
> 20 世纪 60 年代，反应停事件导致世界各国 12000 例以上的婴儿严重畸形，促使美国政府不断加强对药品安全性的控制力度，1963 年美国 FDA 颁布了世界上第一部《药品生产质量管理规范》。GMP 产生后显示了强大的生命力，在世界范围内迅速推广。1968 年澳大利亚确定药品 GMP 认证审核制度。1969 年世界卫生组织（WHO）颁发了自己的 GMP，并向各成员国家推荐。1971 年英国制定了《GMP》（第 1 版）。1972 年欧共体公布了《GMP 总则》指导欧共体国家的药品生产。1974 年日本推出 GMP，1976 年通过行政命令来强制推行。1988 年东南亚国家联盟也制定了自己的 GMP。1982 年我国台湾地区也开始强制推行 GMP。
>
> 现在，美国又推出了 cGMP，欧盟也推出新的药品 GMP，世界药品 GMP 正处于不断发展之中，为各国人民的用药安全、有效发挥越来越大的作用。

2. 洁净厂房安全设计

洁净厂房，是指将一定空间范围空气中的微粒、有害空气、细菌等污染物排除，并将室内的温度、洁净度、压力、气流速度与气流分布、噪声、振动及照明、静电控制在某个需求范围内而特别设计的房间（区域）。其建筑结构、装备及其使用应当能够减少该区域内污染物的引入、产生和滞留。按其洁净度，其分为 A 级、B 级、C 级、D 级四个洁净等级。一般来说，新建的洁净厂房有着严格的消防安全要求控制，往往洁净级别较高，对消防安全的要求也较高。新建和改建洁净厂房应满足防火、疏散和消防设施等设计规定。根据《药品生产质量管理规范》（2010 年修订）、《医药工业洁净厂房设计标准》（GB 50457—2019）和产品生产工艺的要求，洁净厂房应进行专门设计，其主体建筑应为一级、二级耐火等级；吊顶、分隔墙等构配件及保温、隔热、装饰材料，应尽量采用不燃或经过防火处理的材料。但洁净厂房在结构上少窗、少门，呈密闭状态，内部结构复杂，通道曲折的特点，给消防安全带来很大的难题，如在人员疏散和火灾扑救方面难度较大。

二、化学合成药安全生产操作技术

化学合成药属于精细化工领域，与有机化学制备技术尤为密切。化学合成药对人类社会的健康作出了巨大贡献，同时也对人类的生命安全和大自然的生态平衡带来潜在危险。因其具有易燃、易爆、易中毒、高温、高压、腐蚀性强等许多潜在危险因素，危险性、危害性较大，所以对其安全生产的要求更加严格。随着合成药物化学工业的发展，我国化学制药企业所面临的安全生产、产品质量、劳动保护与环境问题越来越引起人们的关注，实现合成药物化学工业的安全生产以及保证药品质量至关重要。化学制药企业不仅要对本企业员工的生命健康负责，而且要树立大安全观，要对环境负责、对产品质量负责、对社会负责。因此，我们应积极学习原料药常见合成反应类型的特点及安全控制要求，熟悉单元操作类型与安全管理要点，积极采取控制措施，预防工伤事故及职业病。

1. 化学合成常见反应类型与安全管理

化学合成中最常见的化学反应类型是氧化反应、还原反应、硝化反应，这些反应有不同的反应条件和安全技术要求。

(1) 氧化反应的工艺风险点和安全控制的基本要求　氧化反应指在化学反应中失电子的反应。多数有机化合物的氧化反应表现为反应原料得到氧或失去氢。涉及氧化反应的工艺过程为氧化工艺。常见的氧化剂分为无机氧化剂和有机氧化剂。无机氧化剂，如氧气、高锰酸钾、硝酸盐等，具有很强的助燃性，遇高温或撞击、摩擦以及与酸类、有机物等接触，均能引起燃烧或爆炸。常见的有机氧化剂为过氧化物，如过氧苯甲酰。有机氧化剂不仅具有很强的氧化性，而且大多易燃、易爆，对温度非常敏感，遇高温会爆炸。

① 工艺风险点　a. 反应原料及产品具有燃爆危险性；b. 反应气相组成容易达到爆炸极限，具有闪爆危险性；c. 部分氧化剂具有燃爆危险性，如高锰酸钾、铬酸酐等，如遇高温或撞击、摩擦以及与有机物、酸类接触，均能引起燃烧或爆炸；d. 合成易生成过氧化物，化学稳定性差，遇高温或撞击、摩擦，易分解、燃烧或爆炸。

② 安全控制的基本要求　氧化反应的特点是在很短时间内，温度急剧增高，压力急剧增大，热量急剧膨胀，从而引发冲料、火花，甚至爆炸。因此，必须严格控制氧化反应工艺操作点：a. 重点监控工艺参数，如釜内的温度和压力、釜内的搅拌速度、氧化剂的流量、反应物料的配比等；b. 工艺安全的基本要求，如反应釜温度和压力的报警和连锁，反应物料的比例控制和连锁及紧急切断动力系统，紧急断料系统，紧急冷却系统，紧急送入惰性气体系统，气相氧含量监测、报警和连锁，安全泄放系统等；c. 特别的工艺防控，即将氧化反应釜内的温度和压力与反应物的配比和流量、氧化反应釜夹套冷却水进水阀、紧急冷却系统形成连锁关系；在氧化反应釜处设立紧急停车系统，当氧化反应釜内的温度超标或搅拌系统发生故障时，自动停止加料并紧急停车，配备安全阀、爆破片等安全卸压装置设施。

(2) 还原反应的工艺风险点和安全控制的基本要求　常见的还原剂有氢气、氢化铝锂、硼氢化钠等。反应机理主要是加氢去氧反应。稳定控制氢气的产生量、严格控制温度是降低爆炸风险的主要措施。

① 工艺风险点　a. 加氢反应过程为放热反应，且反应温度、压力较高，所用原料大多易燃、易爆，部分原料和产品有毒性、腐蚀性；b. 加氢反应均为气相或气液相反应，设备操作压力均为高压甚至超高压，因此对反应器的强度、连接处的焊接、法兰连接有较高的

要求。

② 安全控制的基本要求　a. 严格按照防爆安全管理规定执行，如电气设备必须符合防爆要求，压力设备应装防爆片等；b. 反应前，须用氮气置换反应器中的全部空气，含氧量经测定符合要求后再通氢气；c. 反应结束后，应该用氮气把氢气置换除尽，反应液封氮保存。

(3) 硝化反应的工艺风险点和安全控制的基本要求　硝化反应是有机化合物分子中引入硝基或亚硝基的反应，最常见的是取代反应。硝化方法可分成直接硝化法、间接硝化法和亚硝化法，分别用于生产硝基化合物、硝胺化合物和亚硝基化合物。

① 工艺危险点　a. 反应速度快，释放热量多，尤其在硝化反应开始阶段，停止搅拌或由搅拌叶片脱落等造成的搅拌失效是非常危险的，一旦搅拌再次开动，就会突然引发局部激烈反应，瞬间释放大量的热量，引起爆炸事故；b. 反应物料具有燃爆危险性；c. 硝化剂具有强腐蚀性、强氧化性，与油脂、有机化合物接触能引起燃烧或爆炸；d. 硝化产物、副产物具有爆炸危险性。

② 安全控制的基本要求　a. 釜内温度、搅拌速度；b. 硝化剂的流量、冷却水流量、pH、硝化产物中杂质的含量；c. 精馏分离系统的温度、塔釜杂质的含量；d. 反应釜温度的报警和连锁、自动进料的控制和连锁；e. 紧急冷却系统、搅拌的稳定控制和连锁系统；f. 分离系统温度的控制与连锁、塔釜杂质监控系统、安全泄放系统等。

化学合成常见的反应类型与安全管理

2. 化学合成常见单元操作类型与安全管理

化学合成药常见的单元操作类型有物料输送、加料、出料、粉碎、筛分、混合、过滤、加热与传热、加压与负压等。

(1) 物料输送操作安全管理　物料输送是借助各种输送机械设备将各种原料、中间体及成品从一个地方输送到另一个地方的过程。物料的形态不同，输送方式也不同。

① 固体物料输送　a. 常用设备是皮带螺旋、刮板、斗式提升机等；b. 主要危险点是设备本身发生事故或操作失误造成停车，有可能造成人身伤害；c. 预防措施是在齿轮、皮带、链条等部位安装防护罩等，并按要求对设备经常进行维护、保养（润滑、加油、清洁等）。

② 气体物料输送　通过气流动力进行吸送和压送，其最大的安全问题是系统堵塞、由摩擦静电引起的粉尘爆炸。安全建议：a. 尽可能水平输送，减少拐弯，并保证管道的密闭性；b. 选用导电材料制造管道，并有良好的接地；c. 保证一定的气流速度，输送速度不应超过该物料允许的流速，减少摩擦电荷。

③ 液体物料输送　主要采取泵来完成。安全控制措施有：a. 输送易燃液体用蒸汽往复泵，以防撞击产生火花；保持轴的密封与润滑，以防爆炸和泄漏事故的发生；设备和管道应有良好的接地，以防静电引起火灾；b. 对于易燃液体，不能用空气压缩机，因空气与蒸汽混合可形成爆炸性混合物，且有产生静电的可能；对于闪点很低的可燃液体，应用氮气或二氧化碳等惰性气体代替空气，以防造成燃烧与爆炸；c. 输送可燃液体时，管道流速不宜过

快,且管道应有可靠的接地措施,以防静电聚集;同时,要避免吸入口产生负压,以防空气进入系统导致爆炸或抽瘪设备;d. 在药品生产中,会遇到用压缩空气为动力来输送一些酸、碱等腐蚀性液体的情况,其所用的设备属于压力容器,应有足够的强度。

(2) 加料操作安全管理

① 压入法投料的安全注意事项　a. 压入易燃物时,用惰性气体置换空气,以防混合爆炸;b. 控制流速,设备接地,以防静电;c. 密封性要好,防止物料逸出中毒等。

② 负压抽料的安全注意事项　a. 防静电;b. 控制温度,防止液体物料大量汽化而引起危险;c. 设备密封,防止空气吸入与易燃物料混合。

③ 人工加料的安全注意事项　a. 加料前应检查物料的种类、液位、压力等关键工艺参数是否符合要求;b. 注意佩戴防护用品,以防中毒、灼伤、燃烧与爆炸;c. 低温投料,防止大量有害蒸气逸出;d. 为防静电,最好是将物料通过木桶加入设备中。

(3) 出料操作安全管理　通常应先降温后出料。对于易燃、易爆物料,应对系统进行惰性气体置换;出料发生堵塞时,不可用铁器敲击。对于爆炸品,应用溶剂溶解疏通。出料方式有四种:常压出料、带压出料、抽吸出料、机械传动出料。

① 常压出料安全控制要求　a. 防止泄漏;b. 控制压力。

② 带压出料安全控制要求　a. 控制压力;b. 低速搅拌,防止管道堵塞。

③ 抽吸出料安全控制要求　a. 适宜高沸点物料;b. 避免物料进入真空泵,应安装缓冲容器。

④ 机械传动出料安全控制要求　易燃易爆、热敏感性物料不宜用此法。

(4) 粉碎操作安全管理　粉碎就是将大块物料变成粉状物料的过程。为防止金属物品落入设备,粉碎过程中必须加装磁性分离装置。粉碎安全控制要求:a. 系统密闭、环境通风;b. 防止摩擦产生静电,粉碎装置应接地;c. 为确保易爆、易燃物质粉碎安全,用惰性气体进行保护。

(5) 筛分操作安全管理

① 筛分过程中易发生的危险　a. 粉尘易引起肺部组织发生纤维化病变,得硅肺病;b. 当空气中粉尘浓度达爆炸极限时,可能会引起爆炸;c. 当粉尘具有毒性或腐蚀性时,可能会引起中毒;d. 噪声超过80dB时,被认为有噪声危害;噪声超过120dB时,会致人耳聋。

② 安全控制要求　a. 加强通风,降低粉尘浓度;b. 佩戴好防护用品;c. 封闭性要好,以减少粉尘或噪声;d. 加防护罩,防机械伤害。

(6) 混合操作安全管理　混合主要为液体与液体、液体与固体、固体与固体的混合。操作时应注意以下问题:a. 桨叶安装应牢固,转速按工艺控制,防飞溅;b. 为了防尘、防毒,设备应密闭;c. 保护接地或接零,防止静电;d. 做好防触电措施,确保检修安全。

(7) 过滤操作安全管理　过滤是医药化工生产中进行固液分离时的常用方法,其原理是使悬浮液在真空、加压及离心的作用下,通过细孔物体将固体悬浮微粒截留进行分离操作。

在过滤操作中,严禁不停车清理设备或物料。加料环节,应先进料再加压;卸料环节,应先卸压再拆除装置。另外,应注意以下安全事项。

① 防泄漏　压滤过程应避免液体泄漏,尤其是有危险液体的泄漏,以防水封干燥后引发火灾。

② 防止剧烈振动　剧烈振动往往是由加料不均匀引起的。剧烈振动会造成轴承磨头转

鼓撞击外壳引发事故，尤其在离心过滤中最常见。

③ 防静电　过滤操作中，由于滤液通过过滤介质及板框运动时都可能产生静电，导致易燃液体发生燃烧事故，因此，过滤机应有良好的接地装置。

(8) 加热与传热操作安全管理

① 温度　按工艺要求升温，防冲料、燃烧和爆炸。

② 速度　升温速度不宜过快，防设备损坏及质量事故。

③ 压力　通过排气调节压力，防冲料、燃烧和爆炸。

④ 介质加热　100℃以下用热水循环加热，100～140℃用蒸汽加热，140℃以上（或忌水的物料）可用油加热。

⑤ 工艺　加热温度接近物料分解温度的工艺称为危险工艺，应改进。

(9) 加压与负压操作安全管理

① 加压设备符合工艺和压力容器的基本要求。

② 加压系统应密闭，防泄漏产生压力降低现象，以免出现生产事故。

③ 控制升压速度和压力，防喷料、防静电、防火灾等。

④ 严密监视压力表。

⑤ 设备防爆。

三、固体制剂安全生产操作技术

固体制剂剂型包括片剂、胶囊剂、滴丸剂、颗粒剂等，占药物制剂中的70%。对于固体制剂，物料的混合度、流动性、充填性非常重要，因为这关系到最终药物的含量均匀度。在固体制剂的生产过程中，粉碎、筛分、混合非常重要，因为其是直接影响药物含量均匀度的单元操作。相对于一般固体制剂，抗肿瘤药物、细胞毒素类药物等高危害药物往往具有高毒性，或高活性，或高致敏性的特点，因此，在这些药物生产过程中，在进行可能对人体产生职业暴露的单元操作时应做好相应防护措施。

1. 粉碎操作安全管理

见"化学合成常见单元操作类型与安全管理"下的"粉碎操作安全管理"。

2. 筛分操作安全管理

见"化学合成常见单元操作类型与安全管理"下的"筛分操作安全管理"。

3. 整粒与混合操作安全管理

(1) 整粒操作安全管理　整粒机用于团块物料的粉碎、整粒，或者用于湿法制粒以及热敏性物料粉碎。

安全方面应重点做好粉尘污染防范。具体措施如下。

① 整粒机必须装有除尘装置。

② 特殊品种，如抗癌药，应该有独立的操作室，且相邻方向保持相对负压，操作人员应有隔离、防护措施。

③ 除尘的粉尘应集中处理。

④ 整粒机的漏斗应装有金属探测器，以除去颗粒中的金属屑。

(2) 混合操作安全管理　混合就是把两种或多种物料相互分散而达到一定均匀程度的单元操作。常用的设备有V型混合机、三维运动混合机等。混合机料斗内的容量一般不宜超过该机总容量的 2/3。

混合机安全操作事项如下。

① 混合机启动后，严禁进入混合料斗运行区，操作人员应在防护线外，且不允许长时间离开生产现场。

② 在混合机运行中，不得将手及硬物伸入或靠近混合料斗。

③ 提升料斗未被夹紧或有偏离时，严禁下一步操作。

④ 料斗混合机在运行时，如果发生异响或漏油等不正常现象，则应立即停机检查。

⑤ 加料、清洗时，应避免损坏加料口法兰及桶内抛光镜面，以防止密封不严和物料黏积。

⑥ 料斗混合机在运行过程中有漏料时，应检修正常后再继续运行；及时停车检查快开阀门、紧锁密封圈等是否出现松动或紧锁不严等异常情况，待检修正常后再继续运行。

4. 制粒操作安全管理

湿法制粒就是在药物粉末中加入黏合利，靠黏合剂的桥架或黏结作用，使粉末聚结在一起而制备颗粒的方法。

(1) 操作过程中的安全事项

① 生产前，要准备好生产所用的原辅料、黏合剂或润湿剂，检查生产所用一切用具是否干净。

② 操作过程中，严格按照标准作业规程（SOP）要求进行操作。

③ 结束后，先关闭电源，等机器完全停止后，方可取料、清洁。

(2) 操作过程中的注意事项

① 当制粒机负荷运行出现异常噪声或振动时，必须立即停机，排除故障后，方可继续使用。

② 湿颗粒中发现有异物（如黑点）或粒度不符合工艺要求时，必须先查找原因，方可继续投料，每次投料只能按容器容积的 1/3～2/3 加入原辅料。

5. 压片操作安全管理

压片是干法成型的一种，指用压片机将混合好的药物压成片状或环状。

(1) 生产前检查 按生产指令的要求，提前做好生产前的上冲、下冲和冲模准备，要求冲及冲模干净，消毒后使用。按设备操作规程安装好上冲、下冲、冲模和零部件，扳动手轮使机器按顺时针方向空转，直到完成一个工作循环，确认机器是否运转正常。

(2) 操作过程中的安全事项

① 开机前，必须关好外围罩壳。需要打开外围罩壳时，必须先停机，以免发生意外。

② 对压力调节、速度调节、充项调节、片厚调节等装置进行调节时，必须缓慢地进行，切忌快速地大幅调节，以免过载造成停机或故障。

③ 当机器出现异常噪声、振动或各调节装置电气失灵时，必须立即停机检查，排除故障后，方可继续开机生产。

四、液体制剂安全生产操作技术

液体制剂是指药物分散在液体分散介质中形成的内服或外用的液态制剂。根据给药途径和应用方式，液体制剂可分为口服溶液剂、外用溶液剂、注射剂等。其中，人们应对注射剂使用的洁净厂房特别加以整体设计，尤其着重考虑工艺布局对无菌制造工艺过程的无菌保证度。

注射剂的主要生产工艺为：配液──→精滤──→洗瓶──→灌封──→轧盖──→灭菌──→灯检──→贴签──→外包。其中，配液、洗灌封（洗瓶、灌封、轧盖）和灭菌是最关键的三个单元操作。因此，接下来重点讲解这些岗位的安全操作技术。

1. 配液操作安全管理

配液岗位包括浓配岗位和稀配岗位。其安全控制要点如下。

(1) 生产前检查

① 生产设备、过滤器已清洁、灭菌，状态标志明显。

② 所用称量器具，各类仪器、仪表在校验周期内，标志明显。

③ 上批清场应合格，并将上批清场合格证副本附于记录之前。

④ 每批生产前，设备情况应正常；无与本批生产无关的遗留物；生产现场卫生整洁。

⑤ 换好本批生产状态标志，操作文件、批生产记录应齐全。

⑥ 本批所需原辅料已备齐，并与称量记录一致。

安全措施：佩戴好防护用品；设备加热装置要加防护罩，防烫伤和机械伤害。

(2) 生产过程操作 严格执行岗位操作的 SOP。

① 连续生产中，注意开启搅拌、加适量注射用水、活性炭防尘、药液煮沸防烫、平稳开启蒸汽阀等。

② 浓配液打入稀配时，注意阀门开启情况并复核，避免差错；所使用的容器应洁净，并在期限内使用；岗位物料应妥善保管和存放。

③ 按时取样检测，并在岗位生产记录中记录结果；取样时，为冲洗取样杯，取样口应适当排放药液，以保证样品的代表性；工作人员注意穿戴防护用品。

(3) 生产结束后 清理本批生产现场遗留物，推去本批生产状态标志、相关生产记录，按配制系统在线清洗、消毒、灭菌操作程序对配液系统进行在线清洗、消毒、灭菌；按碳棒处理操作程序对碳棒进行清洗、灭菌；按过滤器清洗、灭菌操作程序对滤器进行清洗、灭菌。清洁容器具及厂房，待工序负责人和质量监督员检查确认合格后，由质量监督员签发清场合格证。

2. 洗灌封操作安全管理

洗灌封一般指的是大输液产品生产工艺中的洗瓶、灌装、轧盖"三工位一体"的单元操作。目前，主要的设备是洗灌封联动一体机。整个机器主要由行瓶、夹瓶传递装置，离子风清洗、灌装、轧盖等装置、机架、电气控制、气动控制、传动系统及在线清洗和灭菌系统组成。

(1) 生产前检查

① 事先应当做好相关设备的设计确认、安装确认、运行确认、性能确认等有关验证工作。

② 生产前，检查内容严格按照岗位标准操作规程执行。

③ 严格按照生产工艺标准操作程序，设备维护保养操作程序，取样检测标准操作程序和洗瓶、灌装、轧盖系统质量标准进行操作和判定检查结果。

(2) 生产过程安全控制 打开洗灌封联动线电源和层流罩，打开负离子风道，调节压缩空气洗瓶压力（0.8~1.0MPa）、冷却水压力（0.3~0.6MPa）。开启封口机加热板电源，预热3min，使加热温度均匀，于振荡器内加入聚丙烯组合盖。调试洗瓶的压缩空气压力，符合要求后，上瓶、洗瓶，药液经 0.22μm 的滤器过滤后灌装，设定灌装速度为150~200 瓶/min，启动灌装机，检查药液有无异物和药液装量，合格后开始生产。

安全注意事项如下。

① 每批药液稀配结束至灌封结束的操作时间不超过 4h。

② 为了减少污染，应由岗位操作人员取样，并检查装量。

③ 每 30min 检查一次轧盖外观，无漏液、碳化现象。

④ 生产过程中，应根据各项检查情况调整设定参数，使洗灌封产品质量符合要求。

⑤ 及时添加聚丙烯组合盖，以保证生产的连续性。

⑥ 因塑瓶中间品易产生静电吸附，操作过程中应注意个人卫生和岗位卫生，A 级层流罩下的操作人员不得裸手操作。

(3) 生产结束后检查

① 清除振荡器和轨道内剩余的组合盖，对振荡器和轨道清洁、消毒。

② 按洗灌封联动线清洁、消毒、灭菌操作程序对洗灌封系统进行清洁、消毒、灭菌。

③ 拆除终端过滤器，送至稀配岗位，并按照过滤器起泡点试验操作程序进行起泡点试验，按过滤器清洗、灭菌操作程序进行清洗、灭菌。

④ 清洁容器具及厂房、地面。

⑤ 检查水、电、气（汽）。

⑥ 每批生产结束后，岗位操作人员清理本批产品，撤去本批生产状态标志及相关生产记录等；废物料移交或放入指定存放间；待工序负责人和质量监督员检查确认合格后，由质量监督员签发清场合格证。

> **知识拓展**
>
> **层流罩安全操作**
>
> 层流罩是一种通用性很强的净化设备，可以在局部环境中有效地提高空气的洁净度，造价较高。操作注意事项如下：
>
> ① 开启层流罩时必须确保周围环境洁净度不小于 B 级，以减轻层流罩负荷，延长其寿命。
>
> ② 每 3 个月对层流罩进风过滤网进行一次清洗或更换。
>
> ③ 若噪声、静压差不在受控范围内，则应及时检查静压箱和所有风机是否出现性能差异。

3. 灭菌操作安全管理

灭菌操作是将灭菌物品放入灭菌器室内，关紧灭菌器门，按照灭菌安全操作规程进行的操作。注射剂常用湿热灭菌法，一般灭菌温度为 121℃，时间为 30min。灭菌结束后严格按操作规程开启灭菌器门。

项目二

中药安全生产管理

知识目标　了解中药制剂和中药制剂技术的概念。
　　　　　熟悉中药制剂技术的任务。
　　　　　掌握中药制剂的工艺技术。

 中药材酒精罐乙醇泄漏事故

2009年，某制药厂药物提取车间用于提取中药材有效成分的酒精罐阀门外发生泄漏，一名当班工人发现险情后本可以打开防爆通风装置，稀释厂房内的乙醇气体，他却因紧张忘记了操作程序，结果造成1人死亡。

由此可见，中药材提取过程中安全管理的重要性。

一、中药生产概述

中药制剂生产主要包含加工炮制、提取纯化、制剂成型等生产过程，其中提取纯化是中药制剂生产过程中重要的单元操作。中药提取纯化过程是一个对有效物质（包括成分的种类、数量、存在形式等）选择和富集的过程，也是为制剂生产提供中药提取物原料的过程。因此，通过对净药材或炮制品提取、纯化制备中药提取物，确保中药提取物的质量是保证中药制剂质量的关键。中药制剂的质量不仅与原药材的质量有关，而且与中药提取纯化工艺密切相关。

1. 中药制剂的概念及其分类

（1）**中药制剂的概念**　中药制剂是指以中药材或中药饮片为原料，采用适宜工艺加工成型,可进入药品流通领域,供生产企业、医疗机构、药店或患者使用的成品制剂。

(2) 中药制剂的分类 中药制剂按剂型的物态分为气体、液体、半固体和固体等。气体剂型如气雾剂、吸入剂等;液体剂型如汤剂、合剂、酊剂、酒剂、露剂、注射剂等;半固体剂型如外用膏剂、内服膏剂、糊剂等;固体剂型如散剂、冲剂、丸剂、片剂、胶囊剂等。

2. 中药制剂技术的性质、任务、常用术语

(1) 中药制剂技术的性质 中药制剂技术是以中医药理论为指导,运用现代科学技术,研究中药制剂处方设计、制备理论、生产技术、质量控制与合理应用等的一门综合性应用技术课程。中药制剂技术是中医药学的重要组成部分,它随着现代制剂新技术、新设备、新工艺、新理论及新辅料等的发展而日趋完善。

(2) 中药制剂技术的任务

① 按生产工艺规程和标准操作规程,将中药原料制成适宜的剂型,保证以安全、有效、稳定、经济、可控的制剂满足医疗卫生工作的需要,并产生较好的社会效益和经济效益。

② 吸收和应用现代制剂的新理论、新技术、新工艺和新设备等,加速实现中药制剂技术的现代化。

③ 加强中药制剂基本理论的研究,使中药制剂从传统经验开发向现代科学技术开发过渡。中药制剂基本理论包括制剂成型理论和技术,质量控制,合理应用以及中药材或中成药方剂中有效成分的提取、精制、浓缩、干燥等内容。

④ 积极研究和开发中药的新剂型、新制剂,如缓释制剂、控释制剂、靶向制剂等。

⑤ 研究和开发新辅料,以适应中药剂型某些特点的需要,同时可以提高中药制剂整体水平,研制新的中药制剂。

(3) 中药制剂技术的常用术语

① 中成药 中药成药的简称,指在中医药理论指导下,以中药饮片为原料,按法定处方和标准制成一定剂型的药品。中成药具有特有的名称,并标明功能主治、用法用量和规格,实行批准文号管理,包括处方药和非处方药。

② 剂型 将原料药加工制成适合于医疗或预防需要的应用形式,称为药物剂型,简称剂型。目前常用的中药剂型有散剂、丸剂、片剂、胶囊剂、汤剂、煎膏剂、注射剂、气雾剂等 40 余种。

③ 制剂 系根据国家药品标准、制剂规范等规定的处方,将原料药物加工制成具有一定剂型、规格的药物制品。以中药饮片为原料制成的制剂称为中药制剂。

④ 标准操作规程 经批准用以指导制剂生产操作的通用性文件或管理办法,包括生产操作、助操作以及管理操作规程。

⑤ 生产工艺规程 为生产特定数量成品而制定的一个或一套文件,包括生产处方、生产操作要求和包装操作要求,规定原辅料和包装材料的数量、工艺参数和条件、加工说明(包括中间控制)、注意事项等内容。

> **知识链接**
>
> **其他常用术语**
>
> 中药制剂生产过程中的其他常用术语如下。①半成品：各类制剂生产过程中的中间品，并需进一步加工的物料。②成品：完成全部制造过程后的最终合格产品。③生产：涉及药品制备过程的全部操作，从物料进货、加工生产、包装一直到成品的完成。④控制点：为保证工序处于受控状态，在一定的时间和一定的条件下，在产品制造过程中需要重点控制的质量特性、关键部位或薄弱环节。⑤批：在规定限度内具有同一性质和质量，并在同一生产周期中生产出来的一定数量的药品。⑥批号：用于识别"批"的一组数字或字母加数字，用以追溯和审查该批药品的生产历史。⑦记录：阐明所取得的结果或提供所完成活动的证据文件。⑧批生产记录：记录一个批号的产品制造过程中所用原辅料与所进行操作的文件，包括制造过程中控制的细节。⑨批包装记录：每批药品包装工序的操作内容记录。

3. 中药制剂的药品标准

药品标准是国家对药品的质量规格和检验方法所作的技术规定，是药品生产、检验、流通、管理与使用单位共同遵守的法定依据。我国药品标准包括《中华人民共和国药典》（以下简称《中国药典》）、《中华人民共和国卫生部药品标准》（以下简称《部颁药品标准》）。

(1) 药典

① 药典的概念　药典是一个国家记载药品规格、标准的法典。由国家组织药典委员会编纂，并由政府颁布施行，具有法律的约束力。药典中收载药效确切、毒副作用小、质量稳定的常用药物及其制剂，规定其质量标准、制备要求、鉴别、杂质检查及含量测定，并注明适应证或者功能主治、用法用量等，作为药品生产、检验、流通、管理与使用的依据。药典在一定程度上反映了一个国家药品生产、医疗和科学技术水平，同时在保证人民用药安全、有效，促进药物研究和生产上发挥了重要作用。

②《中国药典》的发展简况　我国是世界上最早颁布全国性药典的国家，早在唐显庆四年（公元659年）就颁布了《新修本草》，又称《唐本草》。这是我国最早的药典，也是世界上最早的一部全国性药典，比欧洲1498年出版的地方性药典《佛洛伦斯药典》早800多年，比欧洲第一部全国性药典《法国药典》早1100年。1930年当时的国民党政府卫生署编纂了《中华药典》，此版药典完全参考英国、美国的国家药典，规定的药品标准并不适合当时的国情。

中华人民共和国成立后即开展了《中国药典》的编纂工作，至今已颁布了十一版药典（1953年版、1963年版、1977年版、1985年版、1990年版、1995年版、2000年版、2005年版、2010年版、2015年版以及2020年版）。每版药典均在前一版的基础上有所修改和提高，客观地反映了我国不同历史时期医药产业和临床用药的水平。

《中国药典》2020年版为现行药典，本版药典收载品种5911种，新增319种，修订3177种，不再收载10种，品种调整合并4种。一部中药收载2711种，其中新增117种、修订452种。二部化学药收载2712种，其中新增117种、修订2387种。三部生物制品收载153种，其中新增20种、修订126种；新增生物制品通则2个、总论4个。四部收载通用技术要求361个，其中制剂通则38个（修订35个）、检测方法及其他通则281个（新增35个、修订51个）、指导原则42个（新增12个、修订12个）；药用辅料收载335种，其中新增 65 种、修订 212 种。

③ 其他国家药典　世界上部分国家颁布有自己的药典，此外还有国际性和区域性药典。常用到的有：《美国药典》（简称 USP）、《英国药典》（简称 BP）、《日本药局方》（简称 JP）、《国际药典》（简称 Ph. Int）等。

（2）其他药品标准　主要为《部颁药品标准》。由国家药典委员会编纂，国家药品监督管理局颁布施行。《部颁药品标准》收载范围如下。

① 国家药品监督管理局审批的国内创新的品种，国内生产的新药以及放射性药品、麻醉药品、中药人工合成品、避孕药品等。

② 前版药典收载，而现行版未列入的疗效肯定，国内几省仍在生产、使用并需要修订标准的药品。

③ 疗效肯定，但质量标准需进一步改进的新药。

> **知识链接**
>
> **《中国药典》历史沿革**
>
> 《中国药典》1953 年版为一部，从 1963 年版开始至 2000 年版均分为两部，一部收载传统药，二部收载现代药。2005 年版、2010 年版分为三部：一部收载中药材及饮片、植物油脂和提取物、成方制剂和单味制剂等；二部收载化学药品、抗生素、生化药品、放射性药品及药用辅料等；三部收载生物制品，首次将《中国生物制品规程》并入药典。2015 年版、2020 年版分为四部：一、二、三部收载的品种类型与 2010 年版相同，四部收载药用辅料、制剂通则、检定方法、标准物质、试剂试药等。2020 年版药典为现行药典，新增品种 319 种，修订 3177 种，不再收载 10 种，品种调整合并 4 种，共收载品种 5911 种。

4. 中药材生产质量管理规范

《中药材生产质量管理规范（试行）》（GAP）是中药材生产和质量管理的基本准则，GAP 要求中药材生产企业应运用规范化管理和质量监控手段，保护野生药材资源和生态环境，实现资源的可持续利用。从保证中药材质量出发，控制影响中药材生产质量的各种因素，规范药材生产的各环节及全过程。其核心是药材质量要求的"八字方针"：真实（具有地道性，种质鉴定清楚），优质（有效成分或活性成分要达到药用标准），可控（生产过程环境因素的可控制性），稳定（有效成分达到药典要求，且含量波动在一定范围内），实质是用科学的、合理的、规范化的条件和方法来保证生产优质的中药材。制定 GAP 的目的是规范中药材生产，保证中药材质量，促进中药标准化、现代化。

二、中药安全生产操作技术

1. 中药制剂工艺技术

中药制剂工艺技术是中药制剂生产过程中所使用的方法、原理、流程及设备的总称，主要包括前处理工艺技术、成型技术、包装技术。

（1）中药制剂前处理工艺技术　是指将中药饮片制成半成品所应用的粉碎、浸提、分离纯化、浓缩、干燥等技术。其目的是改变处方饮片的性状，尽可能富集和保留有效成分，降低或除去无效成分与毒性成分及杂质，减少服用剂量，以满足制剂安全、有效的要求，为成型工艺提供高效、安全、稳定、可控的半成品。

① 粉碎技术　粉碎是中药制剂前处理过程中的必要环节。粉碎，可增加药物的表面积，促进药物的溶解与吸收，加速饮片中有效成分的浸出，便于进一步制成制剂。根据饮片来源与性质的不同，粉碎可采用单独粉碎、混合粉碎、干法粉碎、湿法粉碎及低温粉碎等方法。

② 浸提技术　浸提是中药制剂生产过程中的重要环节，浸提可尽可能提取中药饮片中的有效成分或有效部位，最大限度地避免无效成分、毒性成分及杂质的浸出。中药传统的浸提方法有煎煮法、浸渍法、渗漉法、回流提取法、水蒸气蒸馏法等。近年来，随着科学技术的进步，在多学科互相渗透对浸提原理及过程深入研究的基础上，浸提新方法、新技术，如半仿生提取法、超声提取法、超临界流体萃取法、旋流分离、加压逆流提取法、酶法提取等不断被采用，提高了中药制剂的质量。

③ 分离纯化技术　分离纯化是在提取基础上进行的进一步精制处理，以达到除去无效或有害物质，减少服用量等的目的。常见的分离法有沉降分离法、过滤分离法、离心分离法。常见的纯化法有水提醇沉法（水醇法）、醇提水沉法（醇水法）、酸碱法、盐析法、离子交换法和结晶法。近年来分离和纯化的新方法，如絮凝沉淀法、大孔树脂吸附法、超滤法、高速离心法等，亦被广泛应用到生产中。

④ 浓缩技术　浓缩是将药液中的部分溶剂除去，以获得较高浓度药液。主要方法有：常压浓缩、减压浓缩、薄膜浓缩、多效浓缩等。目前常用的多效蒸发技术，由于二次蒸汽的反复利用，可为生产厂家节省能源。

⑤ 干燥技术　干燥是将固体物料或浓缩膏状物中的水分或其他溶剂除去，以获得干燥物料。常用方法有：常压干燥、真空干燥、喷雾干燥、沸腾干燥、冷冻干燥、红外线干燥、微波干燥等。

(2) 中药制剂成型技术　是在将半成品和辅料制成某种剂型的过程中所采用的制剂手段和方法。可根据临床用药需要、物料性质、剂量、剂型、生物药剂学性能等，选择适宜的辅料和成型技术制成相应的剂型。

① 固体制剂　采用混合、制粒、压片、制丸、固体分散、包合、微囊化和包衣等技术。
② 半固体制剂　采用熔融、研磨和乳化等技术。
③ 液体剂型　采用溶解、增溶、助溶、混悬和乳化等技术。
④ 气体剂型　采用充填抛射剂、装置耐压容器及定量阀门系统等技术。

(3) 中药制剂包装技术　是为了保护产品、方便贮运、促进销售而在采用容器、材料和辅助物等过程中所施加的技术方法。制剂包装应满足临床治疗需要，同时把保护功能作为首要考虑因素，并且要求使用方便、安全。包装结构由容器和装潢两部分组成，可分为内包装、中包装和外包装。包装材料有金属、陶瓷、纸、塑料、木材、橡胶、复合膜及玻璃等。常用包装技术有泡罩包装、袋包装、瓶与安瓿包装、软管包装、耐压容器包装、双铝箔包装等。

2. 中药制剂的安全生产技术

粉碎技术和浸提技术是中药制剂生产过程中的重要环节。其过程中的安全管理不仅关系到药品的质量安全，更和工人的生命安全密切相连。

(1) 中药粉碎过程中的安全管理　粉碎是中药制剂生产的基本操作之一，在许多剂型的生产中是一项重要的技术和工艺过程，是中药制品制备的基础。粉碎是借助机械力将大块物料破碎成适宜大小颗粒或细粉的操作。粉碎的主要目的在于减小粒径，增加药物的表面积，促进药物溶解。粉碎有助于药材中有效成分的浸出；便于调配、服用和发挥药效；便于新鲜药材的干燥和贮存等。

中药材粉碎过程中的安全管理

① 粉碎常用的方法

a. 干法粉碎与湿法粉碎。干法粉碎是指将药物经过适当干燥处理，降低水分后再粉碎的操作，这种粉碎是制剂生产中最常用的粉碎方法。湿法粉碎是指在药物中添加适量的水或其他液体进行粉碎的方法。湿法粉碎不仅碎粉碎度高，而且避免了粉碎时粉尘飞扬，对于某些较强刺激性或毒性药物的粉碎具有特殊意义。

b. 单独粉碎与混合粉碎。单独粉碎是指对同一药物进行的粉碎操作。贵重细料药、刺激性药物、易引起爆炸的氧化性和还原性药物、适宜单独处理的药物（如滑石粉、石膏）等应采用单独粉碎。混合粉碎是指两种以上药物同时粉碎的操作。若处方中某些物料的性质及硬度相似，则可以将其掺和在一起粉碎，混合粉碎既可避免一些黏性药物单独粉碎的困难，又可使粉碎与混合操作结合进行。

c. 低温粉碎。低温粉碎是指利用药物在低温时脆性增加、韧性与延伸性降低的性质，将药物或粉碎机进行冷却的粉碎操作。此法适宜在常温下粉碎困难的物料（如树脂、树胶、干浸膏等）的粉碎，对于含水、含油较少的物料也能进行粉碎。低温粉碎能保留物料中的香气及挥发性有效成分，并可获得更细的粉末。

d. 流能粉碎。流能粉碎是指利用高压气流使物料与物料之间、物料与器壁间相互碰撞而产生强烈粉碎作用的操作。采用流能粉碎可得到粒度为 $3\sim20\mu m$ 的微粉，在粉碎的同时还可进行分级。由于气流在粉碎室膨胀时的冷却效应，故被粉碎物料的温度不升高，因此本法适用于热敏感物料和低熔点物料的粉碎。

中药材粉碎前应尽量干燥。中药材的药用部分必须全部粉碎应用，对较难粉碎的部分，如叶脉或纤维等，不应随意丢弃，以免损失有效成分或使药物的有效成分含量相对降低。药物粉碎时，不宜过度粉碎，达到所需要的粉碎粒度即可，以节省能源和减少粉碎过程中的药物损失。

② 粉碎常用的设备

a. 研钵：又称乳钵，一般由陶瓷、玻璃、金属和玛瑙制成。研钵由钵和杵棒组成，钵为圆弧形、上宽下窄，底部有较厚的底座，杵棒的棒头较大，以增加研磨面。杵棒与钵内壁接触，通过研磨、碰撞、挤压等作用力使物料粉碎、混合均匀。研钵主要用于小量物料的粉碎或供实验室用。

b. 球磨机：是在圆柱形球磨缸内装入一定数量、不同大小的钢球或瓷球构成的。使用时将物料装入圆筒内密盖后，由电动机带动旋转，物料经圆球的冲击和研磨作用而被粉碎、磨细。球磨机的粉碎效率较低、粉碎时间较长，但由于密闭操作，故适于贵重物料的粉碎、无菌粉碎，也可以进行干法粉碎、湿法粉碎，必要时还可充入惰性气体，适应范围较广。

c. 冲击式粉碎机：又称万能粉碎机，对物料的粉碎作用力以冲击力为主，结构简单，操作、维护方便。适用于脆性、韧性物料以及中碎、细碎、超细碎等粉碎，应用广泛。其典型的粉碎结构有锤击式和冲击柱式两种。

d. 流能磨：又称气流粉碎机，其利用高压气流带动物料，产生强烈的撞击、冲击、研磨等作用而使物料得到粉碎。气流粉碎机可进行粒度要求为 $3\sim20\mu m$ 的超微粉碎、热敏性物料和低熔点物料的粉碎，以及无菌粉末的粉碎。常用的有圆盘形流能磨和轮形流能磨。

③ 粉碎过程中的安全管理　中药材粉碎过程中会产生大量的粉尘，如无机粉尘、有机粉尘或两者的混合粉尘等，粉碎过程中的安全管理主要是防止由粉尘带来的危害。虽然，有关肺尘埃沉着病的报道很少见，但在制药企业职业性有机粉尘及变应性疾病还是有可能发生的，按照职业卫生要求，需要对生产性粉尘进行防护。

> **案例　　　　　　　　　中药材粉碎机械伤害事故**
>
> 　　某药厂职工江某进行中药材粉碎时，发现原料将粉碎机的入口堵塞。按规定，在粉碎机运转过程中必须使用木棒将原料塞入料口，严禁用手直接填塞原料。但江某在用了一会儿木棒后，嫌麻烦，就用手去塞料。以前他也多次用手操作，没出什么事，所以他觉得用不用木棒无所谓。但这次，右手突然被卷入粉碎机的入料口，手指被削掉了。
>
> 　　由此可见粉碎过程中安全管理的重要性。

a. 生产性粉尘及其危害：生产性粉尘是指能较长时间漂浮在生产环境空气中的固体微粒。粉尘是污染生产环境、降低生产设备效率、影响作业工人健康的重要因素之一。中药生产中的粉尘多为植物性粉尘。

粉尘对机体的危害在于它在呼吸道的沉积。根据粉尘的不同理化特性以及进入人体的量和作用方式，其对人体的损害可各不相同，但归纳起来有以下几方面的病变。

肺尘埃沉着病：粉尘沉积于肺内，引起肺组织纤维化改变，从而使肺功能受到不同程度损害。

肺粉尘沉着症有些金属粉尘及其化合物等吸入肺内，肺呈现异物炎性反应，纤维化程度轻，肺功能一般不受影响。

有机粉尘所致的肺部病变，如支气管哮喘、过敏性肺炎、非特异性慢性阻塞性肺病等。

呼吸系统肿瘤：有些粉尘，如放射性矿物尘、部分金属尘、石棉尘，已确认有致癌作用。

局部刺激作用：常见的有肥大性鼻炎、萎缩性鼻炎。如吸入有毒粉尘，在呼吸道溶解、吸收后还可引起全身性中毒症状。

眼部疾病：硬度较大的粉尘如果粘在眼角膜上，可引起角膜外伤及角膜炎等。

皮肤炎症：沉着在皮肤的粉尘如果堵塞皮脂腺，可能引起毛囊炎、脓皮病等。

粉尘除对操作人员带来危害外，还对生产、环境造成影响。如粉尘落在机器的转动部件上，会加速转动部分磨损，降低机器的精密度和工作寿命；粉尘也可能造成物料之间的交叉污染，使产品的质量不合格；粉尘也可对大气环境造成污染等。

b. 防尘的主要措施：防止粉尘对操作人员带来的危害，关键在于防护。如果经常注意防护，就可以把危害降到最低限度，甚至可以完全控制和消除粉尘的危害。可以从以下几个方面来防止粉尘对人体的危害。相关管理措施如下。

专人负责，制订防尘计划和规章制度，接触粉尘操作人员应定期进行健康检查。如粉尘作业场所应保持做到轻搬、轻倒、轻筛、轻拌、轻扫；有活动性肺内外结核、各种呼吸道疾患（如鼻炎、哮喘、支气管扩张、慢性支气管炎、肺气肿等）的人不宜担任接触粉尘的工作；对于与粉尘接触的工人，如若发现肺尘埃沉着病，立即调动工作，并积极治疗等。

制定清扫制度。生产环境内的粉尘浓度，常与清扫制度有关，故注意环境的清洁工作，推行实施清扫能有效地降低粉尘浓度。

定期检测生产环境中的粉尘浓度，使粉尘浓度保持在国家职业接触限值标准以下。

大力开展防尘的宣传教育，提高操作人员对粉尘危害的认识。

相关技术措施如下。

改革生产工艺和生产设备，尽量做到机械化、密闭化、自动化、遥控化，进行湿式作业等，减少粉尘的飞扬；采用通风排气装置和空气净化除尘设备，使车间粉尘浓度降低到国家职业接触限值标准以下。

用于易燃、易爆药材粉碎的设备，应有可靠的接地和防爆装置，要保持设备良好的润滑状态，防止摩擦生热和产生静电，引起粉尘燃烧爆炸。若在密闭的研磨系统内，则应通入惰性气体进行保护。

对于初次粉碎的药材，应在研钵内进行试验，并做出安全评估报告，以确定是否发生黏结、燃烧、爆炸或分解放出毒气。确定其安全危险性后，方能正式进行粉碎。

相关个体防护如下。

防止粉尘危害人体的主要措施是坚持使用防尘用品。常用的防尘用品有防尘口罩、防尘面罩、防尘帽、防尘服等。防尘呼吸器通过滤料净化含尘的空气，提供清洁的空气供佩戴者呼吸，常用的防尘呼吸器有防尘口罩、过滤式防尘呼吸器等。

过滤式防尘呼吸器是以佩戴者自身呼吸为动力，利用滤除作用，对空气中的有害物质（如毒物、粉尘等）进行过滤、净化，主要用于防止粒径小于 $0.5\mu m$ 的粉尘经呼吸道吸入而产生的危害。

过滤式防尘呼吸器常用种类有自吸过滤式防尘呼吸器和供气过滤式防尘呼吸器。自吸过滤式防尘呼吸器有不可更换滤料且不能重复使用的简易口罩（一般用于粉尘浓度不高的作业场所）和可更换滤料且能重复使用的复式防尘口罩（一般由半面罩、吸气阀、呼吸阀、滤尘盒、头带等部件组成，呼气和吸气分开通道）；供气过滤式防尘呼吸器一般由带呼吸阀的半面罩、导气管、过滤器和压缩空气机等组成。应根据作业场所粉尘浓度、粉尘性质、分散度、作业条件及劳动强度等合理地选用过滤式除尘呼吸器。

过滤式防尘呼吸器使用前，人们应熟悉其性能，进行必要的佩戴训练，掌握佩戴的要领，检查装置质量等；使用时应先打开滤器的进气口，检查呼吸器的佩戴气密性（简单检查气密性的方法是使用者戴好呼吸器后，将滤器进气口封闭，做几次深呼吸，如感憋气，则可认为气密性良好）等。另外还需注意，若过滤式防尘呼吸器使用时进气口已经打开，但还是感到憋气，则需要更换滤料。

c. 防护肺尘埃沉着病：肺尘埃沉着病是在劳动生产过程中，长期吸入较高浓度的某些生产性粉尘引起的以肺组织纤维化为主的全身性疾病。肺尘埃沉着病是生产性粉尘危害人体健康的最重要病变。目前，对肺尘埃沉着病尚无特异性治疗，预防极为重要。防护工作应遵循三级预防原则。

一级预防原则如下。

综合防尘。改革和革新生产工艺、生产设备，尽量做到机械化、密闭化、自动化、遥控化。采用除尘设施，将粉尘的产生和污染降到最低程度。操作人员必须戴防尘口罩，做好个人防护。

制定经常监测生产环境空气中粉尘浓度的制度，务必将其控制在国家规定的最高允许浓度以内（如烟草及茶叶粉尘的最高允许浓度为3mg/m^3）。

根据《粉尘作业工人医疗预防措施实施办法》的规定，对职工进行就业前的身体检查。不满18周岁及患有活动性肺结核、肺外结核、严重呼吸道疾病（肺硬化、肺气肿）、胸膜疾病、器质性心血管疾病以及呼吸功能有显著减退等的疾病者，不得从事粉尘作业。

积极贯彻"八字"防尘方针，"宣"是宣传教育；"革"是改革工艺和革新生产设备；"水"即湿式作业；"密"为密闭尘源；"风"为抽风除尘；"护"即个人防护；"管"为维护管理，建立各种制度；"查"为及时检查、总结，定期测尘和健康检查。

二级预防原则如下。

专人负责，制订防尘计划和规章制度，接触粉尘作业者定期进行体检，发现有不宜从事粉尘作业的从业者，应及时调离。

三级预防原则如下。

对已确诊为肺尘埃沉着病的病人，应及时使其脱离原作业，给予合理的休养、营养、治疗。对病人的劳动能力进行鉴定和处理。

d. 职业性有机粉尘致变应性疾病种类：主要有职业性哮喘、外源性变应性肺泡炎、棉尘病等。

职业性哮喘是指由职业病致喘物引起的哮喘，是支气管哮喘的一种，同属于气道阻塞性疾病。

工作环境中的许多物质均可引起哮喘，制药企业中常见的职业性致喘物，如低分子量化学物甲醛、一些金属盐、抗生素、磺胺、西咪替丁等；而有机粉尘高分子量抗原物，如胰蛋白酶、胰浸出液等，甚至蜂毒及蜂制品等，都可作为一种危险因素或相关因素启动并诱发职业性哮喘。

外源性变应性肺泡炎，又称过敏性肺炎，是人体反复大量吸入带有真菌及其孢子、细菌或异性蛋白成分的有机粉尘后，发生的以肺间质性炎症为特征的肺部疾患。一些生物制品企业员工可能发生此类病。

棉尘病，又称纱厂热，是由于长期吸入棉、麻粉尘后引起的气道阻塞性疾病。脱脂棉、纱布生产企业员工可能发生此类疾病。

(2) 中药材有效成分提取过程中的安全管理　在中药材有效成分的提取过程中，需要进行加料、出料、药液输送、加热、冷却、冷凝、过滤、蒸发、蒸馏、干燥等基本单元操作。在这些单元操作中，一方面，需注意使用有机溶剂时的防燃、防爆和各单元操作条件异常时带来的危害；另一方面，使用各单元操作设备时应注意安全操作，同时也需注意提高操作人员的安全生产意识。

① 加压操作安全管理　在中药材有效成分的提取过程中，经常会用到加压操作，如板框式压滤法、超临界流体提取等。在加压操作过程中，需注意以下事项。

a. 加压设备应符合压力容器标准和生产工艺要求。如选择的加压容器不合格，或者生产工艺要求是高压容器，而选择中压容器或者非压力容器进行加压，则很容易发生事故。

b. 加压系统必须密闭性良好。若加压系统泄漏，则会造成物料泄漏或高速喷出，引发事故。

c. 操作过程中应严密观察压力表，控制升压速度和压力。在加压操作过程中，如压力升高速度太快或压力太高,则会导致喷料,引发事故。

d. 加压操作过程中,应注意检查所用的各种仪表与安全设施,如安全卸压阀、紧急排放管等是否齐全完好。

② 负压操作安全管理　负压操作是指在低于大气压下的操作。负压操作的设备和压力设备一样,必须符合一定强度要求,以防负压把设备抽瘪。负压操作时,应注意如下问题。

a. 负压操作系统必须密闭性好,以防空气进入设备内部,形成爆炸性混合物。

b. 系统恢复常压时,应待温度降低后,缓缓放进空气或惰性气体,以防自燃或爆炸。

c. 在真空系统上加装缓冲装置,并定期检查缓冲装置内的液位,以防出现反冲或有害物料从缓冲装置溢出的现象,进而引起事故。

d. 在负压系统真空阀、泄压阀的入口处应加装防护装置,以防操作人员接近时发生事故。

③ 加料操作安全管理　中药材提取过程中的加料一般采用人工加料。人工加料过程中也存在较大的危险,应注意以下方面。

a. 加料前的检查。加料前需检查反应器内的液位、压力等关键工艺情况;使用易燃、易爆的有机溶剂提取时,一定要检查通风系统有无打开;尤其对于有压力容器设备,需要检查压力表的灵敏性时,若压力表出现故障,显示为零,则很容易发生事故。

b. 在生产过程中,需严格按照操作规程佩戴健康防护用品,防止异常情况对人体的伤害。

c. 加料过程中需注意控制投料温度、投料顺序。若投料温度太高、投料顺序错误,则很容易引起有害物质的逸出和液体的飞溅,对操作人员造成伤害。使用水作为溶剂提取有效成分时,一般先加水,再加中药材,以减少粉尘飞扬,减少粉尘对操作人员的伤害。

d. 投料过程中有易燃、易爆的物质时,需注意防静电。

④ 出料操作安全管理　中药材提取物的出料方式有常压出料、带压出料、抽吸出料和机械传动出料等。不同出料方式,在操作过程中的注意点稍有区别。

a. 常压出料:对于可流动性的物料,常采用常压出料。常压出料过程中要注意防止物料泄漏,以免容器蒸汽大量逸出发生意外;控制出料压力,防止出料时压力过高,造成意外事故。

b. 带压出料:若后面系统压力与出料压差较小,在常压下出料困难,则可采用带压出料。带压出料时,需注意压差不能超过一个大气压,否则可能会引起后面系统的异常;对于含有较多固体颗粒的液体物料,在放料时应将搅拌调至低速度而不能停止搅拌,以防发生堵塞。若发生堵塞,一般考虑用溶剂疏通。

c. 抽吸出料:适用于逸出后容易造成中毒、爆炸等事故的物料。抽吸出料采用负压抽出物料,因物料损耗大,低沸点的物料不宜用此法。抽吸出料时需注意避免将物料抽入真空泵,防止发生燃烧、爆炸;在接料设备与抽真空系统间应设置安全缓冲容器。

d. 机械传动出料:当提取物较稠或为半固体时,可采用螺旋推进出料,易燃、易爆、热敏感的物料不能用此法,采用适当溶剂调成液体状态后,采用常压出料。

⑤ 药液输送安全管理　中药材提取液的输送方式有从高处向低处输送或从低处向高处输送。药液由低处向高处输送需要有一定的力,故需依靠泵来完成。用来输送液体的泵常有离心泵、往复泵、旋涡泵、齿轮泵、螺杆泵、流体作用泵等,其中最常用的是离心泵和往复泵。用泵输送液体时,需注意以下问题。

a. 输送易燃、可燃液体时，管内流速不应超过安全流速，以防止静电积累。

b. 输送爆炸、燃烧性的液体时，应采用氮、二氧化碳等惰性气体代替空气压送，以免造成燃烧或爆炸。

c. 使用离心泵输送液体时，应注意：严格按照安全操作规程进行，如操作前应检查物料贮存情况，并确认接料的准备工作已做好；检查接地、接零是否完好；开机时先接通电源，再开出口阀；关机时，先关出口阀，再关电源等。安装离心泵要坚固，并经常检查其牢固性，以防止机械震动造成的物料泄漏。管道应有可靠的接地措施，防止物料流动时与管壁摩擦产生的静电积累。泵入口应设在容器底部或将吸入口深入液体深处，防止因泵吸入位置不当，在吸入口产生负压，引起爆炸或设备抽瘪事故。在电机与泵的联轴节处安装防护罩，以免造成人员的绞伤。

d. 使用往复泵输送液体时，应注意：要保证注油处油壶液位，经常检查法兰是否松动，以免因活塞与套缸的磨损、法兰松动造成物料泄漏，引发事故；开机时，应排除空气，以免空气混入物料引起事故；不能用出口阀门调节流量，以免造成缸内压力急剧变化，引起事故。

⑥ 加热操作安全管理　　在中药材有效成分的提取过程中，有些提取方法（如煎煮法、回流法等）需要采取加热方式进行。在加热过程中需注意如下几点。

a. 选择适当的加热方式：中药材有效成分提取过程中常用的加热方式有直接火加热、通蒸汽或热水加热、用导热油等载热体加热、电加热等。加热方式，一般根据提取溶剂和提取成分的性质确定。如易燃、易爆的有机溶剂就不能选择直接火加热或电加热，而应选择通蒸汽或热水加热；对于忌水的提取成分就不能用热水或蒸汽加热，可采用油加热。

b. 保证适宜的反应温度：反应温度高于工艺要求的温度时，不但会使有效成分发生分解，而且还可能发生冲料、燃烧、爆炸等生产事故。

c. 保持适宜的升温速度：加热过程中，需保持一定的升温速度，不能太快。因为仪表显示的温度通常比加热的实际温度要低一些，若升温过快，不仅容易使反应超过需要的温度，引起有效成分的分解；而且还会损坏设备，如损坏带有衬里的设备及各种加热炉、反应炉等。

d. 严密注意压力变化：若使用有压力容器提取有效成分，则需在加热过程中严密注意设备的压力变化，通过排气等措施，及时调节压力，以免在升温过程中造成压力过高，发生冲料、燃烧和爆炸事故。

⑦ 冷却与冷凝操作安全管理　　采用蒸馏法、蒸发法等方法提取中药材的有效成分时，需要进行冷却、冷凝操作。在冷却、冷凝操作时，需注意以下事项。

a. 正确选用冷却、冷凝设备。冷却、冷凝设备一般依据需要冷却、冷凝物料的温度、压力、性质及工艺要求等来选择确定。例如，需要冷却、冷凝物料的温度非常高，若选择的冷却、冷凝设备不能耐受物料高温，则可能引起冷却、冷凝设备的爆裂，引发生产事故。

b. 严格注意冷却、冷凝设备的密闭性。如果设备的密闭性不好，则可能使物料和冷却剂发生混合，从而引发生产事故。

c. 冷却、冷凝操作过程中，冷却、冷凝介质不能中断。冷却、冷凝过程中冷却剂中断，会造成积热，如果不能及时导走热量，则可能引起系统温度、压力骤增，造成生产事故，甚至可能导致火灾、爆炸事故，因此，冷却、冷凝介质温度控制最好采用自动调节装置。

d. 冷却、冷凝设备开机时，应先通入冷却剂，待冷却剂流动正常后，再通入需冷却的高温物料；停机时，应先停物料，再关冷却系统，以防止需冷却物料的高温引起冷却、冷凝设备的损坏，甚至发生事故。

e. 对于冷却后易变黏稠或凝固的物料，需要控制冷却的温度，防止物料堵塞设备及管道等，引发事故。

⑧ 过滤操作安全管理　过滤是中药材有效成分提取时固液分离的常用方法。过滤操作的动力有常压、加压、真空、离心等，在操作过程中需注意以下几点。

a. 加压过滤时，若会逸出易燃、易爆、有害气体，则应采用密闭过滤机，并用惰性气体或压缩空气保持正压；取滤渣时，应先减压。

b. 在有火灾、爆炸危险的工艺中，不宜使用离心过滤机。若必须采用，则应严格控制电机安装质量，安装限速装置。

c. 离心过滤操作时需注意：防止剧烈震动、防止杂物落入离心机内、机器停止后才能进行器壁清理等。

⑨ 蒸馏操作安全管理　用蒸馏方法提取中药材有效成分时，需注意以下事项。

a. 应根据有效成分的性质选择不同的蒸馏方法和设备，如常压下沸点100℃左右的有效成分，可采用常压蒸馏；常压下沸点在150℃以上的，应采用减压蒸馏；常压下沸点低于30℃的，则应采用加压蒸馏。

b. 选择适当的热源，如易燃液体蒸馏时一般不能使用明火作为热源。

c. 蒸馏系统应具有良好的密闭性，以防蒸气或液体泄漏而引发事故。

d. 蒸馏过程中应注意防止冷却水进入蒸馏塔内，否则易发生冲料，甚至引发火灾、爆炸等。

e. 保证塔顶冷凝器中的冷却水不中断，否则未冷凝的易燃蒸气逸出可能引起燃烧。

f. 在蒸馏过程中要防止蒸干，以免残渣焦化、结垢后，造成局部过热而引发事故。

g. 减压蒸馏开机时，应先开真空泵，然后开塔顶冷却水，最后开加热；关机时，顺序相反。

h. 加压蒸馏时，除应保证系统密闭外，还应注意控制蒸馏压力和温度，并装安全阀，以防蒸气泄漏或发生冲料，引发事故。

⑩ 蒸发操作安全管理　为提高中药提取液中有效成分的浓度，通常采用蒸发操作。蒸发操作过程应注意以下几点。

a. 应根据蒸发溶液的性质（如溶液黏度、发泡性、腐蚀性、热敏性等）选择适当的蒸发器。如溶液的黏度较大，则应选择加热管光滑的蒸发器；对于腐蚀性较大的溶液，则应选择由耐腐蚀性材料制成的蒸发器。

b. 应严格控制蒸发温度，以防热敏性成分分解。

c. 蒸发系统应定期清洗、除垢，以防传热量降低。

d. 若蒸发器内的溶液蒸干，则应停止供热，待冷却后，再加料。

⑪ 干燥操作安全管理　中药材提取物经蒸发浓缩后，有时需要进一步干燥成浸膏，以便于成型操作。在干燥过程中应注意以下几点。

a. 干燥室与生产车间应用防火墙隔绝，并有良好的通风设备，且干燥室内不能放置易自燃的物质。

b. 干燥易燃、易爆物品时，不能采用明火加热，且所用的干燥设备应具有防爆装置。

c. 若需干燥的物料中含有自燃点低或其他有害杂质时，其必须在烘干前被彻底清除。

d. 应定期清理干燥设备内死角积料，以防积料长时间受热发生变化而引发事故。

e. 使用对流干燥时，应注意控制干燥温度和干燥气流速度，以防局部过热和摩擦产生的静电引发爆炸危险，并且干燥设备应有防静电措施。

f. 使用滚筒干燥器时，应注意调整刮刀与筒壁间隙，防止碰撞产生火花。

g. 使用真空干燥器时，应注意降低温度后才能放进空气。

项目三

生物药安全生产管理

知识目标　了解生物技术和生物技术药物。
　　　　　熟悉生物制药的概念、主要内容与任务。
　　　　　掌握生物技术与生物安全相关知识。

2010年，云南某全新生物制药有限公司4楼压片车间发生爆炸并引发大火，造成5人死亡，8人受伤。

2017年，长春某生物科技有限公司和武汉生物制品研究所有限责任公司生产的各一批次共计65万余支百白破疫苗效价指标不符合标准规定，被食药监总局责令企业查明流向，并要求立即停止使用不合格产品。

思考：如何做好安全监护工作，防止类似事故的发生？

一、生物技术药物

生物制药是以生物体为原料或借助生物过程，在人为设定的条件下生产各种生物药物的技术。由于微生物和生物活性物质等生物因子的大量使用，生物制药过程中存在生物因子扩散、溢洒或泄漏等生物安全隐患，存在潜在对人类和环境形成伤害的风险，易造成生物危害。

1. 生物技术药物的概念

生物技术药物是指运用生物学、微生物学、医学、化学、生物化学、药学等学科的原理、方法和成果，从生物体、生物组织、细胞、体液等制造的一类用于预防、治疗和诊断疾病的制品。这类制品包括生物体的初级和次级代谢产物,或生物体的某一组成部分,甚至整个生物体,主要有蛋白质、核酸、糖类、脂类等。近年,生物技术药物凭借其药理活性高、特异性强、治疗效果好的特点,在全球医药市场大放异彩。

2. 生物技术药物的分类

生物技术药物可根据用途、作用类型、生化特性来进行分类。

(1) 按用途分类

① 治疗药物:用于肿瘤治疗或辅助治疗的药物,如天冬酰胺酶、肿瘤坏死因子、白介素-2、细胞集落刺激因子等;用于内分泌疾病治疗的药物,如胰岛素、生长素、甲状腺素等;用于心血管系统疾病治疗的药物,如血管舒缓素、弹性蛋白酶等;用于血液和造血系统的药物,如尿激酶、水蛭素、凝血酶、凝血因子Ⅲ和Ⅳ、组织纤溶酶原激活剂、促红细胞生成素等;抗病毒药物如干扰素等。

② 预防药物:主要是疫苗,如乙肝疫苗、伤寒疫苗、麻疹减毒活疫苗、卡介苗等。

③ 诊断药物:生物技术药物用作诊断试剂是其最突出且独特的另一用途,绝大部分临床诊断试剂都来自生物技术药物。常见的诊断试剂包括免疫诊断试剂,如乙肝表面抗原血凝制剂、乙脑抗原和链球菌溶血素、流感病毒诊断血清、甲胎蛋白诊断血清等;酶联免疫诊断试剂,如乙型肝炎病毒表面抗原诊断试剂盒、艾滋病诊断试剂盒等;器官功能诊断药物,如磷酸组胺、促甲状腺素释放激素、促性腺激素释放激素等;放射性核素诊断药物,如 ^{131}I-血清白蛋白等;诊断用单克隆抗体,如结核菌素纯蛋白衍生物、卡介苗纯蛋白衍生物等;诊断用 DNA 芯片,如用于遗传病和癌症诊断的基因芯片等。

(2) 按作用类型分类

① 细胞因子类药物:如白细胞介素、干扰素、集落刺激因子、肿瘤坏死因子、生长因子等。

② 激素类药物:如人胰岛素、人生长激素等。

③ 酶类药物:如胰酶、胃蛋白酶、胰蛋白酶、天冬酰胺酶、尿激酶、凝血酶等。

④ 疫苗:如脊髓灰质炎疫苗、甲肝疫苗、流感疫苗等。

⑤ 单克隆抗体药物:如利妥昔单抗、曲妥组单抗、阿仑组单抗等。

⑥ 反义核酸药物:如福米韦生钠等。

⑦ RNA 干扰(RNAi)药物:目前至少有 4 个 siRNA 类型的 RNAi 药物进入Ⅰ或Ⅱ期临床研究。

⑧ 基因治疗药物:如重组人 p53 腺病毒注射液等。

(3) 按生化特性分类

① 多肽类药物:如胸腺肽 α_1、胸腺五肽、奥曲肽、降钙素、催产素等。

② 蛋白质类药物:如绒促性素、人血白蛋白、神经生长因子、肿瘤坏死因子等。

③ 核酸类药物:如三磷酸腺苷(ATP)、辅酶 A、脱氧核苷酸、三氟胸苷、齐多夫定、阿糖腺苷等。

④ 聚乙二醇(PEG)化多肽或蛋白质药物:如 PEG 修饰的干扰素 α-2b、干扰素 α-2a 等。

3. 生物技术药物的特性

生物技术药物的化学本质一般为通过现代生物技术制备的多肽、蛋白质、核酸及其衍生物，与小分子化学药物相比，生物技术药物在理化性质、药理学与作用、生产制备和质量控制方面都有着特殊性。

(1) 理化性质特性

① 分子量大：生物技术药物的分子一般为多肽、蛋白质、核酸或它们的衍生物，分子量（Mr）在几千至几万，甚至几十万。如人胰岛素的 Mr 为 5.734kDa，人促红细胞生成素（EPO）的 Mr 为 34kDa 左右，L-天冬酰胺酶的 Mr 为 135.184kDa。

② 结构复杂：蛋白质和核酸均为生物大分子，除一级结构外还有二、三级结构，有些由两个以上亚基组成的蛋白质还有四级结构。另外，具有糖基化修饰的糖蛋白类药物的结构更为复杂，糖链的多少、长短及连接位置均会影响糖蛋白类药物的活性。这些因素决定了生物技术药物结构的复杂性。

③ 稳定性差：多肽、蛋白质类药物稳定性差，极易受温度、pH、化学试剂、机械应力与超声波、空气氧化、表面吸附、光照等的影响而变性失活。多肽、蛋白质、核酸（特别是 RNA）类药物还易受蛋白酶或核酸酶的作用而发生降解。

(2) 药理学作用特性

① 活性与作用机制明确：作为生物技术药物的多肽、蛋白质、核酸，是在医学、生物学、生物化学、遗传学等基础学科上对正常与异常生命现象研究过程中发现的生物活性物质或经过优化、改造的这类物质，这些物质的活性和对生理功能的调节机制是比较清楚的。比如在清楚地了解了胰岛素在糖代谢中的作用以后开发了具有降血糖作用的胰岛素，在大量的研究证明了 $p53$ 基因是抑癌基因以后将该基因开发成了抗肿瘤药物。

② 作用针对性强：作为生物技术药物的多肽、蛋白质、核酸，在生物体内均参与特定的生理生化过程，有其特定的作用靶分子（受体）、靶细胞或靶器官。如多肽与蛋白质激素类药物是通过与它们的受体结合来发挥作用的，单克隆抗体则与其特定的抗原产生结合，疫苗则刺激机体产生特异性抗体来发挥预防和治疗疾病的作用。

③ 毒性低：生物技术药物本身是体内天然存在的物质或它们的衍生物，而不是体内原先不存在的物质，因而机体对其具有相容性，并且这类药物在体内被分解代谢后，其代谢产物还会被机体利用合成其他物质，因此大多数生物技术药物在正常剂量情况下一般不会产生毒性。

④ 体内半衰期短：多肽、蛋白质、核酸类药物可被体内相应的酶（肽酶、蛋白酶、核酸酶）降解，分子量较大的蛋白质还会遭到免疫系统的清除作用，因此生物技术药物的体内半衰期一般均较短。如胸腺肽 α_1 在体内的半衰期为 100min，超氧化物歧化酶（SOD）的消除半衰期为 6~10min，小肽半衰期更短，如胸腺五肽只有不到 1min。

⑤ 有种属特异性：许多生物技术药物的药理活性有种属特异性，如某些人源基因编码的多肽或蛋白质类药物，与动物相应多肽或蛋白质的同源性有很大差别，因此对一些动物无药理活性。人类生长激素（GH）由 191 个氨基酸残基组成，与其他脊椎动物的 GH 相比，约有 1/3 氨基酸残基顺序不同，猪、牛、羊等的 GH 对灵长类并不呈现明显的促生长效应。

⑥ 可产生免疫原性：许多来源于人的生物技术药物对动物有免疫原性，所以重复将这类药品给予动物将会产生抗体。有些人源性的蛋白质在人体中也能产生抗体，可能是重组药物蛋白质在结构及构型上与人体天然蛋白质有所不同所致。

(3) 生产制备特性

① 药物分子在原料中的含量低：生物技术药物一般由发酵工程菌或培养细胞来制备，

发酵或培养液中欲分离物质的浓度很低，常常低于100mg/L。这样，就要求对原料进行高度浓缩，因而使成本增加。

② 原料液中常存在降解目标产物的杂质：生物技术药物一般为多肽或蛋白质类物质，极易受原料液中一些杂质（如酶）的作用而发生降解。因此，要采取快速的分离纯化方法以除去影响目标产物稳定性的杂质。

③ 制备工艺条件温和：欲分离的药物分子通常很不稳定，遇热、极端pH、有机溶剂时，稍不注意就会失活或降解。因此，分离纯化过程的操作条件一般较温和，以满足维持生物物质生物活性的要求。

④ 分离纯化困难：原料液中常存在与目标分子在结构、构成成分等理化性质上极其相似的分子及异构体，形成的混合物难以用常规方法分离。因此，需要经多种不同原理的层析单元操作才能达到药用纯度。

⑤ 产品易受有害物质污染：生物技术药物的分子及其存在的环境物质均为营养物质，其极易受到微生物的污染而产生一些有害杂质，如热原。另外，产品中还易残存具有免疫原性的物质。这些有害杂质必须在制备过程中完全去除。

(4) 质量控制特性 由于生物技术药物均为大分子，其生产菌种或细胞、生产工艺均影响最终产品的质量，产品中相关物质的来源、种类与化学药和中药不同，因此这类药物质量标准的内容和质量控制项目也与化学药和中药不同。

① 质量标准内容的特殊性：生物技术药物的质量标准包括基本要求、制造、检定等内容，而化学药的质量标准则主要包括性状、鉴别、检查、含量测定等内容。

② 制造项下的特殊规定：对于利用哺乳动物细胞生产的生物技术药物，在本项下要写出工程细胞的情况，包括名称及来源，细胞库的建立、传代及保存，主细胞库及工作细胞库细胞的检定；对于利用工程菌生产的生物技术药物，在本项下要写出工程菌菌种的情况，包括名称及来源，种子批的建立，菌种检定。本项下还要写出原液和成品的制备方法。

③ 检定项下的特殊规定：本项下规定了对原液、半成品和成品的检定内容与方法。原液检定项目包括生物学活性、蛋白质含量、比活性、纯度（两种方法）、分子量、外源性DNA残留量、鼠IgG残留量（采用单克隆抗体亲和纯化）、宿主菌蛋白质残留量、残余抗生素活性、细菌内毒素检查、等电点、紫外光谱、肽图、N-端氨基酸序列（至少每年测定1次）；半成品检定项目包括细菌内毒素检查、无菌检查；成品检定项目除一般相应成品药的检定项目外，还要查生物学活性、异常毒性等。

二、生物药安全生产操作技术

现代生物技术是综合利用现代生物学、化学和工程学的手段，直接或间接地利用生物体、生命体系和生命过程生产有用物质的一门高级应用技术。

1. 生物技术与生物安全问题

(1) 生物技术在人类生活中发挥重要作用 目前生物技术在农业方面取得巨大成果，全世界已有数百种转基因植物进入大田实验，其中广为人知的转基因杂交水稻、彩色蔬菜等就是现代生物技术的代表。

生物技术被人们看好的另一类发展前景就是其对医药生产的革命性冲击。以人胰岛素投放市场为标志的生物技术药物，将在人类健康事业中发挥重要的作用。

随着英国克隆羊多莉的诞生，动物克隆技术突现在世人面前。世界上的科学家们利用这项技术创造出肉质更好、产乳能力更强的牲畜品种，大大提高了人们的生活质量，同时利用牲畜的机体，通过转基因技术"复制"出供人体移植用的"人造"器官，此技术已成为当今世界生物界和医学界共同关注的热门技术。

中国在现代生物技术发展方面作出的巨大贡献是有目共睹的。利用生物技术培养新型高产农作物是中国对世界作出的最大贡献。在基因工程药物的研制方面，中国也走在世界的前列，1991年中国就已形成年产10万人份的乙肝转基因工程疫苗的生产能力。

总之，生物技术在全世界范围内发展迅速。生物技术正以其巨大的活力改变着传统的生产方式和产业结构，迅速向经济和社会的各领域渗透和扩散，人类面临的粮食、能源、环境、人口、资源五大危机以及人类的各种疾病都有可能得到缓解，生物技术在人类生活中发挥着越来越大的作用。

(2) 生物技术凸显的生物安全问题 在当今世界，一种新技术，除了给人类带来巨大利益和希望之外，同时也可能产生未知的后果和风险，尤其是人类不能正确使用该项技术时，其造成的危害可能是触目惊心的。生物安全并非只是人们通常理解的转基因食品安全，还涉及生物武器和传染病威胁等问题。

生物技术是把双刃剑。随着生物技术的发展，生物安全问题已成为生物技术及其产业健康发展必须解决的世界性问题。生物安全就是指由现代生物技术开发应用对生态环境、公共安全和人体健康产生的潜在威胁，及对其所采取的一系列有效预防和控制措施。

显然上述生物技术药物特点所涉及的安全性，主要是指药物本身的安全有效性。生物技术药物的安全性问题可能主要来自以下三方面：a. 药理作用的放大或延伸；b. 免疫毒性，包括免疫原性、免疫抑制和刺激反应及过敏反应；c. 杂质或污染物引起的毒性。

诚如《药品注册管理办法》要求的一样，生物技术药物安全性评价的基本内容与化学药相同，包括安全性药理、单次给药毒性、重复给药毒性、遗传毒性、生殖毒性、致癌性、依赖性和特殊毒性（过敏性、局部刺激性、溶血性）试验。但是，生物技术药物又有不同的特点，安全性评价应以科学为基础，具体情况具体分析，特别是其生物活性，在生产中应加强安全防护。举例说，若是某药可能具有过敏性，那么某药的生产中也应加强防护，避免操作员工接触药物而导致过敏反应的发生。

2. 转基因生物的安全问题

生物安全关注的重点领域往往正是现代生物技术开发的前沿和热点领域。根据现代生物技术开发研究和产业发展的现状与趋势，以及国外转基因活生物体及产品在中国的越境转移和释放情况，目前中国现代生物技术安全（结合药物的研究开发）需要重点关注的领域主要有以下几个方面。

(1) 转基因植物的安全问题 转基因植物是指用分子生物学和基因工程技术将外源基因插入受体植物基因组、改变其遗传组成后产生的植物。其主要指抗病、抗虫、抗逆转基因农作物，改良品质的转基因农作物，抗病、抗虫、抗逆转基因林木等。除了为作物的高产、稳产、优质、抗病、抗虫及抗逆作出贡献外，生物技术还可用转基因植物作为生物反应器，生产某些新型药物或特殊化合物，中草药有效成分的研究特别需要现代生物技术的支持。因此，基因工程技术的发展也将为医药工业的发展带来好处，形成新的生物技术产业。

对转基因植物进行安全性评估和监控的总原则应当是促进而不是限制植物基因工程技术的发展和应用，同时保障人类健康和生态环境的平衡。潜在危险并不等于现实危险，目前国际上普遍认为，潜在危险性＝有害概率×有害程度；人们要权衡利弊，即判断转基因植物可能存在的危险是否能被接受。由于对新的转基因植物缺乏了解和经验，也由于转基因植物种类及其生长环境的多样性，对其安全性评估也应采取以下原则：个案分析的原则；逐步完善的原则；在积累数据和经验的基础上使监控管理趋向宽松化和简单化的原则。

(2) 转基因动物的安全问题 转基因动物包括以生产药用蛋白为目的的转基因羊、转基因牛、转基因鸡等，以提供异种器官移植为目的的转基因猪，作为药物筛选、评价模型或研究疾病发生和发展机理的转基因鼠。转基因动物可以定义为：因重组DNA的人为导入而发生了改变的动物。这种动物包括两类：一是生殖系（种系）DNA发生了改变并可遗传至后代的动物；二是体细胞发生了改变但不遗传至后代的动物。

利用转基因动物来生产人类使用的药物和食品，已有成功的案例。目前除了家畜，还包括转基因昆虫，可能还有转基因家禽。利用哺乳动物的乳腺生物反应器，人们可以从中提取药用蛋白质，如牛奶中的抗凝血酶、纤维蛋白原、人血清白蛋白等。但尚未见商品化的报道。

转基因动物对生态环境的安全问题是其逃逸问题，必须考虑其逃逸对生态平衡可能造成的影响。对此，应加强投入、监督管理，如就安全防范措施分门别类地制定工作指南，特别是制定出高标准要求的安全条例和法规，这不仅是对环境、自然和大众健康负责，也是促进这一生物技术发展所应持有的严肃态度。

(3) 转基因水生生物的安全问题 转基因水生生物包括转基因海洋生物和转基因淡水水生生物，具体包括转基因鱼、对虾、扇贝，基因工程高蛋白海藻等。水生生物，尤其是鱼类，是转基因研究进展较快的领域。与其他脊椎动物相比，鱼类怀卵量大，鱼卵体外受精和发育易于进行胚胎操作和观察，是研究发育过程中基因调控与表达等基本生物学问题的理想材料。重要的是，鱼是人类主要的蛋白质来源之一，发展与完善鱼类基因转移技术，可以为培养高产、优质及抗逆的养殖鱼类新品系提供新途径。

水是生命之源，水生生物在自然界物质循环和能量流动中起着重要的作用。水生生物转基因研究的成果，无疑将为人类带来巨大的经济效益和社会效益。但是，人类在向大自然索取的同时，也有意或无意地干扰甚至破坏了自身生存的环境。保护人类生存的自然环境已经成为社会进一步发展的前提与现代文明的标志。这其中包括了对转基因水生生物安全问题的评价。

(4) 基因工程微生物的安全问题 现代生物技术在微生物领域的应用最为广泛和深入，如今已经大量生产的生物技术产品，大多数是以微生物作为基因工程的受体，借助微生物发酵法实现的。人胰岛素作为第一个利用基因工程的生物技术药物，就是一个很好的范例。在基因工程微生物领域中，重组农业微生物研究也是十分活跃的，如在生物防治、生物固氮等方面都有突出的成绩。但是，基因工程微生物方面依然存在安全性问题，学术界也有不同的观点。与常规育种的悠久历史相比，基因工程育种实践的时间还很短。虽然随着重组DNA技术的不断发展与完善，人类已经能够实现不同生物物种之间遗传物质的转移，甚至可以创造新的物种，但是，目前的科学技术水平还无法完全预测所转移的基因在受体微生物遗传背景中的全部表现，即人们对于基因重组微生物可能出现的新组合、新性状及其潜在的危险性还缺乏足够的认知和预见能力。正是由于缺乏这方面的知识和经验，政府、公众和科学家们才对基因工程的安全性提出疑问和争论。

因此，在现阶段，为了促进基因工程产品研究和开发工作的健康、稳步发展，防止其对人类健康和生态环境可能带来的不利影响，人们必须对有关微生物基因工程工作的安全性进行评价，并在安全性评价的科学基础上提出有关基因工程微生物进入诸如药物生产、农业田间试验及环境释放领域所应采取的安全控制措施、监控方法和应急措施。

3. 微生物培养过程中的安全问题

在生物制品的研究、制备过程中，人们经常进行各类微生物的培养工作，其中能引起人类疾病的称为病原微生物，包括真菌、细菌、病毒等，可对人类健康和社会造成严重危害。在微生物培养过程中，工作人员受到病原微生物意外感染的报道并不鲜见，如法国巴黎生物实验室的几名科学家在做动物病体实验时，意外感染致命性炭疽病菌，其中五人紧急隔离至医院接受治疗。与此同时，随着生物制品产业的不断发展，微生物培养规模日益扩大，一些原先被认为是非病原性且有工业价值的微生物的孢子和有关产物所散发的气溶胶，也会使产业人员产生不同程度的过敏症状，甚至影响周围环境，造成难以挽回的损失。

(1) 微生物标本的安全技术 培养标本的收集、转移和接收不当是导致工作人员被感染的重要因素。装标本的容器通常为玻璃或塑料容器，必须坚固、无裂口，加盖或加塞后应无泄漏，容器外壁不应沾染其他物质。容器上应有正确标签，以便识别，容器最好再用塑料袋包装并加封。随附的标本说明书不应包在容器内，应分别装在另一封套内。属于第Ⅲ级病原体的，如肝炎或艾滋病病毒等标本，在容器外面和说明材料中均应有"有感染危险"的特殊显著标记。

有传染性或可疑传染性的标本在转移或运输时，必须采用两级容器，内有固定支架以保持容器直立。此两级容器可用塑料或金属制成，必须能经受高温或化学物质的消毒处理。常规接收大量标本的培养室，应有专用的房间或指定的区域，不应与一般实验室或其他操作混在一起。

接收和启封标本时，有破损的容器，应由专业人员协同处置，并准备好消毒剂。有"有感染危险"标志的容器，最好在生物安全柜中启封和处置。

(2) 培养中吸管和移液器的安全技术 严禁用口吸取液体，应使用移液器。有传染源的液体不可用空气吹打，亦不可用吸管抽吸混合或强烈排出。在移液时，当有感染性物质溅出时，为防止其扩散，应立即用浸过消毒剂的布或吸水纸处理，并立即将其高压灭菌。

使用全刻度吸管，可免去最后一滴的排出。吸管使用后立即浸入装有消毒剂的容器中，在处理前应浸泡18～24h。在生物安全柜内放置使用吸管的容器，吸管不可放在安全柜外。装有针头的注射器不可用于移液，可用钝头套管代替。

(3) 培养中感染性材料防扩散的安全技术 移种微生物的接种环应全封闭，杆长度不超过6cm；用接种环转移感染性材料，接种环通过火焰时，感染性物质有溅出的危险，故最好使用一次性接种环，避免火焰消毒。废弃的标本和培养物应放置于不泄漏的容器内，例如实验室用的塑料袋。

每次工作结束后，必须用适当的消毒剂对工作区进行消毒。

(4) 防止感染性材料的食入及与皮肤和眼睛接触的安全技术 在进行微生物培养操作时，大于5μm的微粒易散落在工作台表面或工作人员手上，所以工作人员应经常洗手，并避免用手接触口和眼。在培养室内不可餐饮，亦不可将食物贮藏于实验室内。不可在实验室内吸烟、嚼口香糖和使用化妆品。

在操作有可能飞溅的感染性材料时，必须戴面罩或采取其他措施以保护面部和眼睛。

(5) 防止因刺破感染的安全技术 在微生物培养中，使用注射针头、巴斯德玻璃吸管时或当玻璃破碎时，可能发生事故，故应尽可能避免使用注射针头和注射器，必要时可用有套管的注射器或吸管，也可用软塑料吸管代替玻璃吸管。在接种微生物发生玻璃容器破损时，要特别小心地进行处理。

(6) 使用离心机的安全技术　在属于生物危害第Ⅱ级的培养室中,所用离心管材料必须坚固,使用前应检查有无破损,装有标本的离心管必须加盖。一般离心管内液面至少距管口 2cm,用超速离心机的除外。除非是特殊的高速离心机,一般的微生物培养中不用角型离心机,因为即使离心管加盖,仍有可能溢出液体。

在属于生物危害第Ⅲ、Ⅳ级的培养室中,可能含有感染性物质,故必须与其他物质分别离心。离心管或瓶必须加螺旋盖,并在离心管或瓶上加第Ⅲ级、Ⅳ级生物危害标志。离心时应加封安全罩。加封和开启安全罩,均应在生物安全柜中操作,并经常对安全罩、离心机转头和离心杯进行消毒处理。

不同危害程度感染性微生物的分级见表 5-1。

表 5-1　不同危害程度感染性微生物的分级

危害级别	危害程度
第Ⅰ级	对个人和群体无危害性或危害性很低,未必可能对人或动物致病的微生物
第Ⅱ级	对个人有轻度危害性,对群体危害性低,其病原体可使人或动物致病,但对实验室工作者、群体、家畜或环境未必可能有严重危害性。暴露于实验室后可引发实验室感染,但有有效的治疗和预防措施,而且传染性有限
第Ⅲ级	对个人有高度危害性,对群体有低度危害性。其病原体通常使人或动物产生严重疾病,但一般不致传染。有有效的治疗和预防措施
第Ⅳ级	对个人和群体均有高度危害性。其病原体通常使人或动物产生严重疾病,且易于直接或间接传染

(7) 使用匀浆器、振荡器及超声波器的安全技术　所使用的容器及盖子不得有裂纹或变形,瓶盖必须密封。在进行匀浆、振荡和超声处理时,容器内部会产生压力,故应选用以聚四氟乙烯为材料的容器,并在这些设备上加坚固的外罩,以防止感染性物质的散播。操作完毕后,应在生物安全柜内开启容器。

(8) 使用冰箱和低温冰柜的安全技术　冰箱和低温冰柜应定期化冻和清洁,破损的试管和安瓿等应及时处理掉。操作时应戴面罩和厚橡皮手套,清洁后应对柜内部进行消毒。所有放在冰箱和冰柜内的容器必须有明确的标签,包括内容物的名称、日期、存放人姓名等,没有标签或含糊不清的存放物均应作高压消毒处理。

(9) 开启含有感染性冻干材料安瓿的安全技术　由于压力降低,在开启含冻干物质的安瓿时,其部分内容物可能突然溅出于空气中,因此应在生物安全柜内开启这类安瓿,开启安瓿可依下列步骤。

① 首先将安瓿外面进行消毒;
② 用手持软棉花垫握着安瓿,以保护手不受损伤;
③ 用烧红的玻璃棒接触安瓿的上端,使之破碎;
④ 小心处理破碎的安瓿玻璃,应将其作为污染物消毒;
⑤ 向安瓿内缓缓加入复溶液,避免产生泡沫;
⑥ 混匀后用移液器、有辅助装置的吸管或接种环取出安瓿的内容物。

(10) 含感染性材料安瓿的存放　含感染性材料的安瓿决不可浸入液氮中,因为当取出安瓿时,如安瓿有裂纹或封闭不严密,则会发生爆破。必须存放于深冷低温下的安瓿,应存放在液氮的气相中。有感染性材料的安瓿一般可放在低温冰柜或干冰中。工作人员从冷藏条件下取出安瓿时,眼、手部应有保护措施,取出后应对安瓿外部消毒。

知识导图

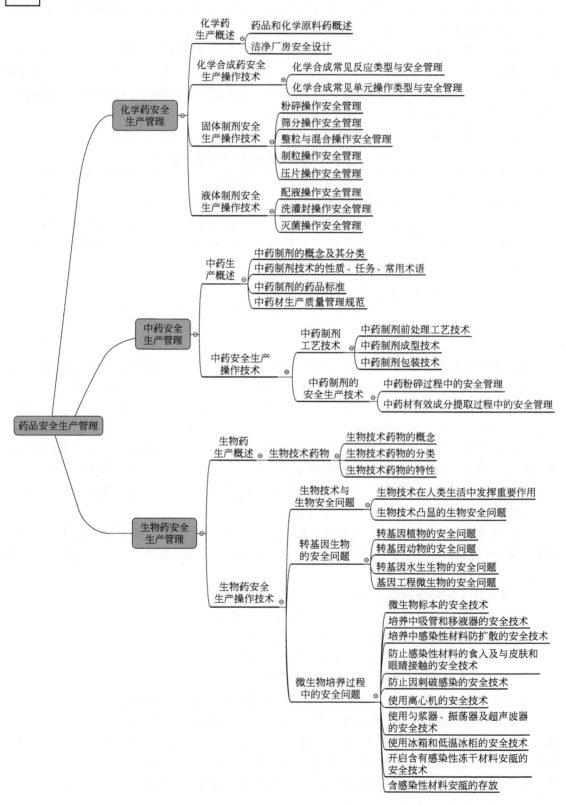

? 目标检测

一、A 型题（最佳选择题）

1. 药品生产质量管理规范的英文缩写为（　　）。
   A. GCP　　　　　B. GMP　　　　　C. GAP　　　　　D. GLP

2. 下列属于有机氧化剂的是（　　）。
   A. 过氧苯甲酰　　B. 氧气　　　　　C. 高锰酸钾　　　D. 硝酸盐

3. 下列属于无机合成药的是（　　）。
   A. 氢氧化铝　　　B. 阿司匹林　　　C. 氯霉素　　　　D. 咖啡因

4. 下列属于有机合成药的是（　　）。
   A. 阿司匹林　　　B. 氢氧化镁　　　C. 三硅酸镁　　　D. 碳酸氢钠

5. 《中华人民共和国药典》是由（　　）。
   A. 国家药典委员会制定的药物手册
   B. 国家药典委员会编写的药品规格标准的法典
   C. 国家颁布的药品集
   D. 国家药品监督局制定的药品标准

6. 我国最早的药典，也是世界上最早出现的一部全国性药典是（　　）。
   A.《唐本草》　　 B.《中华药典》　　C.《本草纲目》　　D.《神农本草经》

7. 中药材生产质量管理规范缩写是（　　）。
   A. GAP　　　　　B. GMP　　　　　C. GCP　　　　　D. GSP

8. 中药材 GAP 证书的有效期一般为（　　）年。
   A. 一　　　　　　B. 二　　　　　　C. 三　　　　　　D. 五

9. （　　）是通过现代技术手段，利用微生物的特殊功能生产有用物质，或直接将微生物应用于工业生产的一种技术体系。
   A. 发酵工程　　　B. 酶工程　　　　C. 蛋白质工程　　D. 抗体工程

10. 下列不属于生物技术药物的是（　　）。
    A. 细胞因子　　　　　　　　　　　B. 生长因子
    C. 疫苗　　　　　　　　　　　　　D. 人工合成抗生素

11. 人类第一个基因工程药物是（　　）。
    A. 胰岛素　　　B. 重组链激酶　　C. 促红细胞生成素　D. 乙型肝炎疫苗

12. 酶的主要来源是（　　）。
    A. 生物体中分离纯化　　　　　　　B. 化学合成
    C. 微生物生产　　　　　　　　　　D. 组织培养

二、X 型题（多项选择题）

1. 以下属于固体制剂的是（　　）。
   A. 片剂　　　　　B. 喷雾剂　　　　C. 胶囊剂
   D. 滴丸剂　　　　E. 颗粒剂

2. 药物合成中影响加热及传热操作安全管理的因素有（　　）。
   A. 温度　　　　　B. 速度　　　　　C. 压力

D. 加热介质　　　　　E. 工艺技术
3. 中药生产性粉尘及其危害有（　　）。
　A. 肺尘埃沉着病　　B. 肺粉尘沉着症　　C. 有机粉尘所致的肺部病变
　D. 呼吸系统肿瘤　　E. 局部刺激作用
4. 中药制剂前处理工艺技术有（　　）。
　A. 粉碎技术　　　　B. 浸提技术　　　　C. 分离纯化技术
　D. 浓缩技术　　　　E. 干燥技术
5. 生物技术药物按用途可分为（　　）。
　A. 治疗药物　　　　B. 预防药物　　　　C. 诊断药物
　D. 抗癌药物　　　　E. 检测药物
6. 生物技术药物具有的特点包括（　　）
　A. 结构确证不完全　B. 种属特异性　　　C. 多功能性
　D. 免疫原性　　　　E. 质量不稳定性

三、思考题

1. 阐述药品和化学原料药的概念。
2. 阐述化学合成药混合操作时应注意的问题。
3. 阐述注射剂的主要生产工艺流程。
4. 阐述中药制剂的概念及其分类。
5. 简述中药制剂技术的任务。
6. 阐述肺尘埃沉着病的概念及其防护措施。
7. 粉尘对人的危害有哪些？
8. 加压与负压操作时应注意哪些问题？
9. 阐述生物技术和生物技术药物的概念。
10. 简述生物技术包含的生物工程。
11. 阐述生物技术药物的药理学特性。
12. 简述转基因生物的安全问题。
13. 简述微生物培养过程中的安全问题。

实训项目五

参观符合 GMP 要求的药品生产车间

【实训目的】

① 通过参观符合 GMP 要求的药品生产车间，总结药品生产过程中 GMP 的相关要求。
② 归纳整理出药品生产过程中的安全注意事项。

【实训条件】

1. 实训场地

药品生产车间。

2. 实训材料

相关文献、报刊。

【实训内容】

① 查阅相关文献、报刊，收集资料，讨论 GMP 中关于药品安全生产的相关要求。
② 集中进行参观、学习。
③ 绘制参观企业一种产品（化学制剂、中药制剂、生物制剂）的生产流程图。
④ 将参观企业的生产环节与 GMP 相应条款进行比较分析，总结出生产过程中的安全注意事项。

【实训报告】

① 参观结束后，进行分组讨论并做好记录。
② 教师进行总结、点评。
③ 学生按规定格式完成实训报告，书写自己的实训体会。

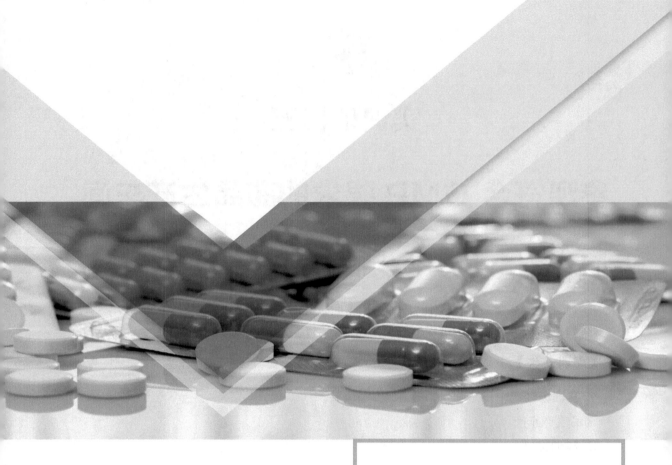

模块六

危化品及有毒物质安全生产管理

思政与素质目标

- 遵纪守法，履行岗位职责，有责任心。
- 树立生命至上、科学救援的理念。
- 具备安全生产底线思维与红线意识，增强风险防控能力。
- 提高安全生产意识和质量意识，养成精益求精的精神。

项目一

危险化学品安全生产管理

知识目标
了解危险化学品事故特点和分类。
熟悉危险化学品生产、经营、使用、运输、贮存等全链条安全管理要点。
掌握危险化学品的定义、分类、标签和安全技术说明书,以及危险化学品事故应急处置。

案例导入 江苏某公司"3·21"特别重大爆炸事故

2019年,江苏省盐城市某化工有限公司发生特别重大爆炸事故,造成78人死亡、76人重伤,640人住院治疗,直接经济损失达19.86亿元。事故直接原因是:公司旧固废库内长期违法贮存的硝化废料持续积热升温导致自燃,燃烧引发硝化废料爆炸。

思考:如何加强危险化学品安全生产管理工作?

一、危险化学品概述

我国医药产业发展迅速,区域化产业带已初步形成,如泰州医药高新技术产业开发区、浏阳生物医药工业园、济南药谷产业园区等。但产业集约化、规模化给药品安全生产管理提出了新的挑战,医药制造业也被列入了涉及危险化学品安全风险的行业。药品生产过程所涉及的原料、中间体、成品常常是危险化学品,危险化学品大多具有爆炸、易燃、毒害、腐蚀和放射等特性。近几年来,我国发生了多起危险化学品特别重大事故,涵盖危险化学品的生产、贮存、经营、使用、运输等过程,造成重大人身伤害、环境污染和财产损失。人们要深刻吸取特别重大事故教训,针对危险化学品采取严格的安全措施,强化危险化学品全链条、全生命周期的安全管理,坚决遏制特别重大事故发生,有效维护人民群众生命财产安全。

1. 危险化学品的定义和分类

（1）危险化学品的定义　《危险化学品安全管理条例》中规定：危险化学品是指具有毒害、腐蚀、爆炸、燃烧、助燃等性质，对人体、设施、环境有危害的剧毒化学品或其他化学品。

为深刻吸取危险化学品重大事故教训，国务院安全生产监督管理部门联合多部门制定、公布了《危险化学品目录》《特别管控危险化学品目录》《重点监管的危险化学品名录》《易制爆危险化学品目录》《重点环境管理危险化学品目录》等目录，并定时调整，供企业和个人查询。

同时，国家实行危险化学品登记制度，为危险化学品安全管理以及危险化学品事故预防和应急救援提供技术、信息支持。危险化学品生产企业、进口企业，应当向国务院安全生产监督管理部门负责危险化学品登记的机构（以下简称危险化学品登记机构）办理危险化学品登记。危险化学品登记包括下列内容：分类和标签信息；物理、化学性质；主要用途；危险特性；贮存、使用、运输的安全要求；出现危险情况的应急处置措施。

公众可登录国家危险化学品安全公共服务互联网平台查阅危险化学品相关信息。

（2）危险化学品的分类　《危险化学品目录》和《化学品分类和危险性公示通则》（GB 13690—2009）按物理危险、健康危险和环境危险将化学品分为3大类，28小类。

按物理危险分类：包括爆炸物、易燃气体、易燃气溶胶、氧化性气体、压力下气体、易燃液体、易燃固体、自反应物质或混合物、自燃液体、自燃固体、自热物质和混合物、遇水放出易燃气体的物质或混合物、氧化性液体、氧化性固体、有机过氧化物、金属腐蚀剂16类。

按健康危险分类：包括急性毒性、皮肤腐蚀/刺激、严重眼损伤/眼刺激、呼吸或皮肤过敏、生殖细胞致突变性、致癌性、生殖毒性、特异性靶器官系统毒性——一次接触、特异性靶器官系统毒性—反复接触、吸入危险10类。

按环境危险分类：危害水生环境和危害臭氧层。

2. 危险化学品的标签和安全技术说明书

危险化学品生产企业应当提供与其生产的危险化学品相符的化学品安全技术说明书，并在危险化学品包装（包括外包装件）上粘贴或者拴挂与包装内危险化学品相符的化学品安全标签，即"一书一签"。化学品安全技术说明书和化学品安全标签所载明的内容应当符合国家标准的要求。

（1）危险性象形图　象形图是由图形符号及其他图形要素，如边框、背景图案和颜色组成，表述特定信息的图形组合。"一书一签"中均要求标明象形图。危险性象形图的形状呈45°角菱形，应使用黑色符号加白色背景，菱形红框要足够宽，以便醒目。危险化学品共使用9种危险性象形图，具体可参见《化学品分类和标签规范》（GB 30000.2—2013～30000.29—2013）、《化学品分类和危险性象形图标识通则》（GB/T 24774—2009）。

（2）危险化学品的安全标签　是指危险化学品在市场上流通时由生产销售单位提供的附在化学品包装上的安全标签。安全标签是预防和控制危险化学品危害的基本措施之一，通过对流通的危险化学品加贴标签的形式进行危险性标识，提出安全使用注意事项，向作业人员传递安全信息，预防和减少化学危害，达到保障安全和健康的目的。《化学品安全标签编写规定》（GB 15258—2009）规定了化学品安全标签的内容、制作、使用等事项。安全标签主要包括化学品标识、象形图、信号词、危险性说明、防范说明等要素，具体式样见图 6-1。

化学品名称A组分：40%；B组分：60%

危险　　　

极易燃液体和蒸气，食入致死，对水生生物毒性非常大

【预防措施】
- 远离热源、火花、明火、热表面。使用不产生火花的工具作业。
- 保持容器密闭。
- 采取防静电措施，容器和接收设备接地/连接。
- 使用防爆电器、通风、照明及其他设备。
- 戴防护手套/防护眼镜/防护面罩。
- 操作后彻底清洗身体接触部位。
- 作业场所不得进食、饮水或吸烟。
- 禁止排入环境。

【事故响应】
- 如皮肤或头发接触：立即脱掉所有被污染的衣服。用水冲洗皮肤/淋浴。
- 食入：催吐，立即就医。
- 收集泄漏物。
- 火灾时，使用干粉、泡沫、二氧化碳灭火。

【安全贮存】
- 在阴凉、通风良好处贮存。
- 上锁保管。

【废弃处置】
- 本品或其他容器采用焚烧法处置。

请参阅安全技术说明书
供应商：**************　电话：******
地址：**************　邮编：******
化学事故应急咨询电话：××××××

图 6-1　危险化学品安全标签式样

① 名称　用中文和英文分别标明危险化学品的化学名称或通用名称。名称要求醒目、清晰，位于标签的上方。名称应与化学品安全技术说明书中的名称一致。对于混合物应标出对其危险性分类有贡献的主要组成的化学名称或通用名、浓度或浓度范围。当需要标出的组分较多时，组分以不超过 5 个为宜。

② 象形图　采用《化学品分类和标签规范》（GB 30000.2—2013～30000.29—2013）规定的象形图。

③ 信号词　位于化学品名称的下方；根据化学品的危险程度和类别，用"危险""警告"两个词分别进行危害程度的警示。根据《化学品分类和标签规范》选择不同类别危险化学品的信号词。

④ 危险性说明　简要概述化学品的危险特性。居信号词下方。

⑤ 防范说明　表述化学品在处置、搬运、贮存和使用作业中所必须注意的事项和发生

意外时简单、有效的救护措施等。该部分应包括安全预防措施、意外情况的处理、安全贮存措施及废弃处置等内容。

⑥ 供应商标识　供应商名称、地址、邮编和电话等。

⑦ 应急咨询电话　填写化学品生产商或生产商委托的24h化学事故应急咨询电话。国外进口化学品安全标签上应至少有一家中国境内的24h化学事故应急咨询电话。

⑧ 资料参阅提示语　提示化学品用户应参阅化学品安全技术说明书。

⑨ 危险信息先后排序　当某种化学品具有两种及两种以上的危险性时，安全标签的象形图、信号词、危险性说明的先后顺序要按《化学品安全标签编写规定》第4.2.9条执行。

在使用安全标签时，应注意以下事项：a. 安全标签的粘贴、挂拴或喷印应牢固，保证在运输、贮存期间不脱落，不损坏。b. 安全标签应由生产企业在货物出厂前粘贴、挂拴或喷印。若改换包装，则由改换包装单位重新粘贴、挂拴或喷印标签。c. 盛装危险化学品的容器或包装，在经过处理并确认其危险性完全消除之后，方可撕下安全标签，否则不能撕下。

(3) 危险化学品的安全技术说明书　化学品安全技术说明书（SDS）提供了化学品（物质或混合物）在安全、健康和环境保护等方面的信息，推荐了防护措施和紧急情况下的应对措施。在一些国家，化学品安全技术说明书又被称为物质安全技术说明书（MSDS）。

SDS是化学品的供应商向下游用户传递化学品基本危害信息（包括运输、操作处置、贮存和应急行动信息）的一种载体。同时化学品安全技术说明书还可以向公共机构、服务机构和其他涉及该化学品的相关方传递上述信息。

SDS主要作用体现在：a. 是化学品安全生产、安全流通、安全使用的指导性文件；b. 是应急作业人员进行应急作业时的技术指南；c. 为危险化学品生产、处置、贮存和使用各环节制定安全操作规程提供技术信息；d. 为危害控制和预防措施的设计提供技术依据；e. 是企业安全教育的主要内容。

根据国家标准《化学品安全技术说明书编写指南》（GB/T 17519—2013）和《化学品安全技术说明书、内容和项目顺序》（GB/T 16483—2008）的要求，化学品安全技术说明书包括16大项的安全信息内容，具体项目如下。

① 化学品及企业标识　主要标明化学品中文名称和英文名称，供应商名称、地址、邮编、电话号码、传真和电子邮件地址，应急咨询电话，化学品的推荐用途和限制用途等信息。

② 危险性概述　主要包括紧急情况概述、危险性类别、标签要素（象形图、信号词、危险性说明、防范说明）、物理和化学危险、健康危害、环境危害、其他危害等信息。

③ 成分/组成信息　标明该化学品是物质还是混合物。物质应提供化学名或通用名、美国化学文摘登记号（CAS号）及其他标识符。混合物不必列明所有组分，如果按GHS《全球化学品统一分类和标签制度》标准被分类为危险的组分，且其含量等于或大于浓度限值，则应列出其名称、浓度或浓度范围。

④ 急救措施　按照吸入、皮肤接触、眼睛接触和食入的顺序，分别描述急救措施。简要说明接触化学品后可能出现的急性和迟发性效应，描述最重要的症状和健康影响。必要时，应就施救人员的自我保护提出建议。适当时，作为对医生的特别提示，应就迟发性效应的临床检查和医学监护、特殊解毒剂的使用及禁忌证等作出说明。

⑤ 消防措施　使用简洁的语言标明适用的灭火剂。注明不适用的灭火剂时，建议填写不适用的原因。应提供火场中化学品可能引起的特别危害方面的信息、灭火注意事项及防护措施。

⑥ 泄漏应急处理　包括人员防护措施、防护装备和应急处置程序，环境保护措施，泄漏化学品的收容、清除方法及所使用的处置材料，防止次生灾害发生的措施。

⑦ 操作处置与贮存　操作处置主要是就化学品安全处置的注意事项和措施提出建议，包括防止人员接触化学品的注意事项和措施，防火、防爆的注意事项和措施，局部或全面通风的必要性，防止产生气溶胶和粉尘的注意事项和措施，防止直接接触禁配物的特殊处置注意事项。同时还需写明一般卫生要求建议，例如禁止在工作场所进（饮）食，使用后洗手，进入餐饮区前脱掉污染的衣物和防护装备。

贮存应填写安全贮存条件（该化学品适合的和应避免的贮存条件）和包装材料（适合和不适合该化学品的包装材料）。

⑧ 接触控制和个体防护　列出物质或混合物组分的职业接触限值、生物限值。如有可能，提供职业接触限值和生物限值的监测方法，以及监测方法的来源。列明减少接触的工程控制方法，注明在什么情况下需要采取特殊工程控制措施，并说明工程控制措施的类型。根据化学品的危险特性和接触的可能性，提出推荐使用的个体防护设备，包括呼吸系统防护，眼、面防护，皮肤和身体防护，手防护。

⑨ 理化特性　主要为化学品外观及理化性质等方面的信息，包括 pH 值、沸点、熔点、相对密度、相对蒸气密度、饱和蒸气压、燃烧热、临界温度、临界压力、辛醇/水分配系数、闪点、引燃温度、爆炸极限、溶解性和其他一些特殊理化性质。必要时，应提供数据的测定方法和相关条件。

⑩ 稳定性和反应性　主要叙述化学品的稳定性和特定条件下可能发生的危险反应，包括稳定性、危险反应、应避免接触的条件、禁配物、危险的分解产物。

⑪ 毒理学资料　使用者接触化学品后产生的各种毒性作用（健康影响），包括急性毒性、皮肤刺激或腐蚀、眼睛刺激或腐蚀、呼吸或皮肤过敏、生殖细胞突变性、致癌性、生殖毒性、特异性靶器官系统毒性、吸入危害。还可提供毒代动力学、代谢和分布信息。

⑫ 生态学资料　该部分提供化学品的环境影响、环境行为和归宿方面的信息，如化学品在环境中的预期行为，可能对环境造成的影响/生态毒性，持久性和降解性，潜在的生物累积性，土壤中的迁移性。

⑬ 废弃处置　提供为安全和有利于环境保护而推荐的废弃处置方法方面的信息，具体说明处置化学品及容器的方法，说明影响废弃处置方案选择的废弃化学品的物理化学特性，说明焚烧或填埋废弃化学品时应采取的任何特殊防范措施。

应明确说明不得采用排放到下水道的方式处置废弃化学品。

⑭ 运输信息　提供国际运输规定的编号和分类信息，包括联合国危险货物编号（UN号）、联合国运输名称、联合国危险性分类、包装类别、海洋污染物（是/否）、运输注意事项等。

⑮ 法规信息　国家管理化学品的法律法规名称，提供基于这些法律法规管制该化学品的具体信息。

⑯ 其他信息　提供其他部分没有包括的，对于下游用户安全使用化学品有重要意义的其他任何信息。例如编写和修订信息，缩略语和首字母缩写，培训建议，参考文献和免责

声明。

二、危险化学品安全管理

1. 危险化学品生产管理

如果医药企业生产的最终产品或者中间产品被列入《危险化学品目录》，则该企业除了满足 GMP 要求获得药品生产许可证外，还需按照危险化学品生产企业的要求，取得危险化学品安全生产许可证（以下简称安全生产许可证）。未取得安全生产许可证的企业，不得从事危险化学品的生产活动。

企业满足了《危险化学品生产企业安全生产许可证实施办法》中规定的选址布局、厂房、场所及设备设施、劳动防护用品、重大危险源管理、安全生产机构及人员、规章制度、操作规程、有关人员等要求，方可申请危险化学品安全生产许可证。

未取得安全生产许可证，擅自进行危险化学品生产的，责令其停止生产危险化学品，没收违法所得，并处 10 万元以上 50 万元以下的罚款；构成犯罪的，依法追究刑事责任。

2. 危险化学品经营管理

国家对危险化学品经营（包括仓储经营，下同）实行许可制度。未经许可，任何单位和个人不得经营危险化学品。

从事危险化学品经营的企业应当具备下列条件。

① 有符合国家标准、行业标准的经营场所，贮存危险化学品的，还应当有符合国家标准、行业标准的贮存设施。

② 从业人员经过专业技术培训并经考核合格。

③ 有健全的安全管理规章制度。

④ 有专职安全管理人员。

⑤ 有符合国家规定的危险化学品事故应急预案和必要的应急救援器材、设备。

⑥ 具备法律、法规规定的其他条件。

3. 危险化学品使用管理

使用危险化学品的领域非常广泛，例如学校实验室需要使用乙醇、丙酮等危险化学品，公共泳池液氯消毒，居民用 84 消毒等，但这些情形中使用的危险化学品的种类和数量都较少。如果所有使用危险化学品的情形都纳入许可管理，显然是不合理的。所以《危险化学品安全使用许可证实施办法》规定：本办法适用于列入危险化学品安全使用许可适用行业目录、使用危险化学品从事生产并且达到危险化学品使用量的数量标准的化工企业（危险化学品生产企业除外）。化学药品原料药制造被列入了危险化学品安全使用许可适用行业目录。

企业未取得安全使用许可证，擅自使用危险化学品从事生产，且达到危险化学品使用量的数量标准规定的，责令其立即停止违法行为并限期改正，处 10 万元以上 20 万元以下的罚款；限期不改正的，责令停产整顿。

4. 危险化学品贮存管理

根据《常用化学危险品贮存通则》（GB 15603—1995）的规定，贮存危险化学品的基本安全要求如下。

① 贮存危险化学品必须遵照国家法律、法规和其他有关的规定。

② 危险化学品必须贮存在经公安部门批准设置的专门的危险化学品仓库中，经销部门自管仓库贮存危险化学品及贮存数量必须经公安部门批准。未经批准不得随意设置危险化学品贮存仓库。

③ 危险化学品露天堆放时，应符合防火、防爆的安全要求，爆炸物品、一级易燃物品、遇湿燃烧物品、剧毒物品不得露天堆放。

④ 贮存危险化学品的仓库必须配备具有专业知识的技术人员，其库房及场所应设专人管理，管理人员必须配备可靠的个人安全防护用品。

⑤ 贮存的化学危险品应有明显的标志，标志应符合《危险货物包装标志》（GB 190—2009）的规定。同一区域贮存两种或两种以上不同级别的危险品时，应按最高等级危险物品的性能标志。

⑥ 危险化学品贮存方式分为三种：隔离贮存、隔开贮存、分离贮存。

⑦ 根据危险化学品性能分区、分类、分库贮存。各类危险化学品不得与禁忌物料混合贮存。

⑧ 贮存危险化学品的建筑物、区域内严禁吸烟和使用明火。

危险化学品贮存场所、贮量的限制以及不同类别危险化学品的贮存应符合《常用化学危险品贮存通则》（GB 15603—1995）、《易燃易爆性商品储存养护技术条件》（GB 17914—2013）、《腐蚀性商品储存养护技术条件》（GB 17915—2013）、《毒害性商品储存养护技术条件》（GB 17916—2013）规定。

5. 危险化学品运输管理

危险化学品在运输中发生事故的情况较为常见。国家强化危险化学品运输管理，加强道路运输车辆的在线监控和预警，加快推动实施道路危险货物运输电子运单管理。

① 国家对危险化学品运输实行资质认定制度，未经资质认定的，不得运输危险化学品。危险化学品运输企业应当配备专职安全管理人员、驾驶人员、装卸管理人员和押运人员。

② 危险化学品托运人必须办理有关手续后方可运输；运输企业应当查验有关手续齐全有效后方可承运。

③ 托运危险化学品的，托运人应当向承运人说明所托运危险化学品的种类、数量、危险特性以及发生危险情况时的应急处置措施，并按照国家有关规定对所托运的危险化学品妥善包装，在外包装上设置相应的标志。需要添加抑制剂或者稳定剂的，托运人应当按照规定添加，并告知承运人相关注意事项；此外还应当提交与托运危险化学品完全一致的安全技术说明书和安全标签。

④ 危险货物装卸过程中，应当根据危险货物的性质轻装轻卸，堆码整齐，防止混杂、洒漏、破损，不得与普通货物混合堆放。

⑤ 危险品装卸前，应对车（船）搬运工具进行必要的通风和清扫，不得留有残渣，对装有剧毒物品的车（船），卸车（船）后必须洗刷干净。

⑥ 装运爆炸、易燃、毒害、腐蚀、放射性等物品时，必须使用符合安全要求的运输工具；禁忌物料不得混运，禁止用电瓶车、翻斗车、铲车、自行车等运输易爆炸物品。运输强氧化剂、爆炸品及用铁桶包装的一级易燃液体时，没有采取可靠的安全措施时，不得用铁底板车及汽车挂车；禁止用叉车、铲车、翻斗车搬运易燃、易爆液化气体等危险物品；在温度较高地区装运液化气体和易燃液体等危险物品时，要有防晒设施；放射性物品应用专用运输

搬运车和抬架搬运。装卸机械应按规定负荷降低25%的装卸量；遇水燃烧物品及有毒物品，禁止用小型机帆船、小木船和小水泥船承运。

⑦ 运输危险货物时应当配备必要的押运人员。保证危险货物处于押运人员的监管下；危险化学品运输车辆应当符合国家标准要求的安全技术条件，应当悬挂或者喷涂符合国家标准要求的警示标志。

⑧ 危险货物道路运输过程中，驾驶人员不得随意停车。不得在居民聚居点、行人稠密地段、政府机关、名胜古迹、风景游览区停车。如需在上述地区进行装卸作业或临时停车，应采取安全措施。运输爆炸物品，易燃、易爆化学物品以及剧毒、放射性等危险物品时，应事先报当地公安部门批准，按指定路线、时间、速度行驶。

⑨ 运输易燃、易爆危险货物的车辆排气管，应安装隔热和熄灭火星装置，并配装导静电橡胶拖地带装置。

⑩ 运输危险货物时应根据货物性质，采取相应的遮阳、控温、防爆、防静电、防火、防震、防水、防冻、防粉尘飞扬、防散漏等措施。

⑪ 禁止通过内河封闭水域运输剧毒化学品以及国家规定禁止通过内河运输的其他危险化学品。通过道路运输剧毒化学品的，托运人应当向运输始发地或者目的地的县级人民政府、公安机关申请剧毒化学品道路运输通行证。

⑫ 危险化学品道路运输企业、水路运输企业的驾驶人员、船员、装卸管理人员、押运人员、申报人员、集装箱现场检查员应当经交通运输主管部门考核合格获得从业资格。

6. 危险化学品包装管理

危险化学品包装不规范是引发危险化学品事故的重要原因。危险化学品的包装应当符合法律、行政法规、规章的规定以及国家标准、行业标准的要求。危险化学品包装物、容器的材质以及危险化学品包装的形式、规格、方法和单件质量（重量），应当与所包装危险化学品的性质和用途相适应。危险化学品包装物、容器的材质以及包装的形式、规格、方法和单件质量（重量）与所包装危险化学品的性质和用途不相适应的，由安全生产监督管理部门责令改正，可以处5万元以下的罚款；拒不改正的，处5万元以上10万元以下的罚款；情节严重的，责令停产停业整顿。

《危险货物包装标志》（GB 190—2009）规定了危险货物包装图示标志的分类图形、尺寸、颜色及使用方法。标志分为标记和标签，标记包括危害环境物质和物品标记、方向标记、高温运输标记；标签包括爆炸性物质或物品、易燃气体、非易燃无毒气体、毒性气体、易燃液体、易燃固体、易于自燃的物质、遇水放出易燃气体的物质、氧化性物质、有机过氧化物、毒性物质、感染性物质、一级放射性物质、二级放射性物质、三级放射性物质、裂变性物质、腐蚀性物质、杂项危险物质和物品。

《危险货物运输包装通用技术条件》（GB 12463—2009）规定了危险货物运输包装的基本要求、性能试验和检验方法等，也规定了包装容器的类型和标记代号。

《危险货物运输包装类别划分方法》（GB/T 15098—2008）规定了划分各类危险货物运输包装类别的方法。

7. 危险化学品废物管理

产生废弃危险化学品的单位应当依法向所在地县级以上地方环境保护部门申报废弃危险化学品的种类、品名、成分或组成、特性、产生量、流向、贮存、利用、处置情况、化学品安全技术说明书等信息。

禁止在危险化学品贮存区域内堆积可燃废弃物品。泄漏或渗漏危险化学品的包装容器应迅速移至安全区域。按危险化学品特性，用化学或物理的方法处理废弃物品。不得任意抛弃，污染环境。

(1) 固体废物的处置 使危险废物无害化，采用使它们变成高度不溶性物质的方法，也就是固化稳定化的方法。目前常用的固化稳定化方法有水泥固化、石灰固化、塑性材料固化、有机聚合物固化、凝胶固化、陶瓷固化。

(2) 爆炸性物品的销毁 凡确认不能使用的爆炸性物品，必须予以销毁，在销毁以前应向当地公安部门报告，选择适当的地点、时间及销毁方法。一般可采用以下4种方法：爆炸法、烧毁法、溶解法、化学分解法。

(3) 有机过氧化物废物处理 有机过氧化物是一种易燃易爆品，其废物应从作业场所清除并销毁。方法选择主要取决于该过氧化物的理化性质，以免发生意外事故。处理方法主要有分解烧毁、填埋。

8. 危险化学品重大危险源监管

重大危险源监管是预防危险化学品重大事故的重要措施。2011～2019年，全国化工企业共发生12起重特大事故，且都发生在重大危险源企业。重大危险源能量集中，风险等级高，潜在危险性大，是危险化学品安全风险防控和监督管理的重点。

《危险化学品重大危险源辨识》（GB 18218—2018）中对危险化学品重大危险源的定义为：长期地或临时地生产、储存、使用和经营危险化学品，且危险化学品的数量等于或者超过临界量的单元。临界量的确定、重大危险源的辨识和分级在《危险化学品重大危险源辨识》中有详细介绍，在此不再赘述。

国家规定危险化学品单位是本单位重大危险源安全管理的责任主体，应当对重大危险源进行安全评估并确定其等级。根据危险程度，重大危险源分为一级、二级、三级和四级，一级为最高级别。一级或者二级重大危险源，装备紧急停车系统。危险化学品单位应当按照《危险化学品重大危险源辨识》标准，对本单位的危险化学品生产、经营、贮存和使用装置、设施或者场所进行重大危险源辨识，并记录辨识过程与结果。危险化学品企业应当明确本企业每一处重大危险源的主要负责人、技术负责人和操作负责人，从总体管理、技术管理、操作管理三个层面对重大危险源实行安全包保责任制。危险化学品单位应当建立、完善重大危险源安全管理规章制度和安全操作规程，并采取有效措施保证其得到执行。

针对危险化学品重大危险源，安全生产监督管理部门通过抓"重点监管危险工艺"，来提升本质安全水平；通过抓"重点监管危险化学品"，来控制危险化学品事故总量；通过抓"重大危险源"，来遏制较大以上危险化学品事故，即"两重点一重大"。

危化品安全知识知多少

三、危险化学品事故应急救援

1. 危险化学品事故的类型

（1）**危险化学品火灾事故**　物质燃烧主要是危险化学品的火灾事故。由于大多数危险化学品在燃烧时会释放有毒气体或烟雾，因此危害化学品火灾事故中，人员伤亡的原因往往是中毒和窒息。

（2）**危险化学品爆炸事故**　危险化学品发生化学反应的爆炸或液化气和压缩气体的物理爆炸事故。

（3）**危险化学品中毒和吸入事故**　人体吸入、食入或接触有害化学品或者化学品反应的产物，而导致的中毒和窒息事故。

（4）**危险化学品灼伤事故**　腐蚀性危险化学品意外与人体接触，在短时间内即在人体接触表面发生化学反应，造成明显破坏的事故。

（5）**危险化学品泄漏事故**　危险化学品发生了一定规模的泄漏，虽未发展成为火灾、爆炸或中毒事故，但造成了严重的财产损失或环境污染等后果。

（6）**其他危险化学品事故**　不能归入以上5类的其他危险化学品事故。

> **知识链接**
>
> **危险化学品事故多米诺效应**
>
> 医药企业，尤其是化学药生产企业，从使用的原料到生产的产品大多数为易燃、易爆物质。同时，为实现操作优化，设备装置联动紧密，但从安全角度考虑，存在安全事故间互相影响，容易由连锁效应引发二次事故造成更大范围和更严重的危害后果。这就是事故的多米诺效应。在发生火灾、爆炸事故时，设备装置应进行事故多米诺效应分析，得出事故升级因素、多米诺效应发生的可能性，并提出相应的应急措施，以预防二次甚至三次事故的发生，防止周围的设备装置卷入事故中，降低人员伤亡和财产损失。

2. 危险化学品事故的特点

（1）**突发性强，不易控制**　危险化学品事故发生原因多且复杂，事先没有明显预兆，往往使人猝不及防，如果不能及时控制，则极易酿成灾难性事故。

（2）**后果惨重，经济损失巨大**　危险化学品事故如果不能及早控制，则极易酿成灾难性后果，造成惨重的人员伤亡和巨大的经济损失。

（3）**延时性**　危险化学品中毒有时在当时表现并不明显，而是在几个小时甚至几天以后才显现出来，甚至危及生命。

（4）**污染环境，破坏严重，且具有长期性**　一些危险化学品的事故现场彻底清理困难，导致残留物在较长时间内危害污染区生态环境。

（5）**救援难度大，专业性强**　救援现场情况复杂，存在高温、高压、有毒、剧毒等危险，同时受风向、能见度、空间等因素影响，使得侦察、救人、灭火、堵漏、洗消等难度加大，风险增加。

> **案件讨论**
> **天津港"8·12"危险品仓库特别重大火灾爆炸事故**
> 　　2015年8月12日，位于天津市滨海新区天津港的某危险品仓库发生特别重大火灾爆炸事故。事故造成165人遇难（参与救援处置的公安现役消防人员24人，天津港消防人员75人，公安民警11人，事故企业、周边企业员工和周边居民55人），8人失踪（天津港消防人员5人，周边企业员工、天津港消防人员家属3人），798人受伤住院治疗（伤情重及较重的58人、轻伤员740人）。
> 　　思考：危险化学品事故救援如何进行？

3. 危险化学品事故应急处置

在危险化学品事故现场，对人体可能造成的伤害为中毒、窒息、化学灼伤、烧伤、冻伤等。因此，人们应根据不同伤害情况，及时采用不同的应急救援方法。

应急救援工作，主要包括组织机构、人员、装备三方面，同时制订切实可行的工作制度，使救援的各项工作达到规范化管理。凡涉及危险化学品的医药企业均应建立好本单位的应急救援组织，明确救援执行部门和专用电话，制订救援协作网，提高应急救援行动中协同作战的效能，便于做好事故自救。

(1) 应急救援的准备

① 组织机构、人员准备　成立应急救援指挥中心，组织指挥事故应急救援工作。

成立应急救援专家组，对事故进行现场评估，对事故危害进行预测，为救援的决策提供依据和方案。

设立应急救护队，在事故发生后，能尽快赶赴事故现场，对伤员进行分类和急救处理，并及时向后方医院转送。

设立应急救援专业队，各救援队在做好自身防护的基础上，快速实施救援。侦检队应尽快测出事故的危害区域，监测危险化学品的性质及危害程度。工程救援队应尽快堵住毒源，做好毒物的清洁、消毒工作，并将伤员救出危险区域，组织群众撤离、疏散，以减少不必要的人员伤亡。

② 装备准备　准备工程抢险、堵漏等专业设备，急救器材和药品、防护用品、急救车辆、急救通信工具。

其中急救器材包括扩音话筒、照明工具、帐篷、雨具、安全区指示标志、急救医疗点及风向标、检伤分类标志、担架等。

急救药品包括肾上腺素、去甲肾上腺素、异丙肾上腺素、硝酸甘油等。

(2) 应急救援的实施　有条不紊地组织是实施应急救援的基本保证。在错综复杂的救援工作中，组织与实施的好坏直接关系到整个救援工作的成败。

① 接报与通知　准确了解事故性质和规模等初始信息，是决定启动应急救援的关键。接报是应急救援的第一步，对成功实施救援起重要作用。医药企业应建立接报与事故通报程序，明确报警电话、通知对象等内容。

接报人员接报后必须掌握以下情况：报告人姓名、单位部门和联系电话；事故发生的时间、地点、事故单位、事故原因、主要毒物、事故性质、危害波及范围和程度；对救援的要求等。

接报人员在掌握事故基本情况后，立即报告企业领导层，按照救援程序，派出救援队伍。

保持与救援队伍的联系，视事故发展情况，必要时派出后继梯队给予增援。

向上级有关部门报告。

② 设立现场救援指挥中心和医疗急救点　在危险化学品事故发生现场，人们应迅速根据扩散情况或火焰辐射热所涉及的范围划分控制区域（警戒区域），防止污染物扩散。控制区域边界应设置警示标志并有专人警戒，无关人员禁止进入。在事故早期，事故控制区域较难界定，其应随救援工作的逐步开展随时调整。同时视情况在一定距离范围内（一般在控制区域外）设立现场救援指挥中心和医疗急救点，位置宜在上风处，交通便利、畅通的区域，能保证水电供应，并有醒目标志，方便救援人员和伤员识别，悬挂的旗帜应用轻质面料制作，以便救援人员随时掌握现场风向。

③ 报到　各救援队向现场指挥部报到，接受任务，了解现场情况，统一实施救援工作。

④ 救援　进入现场的救援队按照各自职责和任务开展工作，尽力做到"快速、合理、高效"。

(3) 危险化学品事故的现场急救　所有参与现场救援的人员都应合理穿戴个人防护设备，从事故上风向进入现场。现场急救的注意事项如下。

① 进入污染区前，必须戴好防毒面罩，穿好防护服，并以2～3人为一组，集体行动，互相照应到达救援地点。

② 急救人员到达事故现场后评估基本情况，并向指挥中心报告，视情况请求增援。对伤员进行检伤分类，合理利用现场有限的医疗资源。将受伤人员小心地从危险环境转移到控制区域外。

③ 急救处理程序化，步骤如下：除去伤员污染衣物—冲洗—共性处理—个性处理—转送医院。在条件允许的情况下，洗消区域应当选择事故现场上风、上坡位置。

④ 处理污染物，要注意对伤员污染衣物的处理，防止发生继发性损害。

⑤ 带好通信联系工具，随时保持通信联系。

⑥ 所用的救援器材必须是防爆的。

⑦ 随时注意现场风向变化，做好自身防护。

模块六
危化品及有毒物质安全生产管理

项目二

有毒物质安全生产管理

知识目标
了解有毒物质毒性和职业中毒。
熟悉有毒物质对人体的危害和有毒物质的安全管理。
掌握有毒物质侵入人体的途径和有毒物质事故的紧急求助。

印度某聚合物公司苯乙烯泄漏事故

2020年5月7日,位于印度安得拉邦维沙卡帕特南市的某聚合物公司发生苯乙烯泄漏事故,造成13人死亡,5000余人不同程度地感到身体不适,部分出现眼睛灼热、呼吸困难等症状。初步了解,苯乙烯是这家工厂购买的原料,泄漏贮罐容量为2000吨,受新冠疫情影响,该装置已停工一个多月,正在准备开车,由于当地气温高,贮罐内的苯乙烯自聚放热,贮罐内温度持续升高,苯乙烯汽化排出。由于泄漏发生在凌晨,无人及时处置,加之当地无风,导致苯乙烯蒸气缓慢沿地面扩散至周边两千米的地方,使人员吸入中毒。外部安全防护距离不足,也是造成大量人员中毒的重要原因(工厂距离最近的居民区仅有250米)。

思考:如何才能做好医药企业有毒物质安全生产管理?

有毒物质安全生产管理是职业安全健康的重要内容,主要阐述医药企业药品生产中有毒物质的危害及其类型和防治。

有毒物质安全管理主要法律法规有《中华人民共和国职业病防治法》与《使用有毒物品作业场所劳动保护条例》。

一、有毒物质概述

凡进入人体后,能与机体组织发生化学或物理化学作用,破坏正常生理功能,引起机体暂时或长期病理状态的少量化学物质,称为有毒物质,即毒物。

在生产经营活动中,通常会生产或使用某些化学物质,它们发散并存在于工作环境的空气中,对劳动者的健康产生危害,这些化学物质称为生产性毒物。

1. 有毒物质侵入人体的途径

与药物吸收规律相似,有毒物质也可通过呼吸道、皮肤、消化道吸收进入人体。

(1) 呼吸道 凡是以气体、蒸气、雾、烟、粉尘形式存在的有毒物质,均可经呼吸道侵入体内。呼吸道吸入发生快,毒性大,大多数有毒物质都是由此途径进入人体的。与药物相似,有毒物质同样通过气管和肺泡进入体循环,并受以下因素影响。

① 粒径 有毒物质粒径大于 $5\mu m$ 时,其绝大部分被鼻腔和上呼吸道阻留,不易到达肺泡;粒径小于 $3\mu m$ 时,容易被肺泡吸收。

② 水溶性 水溶性较大的有毒物质易被上呼吸道吸收,一般不易到达肺泡;到达肺泡后,水溶性大的有毒物质,被肺泡吸收的速度更快。

③ 浓度 有毒物质在空气中的浓度越高,吸收越快。

(2) 皮肤

① 通过表皮屏障 有毒物质透过表皮屏障到达真皮,进而进入血液循环。脂溶性有毒物质经表皮吸收后,还需要有水溶性,才能被进一步扩散和吸收,所以水、脂皆溶的物质(如苯胺、硝基化合物)易被皮肤吸收。

② 通过毛囊、皮脂腺或汗腺 绕过表皮屏障,通过毛囊、皮脂腺或汗腺而被血液吸收,但该种形式只占 0.1%~1%,实际意义不大。

(3) 消化道 较少见,主要由个人习惯不良导致。手沾染有毒物质后,其随进食、饮水或吸烟等途径进入消化道;或误食,如将亚硝酸钠当食用盐使用而引起中毒。氰化物可在口腔中被黏膜吸收。

2. 有毒物质对人体的危害

(1) 刺激 一般受刺激的部位为皮肤、眼睛和呼吸系统。

具有刺激说明身体已与有毒物质有了相当的接触。有毒物质能引起不同程度的皮肤炎症;与眼睛接触,轻则导致轻微的、暂时的不适,如疼痛红肿,重则导致永久性的伤残;二氧化硫、氯气、石棉尘等有毒物质可引起气管炎。

(2) 过敏 某些有毒物质(如环氧树脂、胶类硬化剂)会引起皮肤、呼吸系统过敏,如出现皮疹或水疱等症状。症状不一定在接触的部位出现,也有可能在身体的其他部位出现。

呼吸系统过敏可引起职业性哮喘,包括咳嗽以及呼吸困难。某些有毒物质,如甲苯、聚氨酯、福尔马林等。

(3) 窒息

① 单纯窒息 在空间有限的工作场所,氧气被氮气、二氧化碳、甲烷、氢气、氦气等气体所替代,空气中氧浓度降到18%以下,致使机体组织供氧不足,进而引起头晕、恶心、调节功能紊乱等。缺氧严重时会导致昏迷,甚至死亡。

② 血液窒息 有毒物质影响机体传送氧的能力。典型物质是一氧化碳,空气中一氧化碳含量达到0.05%时即可导致血液携氧能力严重下降。

③ 细胞内窒息 有毒物质(如氰化氢、硫化氢)影响机体和氧结合的能力。

(4) 麻醉和昏迷 接触某些高浓度的化学品,如乙醇、丙醇、丙酮、丁酮、乙炔、烃类、乙醚、异丙醚等，会导致中枢神经抑制，也就是麻醉作用。一次性大量接触这些化学品可导致昏迷甚至死亡。

(5) 中毒

① 全身中毒　毒物被吸收后，通过血液循环分布到全身组织，导致全身中毒。

② 肝损伤　肝脏是人体重要的代谢器官。对肝脏有害的物质如酒精、氯仿、四氯化碳、三氯乙烯等。根据接触的剂量和频率，反复损害肝脏组织可能造成伤害并引起病变（肝硬化）以及损害肝脏的功能。

③ 肾损伤　不少生产性毒性危险化学品对肾有毒性，如汞、铅、铊、镉、四氯化碳、氯仿、六氟丙烯、二氯乙烷、溴甲烷、溴乙烷、碘乙烷等，尤以重金属和卤代烃最为突出。

④ 神经损伤　长期接触一些有机溶剂会导致疲劳、失眠、头痛、恶心，更严重的将导致运动神经障碍、瘫痪、感觉神经障碍。如神经末梢失能导致腕垂病，与接触己烷、锰和铅有关；接触有机磷酸盐化合物可能导致神经系统失去功能；接触二硫化碳，可引起精神紊乱（精神病）。

(6) 致癌　长期接触一定的化学物质可能引起细胞的无节制生长，形成恶性肿瘤。这些肿瘤可能在第一次接触某些化学物质的许多年以后才表现出来，潜伏期一般为4～40年。形成职业肿瘤的部位并不局限于接触区域。砷、石棉、铬、镍等物质可能导致肺癌；鼻腔癌和鼻窦癌是由铬、镍、木材、皮革粉尘等引起的；膀胱癌与接触联苯胺、萘胺、皮革粉尘等有关；皮肤癌与接触砷、煤焦油和石油产品等有关；接触氯乙烯单体可引起肝癌；接触苯可引起再生障碍性贫血等。

(7) 致畸　接触毒物可能对胎儿造成危害，干扰胎儿的正常发育。在怀孕的前三个月，胎儿的脑、心脏、胳膊和腿等重要器官正在发育，一些研究表明化学物质（如麻醉性气体、水银和有机溶剂）可能干扰正常的细胞分裂过程，从而导致胎儿畸形。

(8) 致突变　某些有毒物质对人遗传基因的影响可能导致后代发生异常，实验结果表明80%～85%的致癌化学物质对后代有影响。

(9) 致肺尘埃沉着病　肺尘埃沉着病是由于在肺的换气区域发生了小尘粒的沉积以及肺组织对这些沉积物的反应，肺尘埃沉着病患者肺的换气功能下降，在紧张活动时将产生呼吸短促症状，这种作用是不可逆的，人们一般很难在早期发现肺的变化。能引起肺尘埃沉着病的物质有石英晶体、石棉、滑石粉、煤粉和铍等。

有毒物质引起的中毒往往导致多器官、多系统的损害。如常见化学品铅，可引起神经系统、消化系统、造血系统及肾脏损害；三硝基甲苯中毒可出现白内障、中毒性肝病、贫血、高铁血红蛋白血症等。同一种有毒物质引起的急性和慢性中毒，其损害的器官及表现也有很大差别。例如，苯急性中毒主要表现为对中枢神经系统的麻醉作用，而慢性中毒主要为对造血系统的损害。

3. 有毒物质毒性

毒性是有毒物质剂量与毒性反应之间的关系，毒性大小可以用引起某种毒性反应的剂量来表示。在引起同等效应的前提下，剂量越小，表明有毒物质的毒性越大。例如人体摄入80mg的氯化钠时对人体无损害，摄入80mg的氰化钠有死亡危险，这表明氰化钠的毒性较大。

影响毒性作用的因素如下。

(1) 化学结构 毒物的化学结构对其毒性有直接影响。在各类有机非电解质中，毒性大小依次为芳烃＞醇＞酮＞环烃＞脂肪烃。再如，同类有机化合物卤族元素取代氢时，毒性增加。

(2) 物理特性 毒物的溶解度、分解度、挥发性等与其毒性作用具有密切关系。毒物在水中的溶解度越大，其毒性越大；分解度越大，不仅毒物化学活性越强，而且越易进到呼吸道的深层部位而增强毒性作用；挥发性越大，危害性越大。一般，毒物沸点与空气中的毒物浓度和危害程度成反比。

(3) 毒物剂量 进入人体内的毒物需要达到一定剂量才会引起中毒。在生产条件下，毒性与毒物在工作场所空气中的浓度和接触时间有密切关系。

> **知识链接**
>
> **毒性评价指标**
>
> 半数致死剂量（median lethal dose，LD_{50}）表示在规定时间内，通过指定感染途径，使一定体重或年龄的某种动物半数死亡所需最小细菌数或毒素量。LD_{50}是描述物质（药物或毒物）毒性程度的常用指标，其数值越大，说明物质越安全。它是急性毒性分级的依据，按动物染毒试验资料LD_{50}值可将毒物分为剧毒、高毒、中等毒、低毒、微毒。与LD_{50}类似的指标还有绝对致死剂量LD_{100}、最小致死剂量MLD、最大耐受量LD_0等。
>
> 根据《职业性接触毒物危害程度分级》（GBZ 230—2010），有毒物质的危害程度可分为轻度危害、中度危害、高度危害和极度危害四个级别。其分级是通过多项指标加权，计算毒物指数积分值，来判断毒物危害程度的。

(4) 毒物联合作用 在生产环境中，毒物往往不是单独存在的，而是与其他毒物共存，可对人体产生联合毒性作用，表现为相加作用、相乘作用、拮抗作用。

(5) 生产环境与劳动条件 生产环境的温度、湿度、气压、气流等能影响毒物的毒性作用。高温可促进毒物挥发，增加人体吸收毒物的速度；高湿可促使某些毒物（如氯化氢、氟化氢）的毒性增加，高气压可使毒物在体液中的溶解度增加；劳动强度增大时人体对毒物更敏感，或吸收量加大。

(6) 个体状态 接触同一剂量的毒物时，不同个体的反应迥然不同。引起这种差异的个体因素包括健康状况、年龄、性别、营养、生活习惯和对毒物的敏感性等。一般，未成年人和生理变动期（经期、孕期、哺乳期）的妇女对某些毒物的敏感性较高。烟酒嗜好往往会增加毒物的毒性作用。遗传缺陷或遗传疾病等遗传因素，也会导致个体对某些化学物质更为敏感。

4. 职业中毒

劳动者在生产过程中过量接触生产性毒物引起的中毒，称为职业中毒。

(1) 职业中毒的类型 由侵入人体的生产性毒物引起的职业中毒，按发病过程可分为如下三种类型。

① 急性中毒 由毒物一次或短时间内大量进入人体所致。多数由生产事故或违反操作规程所引起。

② 慢性中毒 由小剂量毒物长期进入机体所致。绝大多数是由蓄积作用的毒物引起的。

③ 亚急性中毒 介于以上两者之间，在短时间内有较大量毒物进入人体所产生的中毒现象。

接触工业毒物后，无中毒症状和体征，但实验室检查时体内毒物或其代谢产物超过正常值的状态称为带毒状态，如铅吸收带毒状态等。

(2) 职业接触生产性毒物的机会

① 正常生产过程 在生产性毒物的生产过程中，很多生产工序和操作岗位可接触到毒物。如到装置内取样，样品可挥发、溢出；在罐顶检查贮罐贮存量，进入装置设备巡检，清釜，清罐，加料，包装，贮运和对原材料、半成品、成品进行质量检验分析时，均可接触到有关的化学毒物；装置排污、污水处理和设备泄漏等作业时接触毒物的机会更多。

② 检修与抢修 生产过程中，工艺设备复杂，需要定期进行检修，发生事故时也需要立即进行抢修。如进入塔、釜、罐检修，对设备进行吹扫置换时，其会释放出有毒气体。

③ 意外事故 许多生产过程具有高温、高压，易燃、易爆，有毒、有害因素多的特点，一旦发生意外事故，往往造成大量毒物泄漏，增加人员接触毒物的机会。

(3) 接触限值 劳动者在职业活动过程中长期反复接触某种或多种职业性有害因素，不会引起绝大多数接触者不良健康效应的容许接触水平，称为职业接触限值（OELs）。工作场所化学有害因素 OELs 是基于科学性和可行性制定的工作场所职业病危害控制指南，是健康劳动者在特定时间内容许接触某种浓度的危害物且风险很小的容许剂量，所规定的限值不能理解为安全与不安全的精确界限。即使接触水平在容许浓度以下，也有可能出现不适，使当前健康异常状况进一步恶化，或者不能防止职业病发生等情况。因此，在观察到劳动者出现某些健康异常时，不能以超过 OELs 作为职业病诊断与鉴定的唯一依据。企业应对生产过程中的职业危害因素妥善控制，防止职业病的发生。

《工作场所有害因素职业接触限值 第1部分：化学有害因素》（GBZ 2.1—2019）规定了工作场所空气中化学有害的因素职业接触限值和临界不良健康效应。

化学有害因素的职业接触限值分为时间加权平均容许浓度（PC-TWA）、短时间接触容许浓度（PC-STEL）和最高容许浓度（MAC）三类。时间加权平均容许浓度是指以时间为权数规定的 8h 工作日、40h 工作周的平均容许接触浓度。短时间接触容许浓度指在实际测得的 8h 工作日、40h 工作周平均接触浓度遵守 PC-TWA 的前提下，容许劳动者短时间（15min）接触的加权平均浓度。最高容许浓度指的是在一个工作日内、任何时间、工作地点的化学有害因素均不应超过的浓度。

表 6-1 列举了几种工作场所空气中化学有害因素职业接触限值。

表 6-1 工作场所空气中化学有害因素职业接触限值

序号	中文名	英文名	化学文摘号（CAS号）	OELs/(mg/m³)			临界不良健康效应	备注
				MAC	PC-TWA	PC-STEL		
1	氨	Ammonia	7664-41-7	—	20	30	眼和上呼吸道刺激	—
2	苯	Benzene	71-43-2	—	6	10	头晕、头痛、意识障碍，全血细胞减少，再障，白血病	皮 G1

续表

序号	中文名	英文名	化学文摘号（CAS号）	OELs/(mg/m³) MAC	OELs/(mg/m³) PC-TWA	OELs/(mg/m³) PC-STEL	临界不良健康效应	备注
3	苯胺	Aniline	62-53-3	—	3	—	高铁血红蛋白血症	皮
4	丙酮	Acetone	67-64-1	—	300	450	呼吸道和眼刺激；麻醉；中枢神经系统损害	—
5	臭氧	Ozone	10028-15-6	0.3	—	—	刺激	—
6	甲醇	Methanol	67-56-1	—	25	50	明显的麻醉作用和眼、上呼吸道刺激；眼损害	皮
7	甲醛	Formaldehyde	50-00-0	0.5	—	—	上呼吸道和眼刺激	敏，G1
8	氮氧化物（一氧化氮和二氧化氮）	Nitrogenoxides (Nitric oxide, Nitrogen dioxide)	10102-43-9；10102-44-0	—	5	10	呼吸道刺激	—
9	乙醚	Ethyl ether	60-29-7	—	300	500	中枢神经系统损害，上呼吸道刺激	—
10	乙酸	Acetic acid	64-19-7	—	10	20	上呼吸道和眼刺激；肺功能	—
11	异丙醇	Isopropyl alcohol (IPA)	67-63-0	—	350	700	眼和上呼吸道刺激 中枢神经系统损害	—

注："敏"指致敏作用；"G1"指对人致癌；"皮"指即使该化学有害因素的空气浓度≤PC-TWA值，劳动者仍有可能通过皮肤接触而引起对这些物质过量的接触。

二、有毒物质安全管理

有毒物质安全管理重在预防，减少有毒物质的来源、使用和含量，通过认知有毒物质的危害性并采取有效的防治措施，减少和消除危害。控制、预防有毒物质危害最理想的方法是完全不使用有毒物质，但医药企业涉及的物料种类较多，有相当一部分具有一定毒性。通常的做法是选用无毒或低毒的物质替代已有的有毒物质。如果因为技术和经济等方面，不可避免地要生产、使用有毒物质，可通过改革工艺路线，优化工艺条件等措施尽可能地消除或降低危害。除此以外，还有以下几类措施：

1. 隔离与通风

通过封闭、设置屏障等措施，避免作业人员直接暴露于有害环境中。例如将生产设备完全封闭起来，使室内呈负压状态，工人在操作中不接触有毒物质；或把生产设备与操作室隔开，操作者在呈正压的密闭空间隔离操作。

通风是控制作业场所中有毒气体、蒸汽或粉尘最有效的措施之一。有效的通风，使作业场所空气中有毒气体、蒸汽或粉尘的浓度低于规定浓度，保证操作者的身体健康，防止火灾、爆炸事故的发生。要正确设置通风口的位置，选择合理的通风方式。散发有毒气体的空气不可再循环使用。设计通风系统时要充分考虑医药企业涉及物料种类多、风险大、物性差异大、防范措施复杂、排风风量大的特点，同时满足环保排放要求。

医药企业根据 GMP 中关于洁净程度的要求，可通过隔离、通风措施将洁净程度控制与有毒物质控制有机结合起来，实现药品与人员的"双安全"。

2. 个人防护措施

制药业正朝着机械化、自动化、连续化的方向变革，其不仅使人员劳动强度降低，生产效率提高，还可减少操作者与有毒物质的接触机会，减少中毒事故的发生。医药企业员工除了养成良好的卫生习惯外，还可以通过使用防护用品减少与有毒物质的接触。从有毒物质侵入人体的途径分析，防护用品应防止其从呼吸道、暴露部位、消化道等侵入人体。如前所述，有毒物质进入人体最重要的途径是从呼吸道侵入，因此这里主要介绍防毒呼吸用品。

防毒呼吸用品按防护原理主要分为两大类，过滤式防毒呼吸用品和隔离式防毒呼吸用品。

(1) 过滤式防毒呼吸用品

① 原理　含有有毒物质的空气经与滤毒罐中的试剂反应，滤除其中的有毒物质，使不含有毒物质的空气进入呼吸道。

② 结构　防毒口罩由滤毒罐（盒）直接与面罩相连。防毒面具是由面罩、滤毒药罐和连接两者的蛇形软管组成的，分为全面罩和半面罩。全面罩有头罩式和头戴式两种，头罩式应能遮住眼、鼻和口；半面罩应能遮住鼻和口。

③ 使用范围　作业环境空气中含氧量不低于 18%，温度为 $-30\sim 45$℃，并且有毒物质性质明确，空气中毒尘浓度符合相应规定，一般不能在罐、槽等狭小、密闭容器中使用。

④ 注意事项　必须根据有毒物质的性质选择匹配的滤毒罐。

(2) 隔离式防毒呼吸用品

① 原理　隔离式防毒呼吸用品将呼吸道与含有毒物质的空气环境完全隔离，由专门渠道供应新鲜空气或氧气，也称供气式防毒呼吸用品。

② 结构

a. 送风式防毒呼吸用品由面罩和用以通入新鲜空气的蛇管连接组成，如电动送风式长管呼吸器。蛇管远端置于远离作业场所的新鲜空气处，人工吸入新鲜空气或用鼓风机送入新鲜空气。

b. 供氧式防毒呼吸用品罐内盛压缩氧气或空气。盛氧气的氧气呼吸器又分为开路式和闭路式两种，开路式呼出的气体经呼吸阀直接排入大气，而闭路式呼出的气体不排入周围大气，而在系统内循环。

c. 生氧式防毒呼吸用品罐内盛过氧化物（过氧化钠、过氧化钾等），以少量铜盐作催化剂，借呼出的水蒸气及二氧化碳发生化学反应产生氧气。

③ 使用范围　特别适用于空气中有毒物质浓度很高或含氧量在 18% 以下的作业场所；也适合情况不明，有生命危险的作业场所，一般不受环境条件限制。

④ 防毒呼吸用品的选用原则

a. 有害环境的甄别：如果有害环境性质不明，为了最大限度地保护人员安全，应选择配备和使用全面罩正压携气式呼吸防护装置，或在配备适合的辅助逃生型呼吸防护用品的前提下，配全面罩或密合型头罩的正压式呼吸防护用品。

b. 危险程度的判断：空气中有毒物质浓度超过限度时，应选择防毒呼吸用品。

防毒呼吸用品选用具体见表 6-2。

表 6-2　防毒呼吸用品选用表

种类			使用范围
过滤式	全面罩式	头罩式	有毒物质浓度低，一般不高于1%。具体选择按照《呼吸防护自吸过滤式防毒面具》（GB 2890—2009）
		面罩式 导管式	
		直接式	
	半面罩式	双罐式	
		单罐式	
		简易式	
隔离式	自给式	供氧式 氧气呼吸器	有毒物质浓度高，毒性不明或缺氧的可移动作业
		空气呼吸器	
		生氧式 生氧面具	
		自救器	短暂时间事故自救用
	输入式	送风长管式 电动式	有毒物质浓度高或缺氧的固定作业
		人工式	
		自吸长管式	有毒物质浓度高或缺氧的固定作业，导管<10m，管内径>18mm

3. 严格控制过程操作

医药企业生产过程应严格控制投料。对可能造成中毒、窒息、爆炸事故的关键因素（如投料比、催化剂、投料顺序等）须制订相应的管理和技术措施。尤其是连续化、危险程度高的生产，投料比一定要准确，并适当减少开、停车次数。

如果生产过程涉及有害杂质或副反应，要防止有害物质的滞留和蓄积，及时对反应器或管路进行清洗或置换。例如在食盐水电解过程中，如果水含量过多，会产生有毒的三氯化氮，氯气加压液化时，会逐渐积聚，达到一定浓度时有中毒和爆炸风险。

搬运物料时要轻装轻卸，防止物料振动、撞击、摩擦，注意包装和容器的完整性，避免泄漏。

4. 规范特殊作业

有毒物质事故往往与特殊作业密切相关。企业应建立并不断完善危险作业许可制度，规范动火、进入受限空间、动土、临时用电、高处作业、断路、吊装、抽堵盲板等特殊作业的安全条件和审批程序；实施特殊作业前，必须办理审批手续。

特殊作业现场管理应规范：作业人员应持作业票证作业，劳动防护用品佩戴符合要求，无违章行为；监护人员应坚守岗位，持作业票证监护；作业过程中，管理人员要进行现场监督检查；现场的设备、工器具应符合要求，设置警戒线与警示标志，配备消防设施与应急用品、器材等。特殊作业票证内容设置应符合《化学品生产单位特殊作业安全规范》（GB 30871—2014）。

(1) 动火作业　指的是直接或间接产生明火的工艺设备以外的禁火区内可能产生火焰、火花或炽热表面的非常规作业，如使用电焊、气焊（割）、喷灯、电钻、砂轮、切割等进行的作业。

国家安全生产监督管理部门规定了动火作业六大禁令。动火许可证未经批准，禁止动火；不与生产系统可靠隔绝，禁止动火；不清洗，置换不合格，禁止动火；不消除周围易燃物，禁止动火；不按时作动火分析，禁止动火；没有消防设施，禁止动火。

> **案例　　　　　　　　　受限空间中毒和窒息事故**
>
> 2020年3月12日，天津市某制药有限公司发生中毒和窒息事故，一名工人在进入合成氢化可的松车间不锈钢水解釜内拿取取样器时晕倒，后另一人进入釜内施救时也晕倒，两人经抢救无效死亡。
>
> 经初步调查分析，事故直接原因是工作人员在未实行作业审批的情况下进入受限空间作业，且未进行氧气含量检测，导致发生中毒和窒息事故。

（2）受限空间作业　受限空间指的是进出口受限，通风不良，可能存在易燃易爆、有毒有害物质或缺氧情况，对进入人员的身体健康和生命安全构成威胁的封闭、半封闭设施及场所。

受限空间作业存在着中毒、窒息、爆炸、火灾等事故风险，尤以中毒和窒息事故常见。

受限空间作业前要开展安全分析，找出可能存在的危险，提出合理的预防措施；监护人员应具备足够的相关作业经验并受过特定的培训，在作业开展过程中不能离开；检查设备必要的机械隔离和电隔离，确保设备操作安全；检查可能进入受限空间的物质隔离，并确保隔离的有效性；进入前清空可能残留的有毒/有害物质；检查进出口尺寸，尺寸应方便作业人员穿戴必要的防护用品进出，并在紧急情况下可以逃离；根据受限空间特点和作业类型，采取合理的通风方式，如机械通风；监测氧、可燃气体和有毒气体含量，必要时可采取持续监测；受限空间内照明布置合理，根据需要采取防爆型工具设备或其他特殊设备（如呼吸器等）。

三、有毒物质事故应急救援

除了教材其他模块涉及的事故应急救援内容外，针对有毒物质事故，还应注意以下几点。

1. 有毒物质泄漏控制

有毒物质泄漏时，容易发生中毒事故或转化为火灾爆炸事故。因此泄漏处理要及时、得当，避免重大事故的发生。

要想成功地控制有毒物质的泄漏，必须事先进行计划，并且对毒物的物理、化学性质和反应特性有充分的了解。泄漏事故控制一般分为泄漏源控制和泄漏物处置两部分。

（1）泄漏源控制　通过关闭有关阀门、停止作业或通过采取改变工艺流程、物料走副线、局部停车、打循环、减负荷运行等方法，利用截止阀切断泄漏源，在线堵漏减少泄漏量或利用备用装置使其安全释放。

容器发生泄漏后，应采取措施修补和堵塞裂口，防止有毒物质的进一步泄漏。能否成功地进行堵漏取决于以下几个因素：接近泄漏点的危险程度、泄漏孔的尺寸、泄漏点处实际的或潜在的压力、泄漏物质的特性。

（2）泄漏物处置　泄漏被控制后，要及时对现场泄漏物进行覆盖、收容、稀释、处理，使泄漏物得到安全、可靠的处置，防止二次事故的发生。地面上泄漏物的处置应根据化学品特性，采用合适的方法。

① 如果有毒物质为液体，泄漏到地面上时会四处蔓延、扩散，难以收集处理。因此需要筑堤堵截或者将其引流到安全地点。贮罐区发生液体泄漏时，要及时关闭围堰雨水阀，防止物料外流。

② 对于液体泄漏，为降低物料向大气蒸发的速度，可用泡沫或其他覆盖物品覆盖外泄的物料，在其表面形成覆盖层，抑制其蒸发；或者采用低温冷却的方法降低泄漏物的蒸发。

③ 大型液体泄漏时，可选择用隔膜泵将泄漏出的物料抽入容器或槽车内；当泄漏量小时，可用沙子、吸附材料、中和材料等吸附、中和，或者用固化法处理泄漏物。

④ 为减少大气污染，通常采用水枪或消防水带向有毒物质蒸汽云喷射雾状水，加速气体向高空的扩散，使其安全地带扩散。在使用上述技术时，将产生大量的被污染水，因此应做好污水收集工作。对于可燃物，也可以在现场施放大量水蒸气或氮气，破坏燃烧条件。

⑤ 将收集的泄漏物运至废物处理场所处置，用消防水冲洗剩下的少量物料，冲洗水排入含油污水系统处理。

(3) 泄漏处理注意事项如下

① 进入现场人员必须配备必要的个人防护器具。

② 如果泄漏有毒物质是易燃、易爆的，则应严禁火种，扑灭任何明火及任何其他形式的热源和火源，以降低发生火灾、爆炸的危险性。

③ 应急处理时严禁单独行动，要有监护人，必要时用水枪、水炮掩护。

④ 应从上风、上坡处接近现场，严禁盲目进入。

2. 有毒物质污染处理

医药企业的有毒物质可能是药品终产品、生产过程中涉及的原辅料，也有可能是检验和消毒物品，涉及试验动物的企业，还应注意动物源头类型的污染。

由于有毒物质种类多，性质差异大，要根据具体有害物质的化学性质和物理性质，以及作业条件等具体情况分别采用不同的方法。例如，可用有一定压力的水进行喷射冲洗，热水冲洗，蒸汽熏蒸；用药物进行中和、氧化或还原。对不易冲洗的、黏稠状的污染物，可用沙土搓和铲除。渗透性污染物，经洗刷后再用蒸汽促其蒸发，以清除污染。常见的有毒物质污染处理方法主要有冷凝法、吸附法、燃烧法和吸收法。

(1) 冷凝法 是利用不同物质在同一温度下具有不同的饱和蒸气压，以及同一物质在不同温度下具有不同的饱和蒸气压的特性，将混合物冷却，使其中有毒气体液化，从而使其分离的方法。这种方法适用于高浓度的有毒气体。冷凝法的关键是控制冷却温度，冷却温度越低，污染处理的能力越强。但冷凝法适用范围较窄，往往用作其他方法的前处理。

(2) 吸附法 不同物质接触时，一种物质吸附在另一种物质上的现象称为吸附。具有吸附能力的物质称为吸附剂，被吸附的物质称为吸附质。吸附过程利用吸附质气相分子和吸附剂表面分子的吸引力，使吸附质气相分子被吸附在吸附剂表面上。吸附法适用于低浓度分子状态的有毒物质，特别适用于溶剂蒸气的净化和回收。如采用活性炭吸附法去除甲醛，活性炭有复杂的孔隙和巨大的比表面积，是最常用的吸附剂，尤其常应用在水污染和空气污染处理方面。

（3）燃烧法 是处理有机污染物的重要方法。催化燃烧法可以利用催化剂在较低温度下将有机有毒气体转化为二氧化碳和水。热力燃烧法则是将可燃有机毒气通过管路导入燃烧炉，使可燃组分燃烧氧化成二氧化碳和水，并产生热量。

（4）吸收法 该法的原理是利用吸收剂与污染物接触，将有毒有害物质组分溶解或吸收于吸收剂中。在吸收过程中，被吸收的物质称为吸收质，吸收用的试剂称为吸收剂。例如硫酸二甲酯的处理，即先将氨水洒在污染处进行中和，也可用漂白粉或5倍水浸湿污染处，再用碱水浸湿，最后用热水和冷水各冲洗一次。污染物苯胺，可用稀盐酸或稀硫酸溶液浸湿污染处，再用水冲洗。因为苯胺呈碱性，能与盐酸或硫酸反应生成盐酸盐、硫酸盐。

3. 急性中毒的现场抢救

对于急性中毒事故来说，救援人员对事故原因、泄漏毒物的品种和数量、受到毒物影响的人数以及现场处理情况的了解程度对于现场抢救事关重要，尽快明确中毒诊断可大大减少人员及环境损害，但如果一时不能确诊，应密切观察患者病情，给予必要对症治疗，防止病情恶化。

（1）救护者现场准备 急性中毒发生时，有毒物质大多是由呼吸系统或皮肤进入体内。因此，救护人员在救护之前应做好自身呼吸系统、皮肤的防护。如穿好防护衣，佩戴供氧式防毒面具或氧气呼吸器。否则，不但中毒者不能获救，救护者也会中毒，使中毒事故扩大。

（2）切断有毒物质来源 救护人员进入现场后，除对中毒者进行抢救外，还应认真查看，并采取有力措施以切断有毒物质来源，如关闭泄漏管道阀门、堵塞设备泄漏处、停止输送物料等。对于已经泄漏出来的有毒气体或蒸汽，应迅速启动通风排毒设施或打开门窗，或者进行中和处理，降低有毒物质在空气中的浓度，为抢救工作创造有利条件。

（3）一般急救措施 救护人员应迅速将中毒者移至空气新鲜、通风良好的地方。在抢救抬运过程中，不能强拖硬拉以防造成外伤，使病情加重，应松开患者衣服、腰带并使其仰卧，以保持呼吸道通畅，注意保暖和保持安静。

迅速脱去被有毒物质污染的衣服、鞋袜、手套等，并用大量清水或解毒液彻底清洗被有毒物质污染的皮肤。要注意防止清洗剂促进有毒物质的吸收，以及清洗剂本身所致的呼吸中毒。对于黏稠性有毒物质，可以用大量肥皂水冲洗（敌百虫不能用碱性液冲洗），尤其要注意皮肤褶皱、毛发和指甲内的污染。对于水溶性有毒物质，应先用棉絮、干布擦掉，再用清水冲洗。有毒物质进入眼睛时，用大量流水冲洗15min以上，让伤者眼睛向各方向缓慢转动。

若有毒物质经口引起急性中毒，对于非腐蚀性有毒物质，应迅速用1/5000的高锰酸钾溶液或1%~2%的碳酸氢钠溶液洗胃，然后用硫酸镁溶液导泻。对于腐蚀性毒性危险化学品，一般不宜洗胃，可用蛋清、牛奶或氢氧化铝凝胶灌服，以保护胃黏膜。

（4）其他急救措施 令中毒患者呼吸氧气。若患者呼吸停止或心搏骤停，应立即施行人工呼吸或心肺复苏术，合并外伤的及时包扎、止血、固定。及时采取解毒措施，如依地酸二钠钙驱铅疗法、葡萄糖醛酸增加苯的代谢。在采取现场抢救措施的同时，应准备车辆或担架，以便将中毒者及时送往医院救治。

知识导图

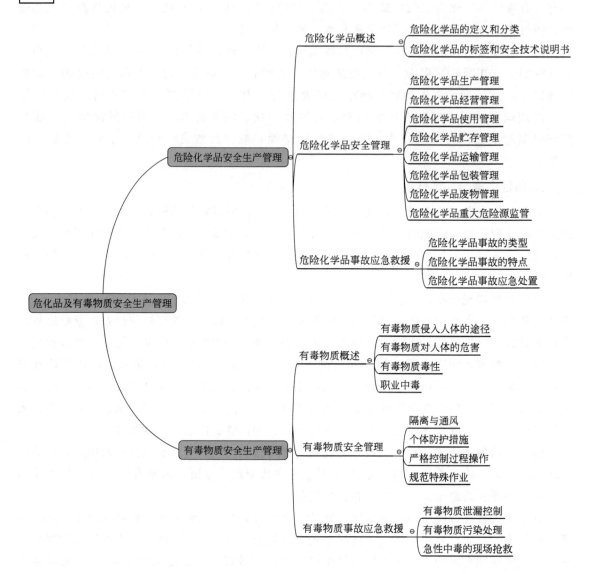

目标检测

一、A 型题（最佳选择题）

1. 危险化学品按其危险性划分可分为（　　）类。
   A. 3　　　　　　B. 4　　　　　　C. 5　　　　　　D. 6
2. 属于化学品安全标签信号词的是（　　）。
   A. 小心　　　　B. 警告　　　　C. 警惕　　　　D. 注意
3. 丙酮的理化危险特性表现为（　　）。
   A. 易燃性　　　B. 刺激性　　　C. 腐蚀性　　　D. 助燃性
4. 浓硫酸的理化危险特性表现为（　　）。
   A. 有毒　　　　B. 易爆　　　　C. 腐蚀性　　　D. 刺激性
5. 危险性象形图的菱形框应为（　　）。
   A. 白色　　　　B. 红色　　　　C. 黄色　　　　D. 黑色
6. 下列关于危险化学品的安全标签中，描述正确的是（　　）。
   A. 信号词位于化学品名称的上方　　　B. 混合物应标出全部组分
   C. 名称可以使用商品名　　　　　　　D. 危险性说明居信号词下方
7. 下列关于危险化学品事故应急处置中，说法错误的是（　　）。
   A. 所用的救援器材必须是防爆的
   B. 控制区域边界应设置警示标志并有专人警戒
   C. 组织群众撤离、疏散
   D. 为争取时间，个人独自进行救援
8. 危险化学品管理中不需要行政许可的环节是（　　）。
   A. 生产　　　　B. 经营　　　　C. 使用　　　　D. 运输
9. 作业环境空气中氧含量不低于（　　）。
   A. 10%　　　　B. 18%　　　　C. 25%　　　　D. 30%
10. 有害环境性质不明时，应采用（　　）。
    A. 过滤式面罩　　　　　　　　　　B. 普通口罩
    C. 氧气呼吸器　　　　　　　　　　D. 送风长管式呼吸器

二、X 型题（多项选择题）

1. 危险化学品登记包括下列（　　）。
   A. 物理、化学性质　　B. 危险特性　　C. 主要用途
   D. 企业地址　　　　　E. 企业负责人
2. "一书一签"指的是危险化学品生产企业应提供（　　）。
   A. 安全标志　　　　　B. 安全标签　　C. 安全技术说明书
   D. 安全标记　　　　　E. 安全指南
3. 危险化学品事故包括（　　）。
   A. 危险化学品火灾事故　　　　　　B. 危险化学品爆炸事故
   C. 危险化学品中毒和吸入事故　　　D. 危险化学品灼伤事故
   E. 危险化学品泄漏事故

4. 危险化学品事故的特性包括（　　）。
A. 突发性强　　　　B. 经济损失巨大　　　C. 长期性
D. 延时性　　　　　E. 救援难度小

5. 有毒物质侵入人体的途径包括（　　）。
A. 皮肤　　　　　　B. 消化道　　　　　　C. 泌尿系统
D. 免疫系统　　　　E. 呼吸道

6. 职业中毒的类型包括（　　）。
A. 急性中毒　　　　B. 亚急性中毒　　　　C. 亚慢性中毒
D. 慢性中毒　　　　E. 长期中毒

7. 影响有毒物质毒性的因素有（　　）。
A. 化学结构　　　　B. 物理特性　　　　　C. 毒物剂量
D. 毒物联合作用　　E. 个体状态

8. 关于有毒物质的说法，正确的是（　　）。
A. 大多数有毒物质都是由呼吸道进入人体的
B. 脂溶性大的有毒物质易被皮肤吸收
C. 一氧化碳引起窒息的原理是细胞内窒息
D. 有毒物质引起的中毒往往是多器官、多系统的损害
E. 有毒进入人体内一定会引起中毒

三、思考题

1. 选择一种危险化学品，设计并制作其安全标签。
2. 简述危险化学品事故的特点。
3. 简述危险化学品事故应急处置流程。
4. 简述有毒物质对人体的危害。
5. 简述影响有毒物质毒性作用的因素。
6. 简述职业接触生产性毒物的机会。
7. 简述防毒呼吸用品的选用原则。

实训项目六

有毒物质中毒应急救援演练

【实训目的】

① 增强预防突发事故的意识，培养中毒事故发生时的救援能力。

② 学会呼吸防护用品（防毒呼吸用品）的正确选择、佩戴，使用注意事项，维护和保养的方法。

【实训条件】

1. 实训场地

实验实训中心及校园空地。

2. 实训材料

担架、急救医疗箱、警戒标志、背负式正压呼吸防护器、过滤式空气呼吸器等。

【实训内容】

1. 实训准备

(1) 演练人员 全班同学，分别扮演作业人员、安全员、应急救援指挥中心人员、应急救护队、应急救援专业队、事故调查组、警戒组、后勤保障组等角色。

(2) 演练情景 某制药公司化学原料药合成车间工人在正常作业过程中发生不明气体中毒事故，该车间及公司及时启动应急预案。

2. 防毒呼吸用品的使用方法

使用前后检查部件是否完整，是否有损坏、老化、松动现象，是否正确安装。

(1) 背负式正压空气呼吸器的使用 其主要组成包括面罩、6L 贮气瓶、供气阀、报警器、减压器、导管等。该气瓶贮气量为 1800L，耗气量约为 30L/min，可使用 60min。可根据具体情况选择不同规格的气瓶。

① 检查气压：完全打开气瓶阀开关，让气体从气瓶经减压器软导管输出到供气阀，约 30s。同时观察压力表读数，气瓶工作压力应为 28~30MPa，气瓶压力小于 5MPa 时禁止使用（报警声响）。

② 检查气密性：关闭气瓶阀，观察压力表，1min 内压力下降不得大于 2MPa。

③ 背气瓶：将气瓶阀向下背上气瓶，根据身材调节肩带、腰带至合身、牢靠为宜。

④ 扣紧腰带：腰带扣向下插入腰带，将腰带两侧的伸缩带向后拉紧，确保扣牢。此时注意打开气瓶阀。

⑤ 佩戴面罩：打开面罩头网，将面罩置于面部，将头网从头部的上前方向后下方拉下，由上向下将面罩戴在头上，调整面罩位置，下巴进入面罩下凹形内。收紧面罩下部的头带，调节头带松紧。通过几次深呼吸检查供气阀性能，保证吸气、呼气顺畅，无不适感觉。

⑥ 使用装具：听到报警声响应立即撤离现场。从发出报警信号到压缩空气用尽为8～10min。

⑦ 使用结束：先关闭气瓶阀，松开面罩颈带，然后再松开头带，将面罩从脸上由下向上脱下。按下供气阀上方的橡胶钮开关，关闭供气阀。拉开腰带插头从扣带中退出，放松肩带，将装具从背上卸下。

(2) 过滤式空气呼吸器的使用

① 判断现场有毒气体性质，选择与所防气体一致的滤毒罐，验证该滤毒罐是否有效、合格。

② 打开滤毒罐或滤毒盒的上下密封盖。

③ 连接好滤毒罐或滤毒盒与面罩。

④ 戴好面罩，检查是否漏气。

⑤ 进入作业区域。

3. 实训步骤

① 车间工人甲、乙倒在车间内昏迷不醒，其余人员立即大声呼叫。

② 车间安全员接到报告后立即通过电话上报车间主任，同时汇报受伤人员情况。

③ 车间主任接到报告后立即通知应急救援指挥中心领导，同时组织现场救援人员前往抢救受伤人员。

④ 总指挥接到通报后，立即启动本企业的应急救援预案，各部门人员立即按公司应急预案的救援程序出动并调动预案规定的抢险物资前往事故现场。

⑤ 车间主任模拟拨打医疗求救电话120，请求医疗部门增援（求救电话内容应包括详细的地址、受伤人员的数量、受到何种伤害）。

⑥ 公司应急救援小组到达事故现场后立即划分区域，放置警戒标志，警戒组就位。同时按照已制定的抢救中毒人员的程序开展人员抢救工作，重点演练场所内抽、送风方法，防毒呼吸用品使用方法，中毒人员晕迷时的救护方法等内容。

⑦ 副总指挥接报后也迅速赶赴现场，并同时模拟向当地安全生产监督管理部门报告。

⑧ 受伤人员通过现场初步救护由救护组接手抢救后，事故调查组、警戒组、后勤保障组对事故现场环境状况进行检测、报告现场环境状况、提出环境控制措施建议。

⑨ 总指挥宣布演练结束。

【实训报告】

① 演练结束后，进行分组讨论并做好记录。

② 教师进行总结、点评。

③ 学生按规定格式完成实训报告，书写自己的实训体会。

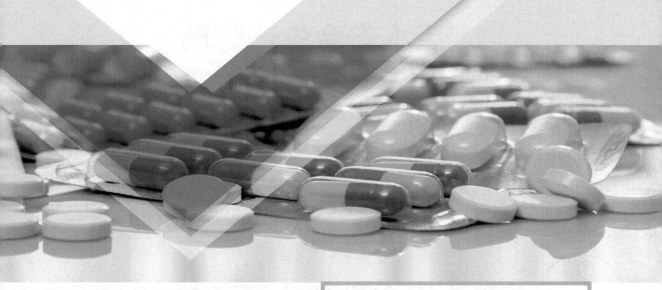

模块七

废水、废气、废渣安全生产管理

思政与素质目标

- 在工作中能遵守法律法规,认真履行岗位职责,遇事沉着冷静。
- 树立环境保护第一的思想,具有环境保护的意识。

项目一

废水安全生产管理

知识目标　了解制药废水的危害。
　　　　　熟悉制药废水的基本概念。
　　　　　掌握废水处理的基本方法。

案例导入 河南一药厂废水直排地下事件

2015年据央视报道，在河南省南阳市某村，几乎家家户户门窗紧闭。究其原因，村民直指当地一家药厂污染严重。除了空气难闻，地下水更是不敢喝，地下水是咸的。这种情况在附近村里也不同程度地存在。附近药厂的排污管道直接埋进地下，工业废水未经过有效处理，不仅造成环境污染，还严重危害人体健康。

思考：如何才能做好医药企业废水处理？

一、医药企业废水概述

化学制药厂排出的"三废"中，废水的数量最大，种类最多，处理复杂。如果处理不当，直接排到了环境中，将会影响周围人民群众的生产生活。为了实现可持续发展，不仅要给子孙后代留下金山银山，还要给他们留下绿水青山。废水的无害化处理是药厂面临的一个重大课题，需要予以重视并认真执行。

1. 制药废水的分类和来源

（1）**制药废水的分类**　制药工业废水按照污染物性质可分为有机制药工业废水和无机制药工业废水；按照污染物主要成分又可分为酸性、碱性、含汞废水等；如按加工对象，主要可分为中药制药废水、化药制药废水、生物制药废水等。

(2) 制药废水的来源 制药废水大致可分为生产过程排水、辅助过程排水和冲洗水及其他。

① 生产过程排水，是制药工业最主要的一类废水，包括废滤液、废母液、精制、纯化过程的溶剂回收残液等。

② 辅助过程排水，包括工艺冷却水、动力设备冷却水、循环冷却水、系统排污、水环真空设备排水、去离子水制备过程排水、蒸馏（加热）设备冷凝水等。

③ 冲洗水及其他，包括容器设备冲洗水、过滤设备冲洗水、树脂柱（罐）冲洗水、地面冲洗水等。其中，过滤设备冲洗水污染物浓度相当高，废水中主要是悬浮物；树脂柱冲洗水水量比较大，初期冲洗水污染物浓度高，并且酸碱性变化较大，也是一类主要废水。

2. 制药废水的基本特性

制药工业废水中的污染物多属于结构复杂、有毒害作用和生物难以降解的有机物质，许多废水呈明显的酸碱性，部分废水中含有过高的盐分。由于制药企业一般根据市场的需求决定产量，故排放废水的波动性很大；若在同一生产线上生产不同产品，则所产生废水的水质、水量差别也可能很大。

制药废水的基本特性包括：污染物成分复杂，有机物种类多且浓度高，pH 值变化大，SS、COD、BOD_5、NH_3-N 和含盐量高以及气味重、色度深等。制药废水往往含生物抑制性物质，具有一定的生物毒性而致可生化性差，并且常间歇排放，因此是一种较难处理的工业废水。

制药废水可简要地归结为高浓度难降解的有机废水，即 COD 浓度一般大于 2000mg/L、可生化性指标 BOD_5/COD 值一般小于 0.3 的有机废水。考虑到制药废水中可能残留某些药物成分等有毒害物质，排放到水体中会对生态环境造成不良影响，我国各类制药工业水污染物排放标准中均选择了急性毒性的废水控制指标，以期有效控制有毒、有害污染物对环境的影响。

3. 制药废水处理名词术语

制药废水处理指采用物理、化学、物化和生化等方法对制药过程产生的废水进行处理，目的是净化制药废水以降低污染程度而达标排放。

制药废水处理涉及的名词术语较多，现仅将在实际工作中常用的予以简要说明，其他请参阅有关书籍资料，不再赘述。

(1) 化学需氧量（COD） 指在一定条件下采用一定强氧化剂处理水样时所消耗的氧化剂量，是一个表示废水中还原性物质（如各种有机物、亚硝酸盐、硫化物、亚铁盐等）含量的指标。因废水中的还原性物质主要是有机物，因此 COD 可作为衡量其含量的指标。COD 越大，水体受有机物污染越严重。

(2) COD_{Cr} 测定 COD 的重铬酸钾（$K_2Cr_2O_7$）法。此法氧化率高、再现性好，适于测定水样中有机物的总量；COD_{Cr}表示在强酸性条件下重铬酸钾氧化 1L 废水中有机物所需的氧量，可大致表示废水中的有机物含量。另有高锰酸钾（$KMnO_4$）法，其比较简便，但氧化率较低，在测定水样中有机物含量的相对比较值时可以采用。

(3) 生化需氧量（BOD） 废水中所含有机物与空气接触时因需氧微生物的作用而分解，BOD 即使之无机化或气体化时所消耗的氧量，以 mg/L 表示。BOD 越大，水体受有机物污染越严重。

(4) BOD_5　为了使 BOD 检测有可比性，一般采用五天时间、在一定温度下用水样培养微生物并测定水样中溶解氧消耗情况，即五日生化需氧量。数值越大，水中有机物污染越严重。

(5) BOD/COD　反映废水可生化性的指标，比值越大，废水越容易被生物处理。好氧生化处理时，进水废水的 BOD/COD≥0.3。

(6) 悬浮固体（SS）　即水质中的悬浮物。混合液悬浮固体（MLSS）指曝气池中污水和活性污泥混合后的悬浮固体数量（mg/L），它是计量曝气池活性污泥数量的指标，活性污泥法中 MLSS 为 2000~5000mg/L。混合液挥发性悬浮固体（MLVSS）指混合液悬浮固体中有机物的含量（mg/L）。一般生活污水的 MLVSS/MLSS 值常在 0.7~0.8，工业废水则因水质不同而异。

(7) 总氮（TN）　一切含氮化合物以氮计的总称。TKN 即凯式氮，表示总氮中的有机氮和 NH_3-N（氨氮），不包括 NO_2-N、NO_3-N（亚硝酸盐氮、硝酸盐氮）。

(8) 总有机碳（TOC）　即废水中溶解性和悬浮性有机物中的全部碳。

(9) 污泥沉降比（SV）　是指曝气池混合液在 100mL 量筒中静置沉淀 30min 后，沉淀污泥与混合液的体积比（%）。SV 测定比较简单，并能说明一定问题，因此成为评定活性污泥的重要指标之一。由于正常的活性污泥在静沉 30min 后，一般可以接近它的最大密度，故污泥沉降比可以反映曝气池正常运行时的污泥量，可用于控制剩余污泥的排放；它还能及时反映出污泥膨胀等异常情况，便于查明原因，及早采取措施。

(10) 污泥指数（SVI）　全称为污泥容积指数，是指曝气池出口处混合液经 30min 静沉后，1g 干活性污泥所占的容积（mL）。SVI 值能较好地反映活性污泥的松散程度（活性）和凝聚、沉淀性能，SVI 值过低，说明泥粒细小紧密、无机物多，缺乏活性和吸附能力；SVI 值过高，说明污泥难以沉淀分离并使回流污泥的浓度降低，甚至出现"污泥膨胀"现象，导致污泥流失等后果。

(11) 污泥龄　曝气池中活性污泥总量与每日排放剩余污泥量之比（单位：日）。在运行稳定时，剩余污泥量就是新增长的污泥量，因此污泥龄也即新增长的污泥在曝气池中的平均停留时间，或污泥增长一倍平均所需要的时间。

(12) 排水量　是指生产设施或企业排放到企业法定边界外的废水量，包括与生产有直接或间接关系的各种外排废水（含厂区生活污水、冷却废水、厂区锅炉和电站废水等）。

(13) 单位产品基准排水量　指用于核定水污染物排放浓度而规定的生产单位产品的废水排放量上限值。

> **知识拓展**
>
> **制药废水的危害**
>
> (1) 消耗水体中的溶解氧　大量的有机物被制药废水带入自然水体，微生物需要消耗水中大量的溶解氧来降解这些有机物。在此过程中，水体中的耗氧速度大于复氧速度，这就会造成水中溶解氧降低。水体中溶解氧过低时就会导致其中的好氧生物死亡，进而引起水体恶臭，污染水环境。

(2) 破坏水体生态平衡　制药产品及其合成中间体，尤其是生物制药过程中，会产生大量具有杀菌、抑菌的物质。这些物质排入水体后会杀死水体中原有的细菌、藻类，严重冲击原有的生态系统，影响水体的自净功能。

(3) 危害人体健康　制药废水中的有些物质因无法在自然水体中被微生物降解而一直残留在环境中，由低浓度逐渐向高浓度富集，随着食物链、食物网进入人体，对人类健康造成潜移默化的伤害。

二、医药企业废水处理技术

1. 废水处理的基本方法与特点

制药废水处理的基本方法包括物理法、化学法、物化法和生化法。各种方法均有其优势和不足，处理效果和应用目的也有区别。工程实践中，对制药废水处理的工艺设计常需针对性地组合应用多种方法和技术。这里，先对各种基本方法的原理与特点予以简要介绍。

制药废水处理

(1) **物理处理法**　应用物理作用分离、回收废水中不易溶解的呈悬浮或漂浮状态的污染物，而不改变污染物化学本质的处理方法，以热交换原理为基础的处理法也属于此范畴。废水经物理处理过程后可使一些污染物和水得到分离。

物理法具体可分为重力（沉降和上浮）分离法、离心（水旋和离心机）分离法以及筛滤（格栅、筛网、布滤、砂滤）截留法等。处理单元操作包括：调节、离心分离、除油、过滤等。

物理法设备简单，操作方便，分离效果良好，广泛用于制药废水的预处理或一级处理。

(2) **生物处理法**　利用微生物的代谢作用氧化、分解、吸附废水中呈溶解和胶体状态的有机物及部分不溶性有机物，使其转化为无害的稳定物质而使水得到净化的方法，也称生化法。

生物处理过程的实质是一种由微生物参与进行的有机物分解过程。这里所说的微生物主要是细菌，其他微生物，如藻类和原生动物，也参与该过程，但作用较小。

处理单元操作包括：好氧生物处理、厌氧生物处理（厌氧消化）。两种处理方法的原理与特点如下。

① 好氧生化法的基本原理与特点：在游离氧（分子氧）存在的条件下，利用好氧微生物（主要是好氧细菌）分解废水中主要以溶解状和胶体状存在的有机污染物，而使其稳定、无害化。处理的最终产物是二氧化碳、水、氨、硫酸盐和磷酸盐等稳定的无机物。

当废水与微生物接触后，水中的可溶性有机物透过细菌的细胞壁和细胞膜而被吸收进入菌体；胶体和悬浮性有机物则被吸附在菌体表面，由细菌的外酶分解为溶解性的物质而进入菌体。

这些有机物进入菌体后，在微生物酶的催化作用下分三个阶段被氧化降解：a. 大的有机物分子被降解为单糖、氨基酸、甘油和脂肪酸等构成单元；b. 前一阶段的产物被部分地氧化为二氧化碳、水、乙酰基辅酶A、α-酮戊二酸（α-氧化戊二酸）和草醋酸（草酰乙酸）中的一种或几种；c. 有机物氧化的最终阶段，即三羧酸循环，乙酰基辅酶A、α-酮戊二酸和草醋酸被氧化为二氧化碳和水。在有机物降解的同时，还发生微生物原生质的合成反应。在第一阶段被分解成的构成单元可以先合成糖类、蛋白质和脂肪，再进一步合成细胞原生质（细胞质）；合成能量则从有机物各个氧化降解阶段释放出的能量中获得。

废水好氧生物处理中的生化反应可粗略地用下列两式表示（COHNS代表废水中复杂的有机物）。

$$微生物细胞 + COHNS + O_2 \longrightarrow 较多的细胞 + CO_2 + H_2O + NH_3$$

$$硝化细菌 + NH_3 + O_2 \xrightarrow{(NO_2)} 较多的硝化细菌 + NO_3^- + H_2O$$

生物体系中的上述反应有赖于体系中的酶来加速，按其催化反应分为氧化还原酶和水解酶，此外还有脱氨基、脱羧基、磷酸化和脱磷酸等酶。许多酶只有在一些辅酶或活化剂存在时才能进行催化反应，如钾、钙、镁、锌、钴、锰、氯化物、磷酸盐离子在许多种酶的催化反应中是不可或缺的辅酶或活化剂。所以，在废水处理时要供给微生物充足的氧和各种必要的营养源，如碳、氮、磷以及钾、镁、钙、硫、钠等元素，同时应控制微生物的生存条件，如pH宜为6.5~9、水温宜为10~35℃等。

通过好氧生物代谢活动，废水中约1/3的有机物被分解、稳定，并提供微生物生理活动所需的能量；约有2/3有机物被转化，合成为新的原生质，即进行微生物自身生长繁殖。后者就是废水生物处理中活性污泥或生物膜的增长部分，通常称其为剩余活性污泥（生物污泥）或生物膜。

在废水生物处理过程中，产生的剩余污泥经固液分离后需进一步处理或处置；因其有机质含量较高、熟化程度较好，一般经浓缩、压滤成饼后作为农田肥料使用，也可作为污水生物处理反应器的启动污泥外售，或运至垃圾场填埋。

② 厌氧生化法的基本原理与特点　在隔绝与空气接触（无游离氧存在）条件下，利用兼性厌氧菌和专性厌氧菌的生化作用对有机物进行生物降解的方法称为厌氧生化法厌氧消化法。处理的最终产物是甲烷和二氧化碳等气体。

如图7-1所示，有机物的完全厌氧分解（厌氧消化）过程可分为三个阶段，即水解酸化、产氢产乙酸和产甲烷阶段，主要依靠水解产酸菌、产氢产乙酸菌和产甲烷菌的共同作用来完成。

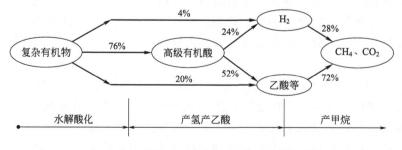

图7-1　厌氧消化的三个阶段与COD转化率

a. 污水中不溶性大分子有机物，如多糖、淀粉、纤维素等，借助于从厌氧菌分泌出的细胞外水解酶得到溶解并通过细胞壁进入细胞,在水解酶的催化下将复杂的多糖、蛋白质、脂肪分别水解为单糖、氨基酸、脂肪酸等,并在产酸菌的作用下降解为较简单的挥发性有机酸、醇、醛类等。

b. 产氢产乙酸菌将第一阶段产生的有机酸进一步转化为氢气和乙酸等。

c. 甲酸、乙酸等小分子有机物在产甲烷菌的作用下转化为甲烷和二氧化碳。

由此可见,在水解酸化阶段,COD、BOD 值变化不是很大,仅在产气阶段,由于构成 COD 或 BOD 的有机物多以 CO_2 和 CH_4 的形式逸出,才使废水中 COD、BOD 明显下降。

一些有机酸或醇的汽化过程举例如下。

乙酸:$CH_3COOH \longrightarrow CO_2 + CH_4$

丙酸:$4CH_3CH_2COOH + 2H_2O \longrightarrow 5CO_2 + 7CH_4$

甲醇:$4CH_3OH \longrightarrow CO_2 + 3CH_4 + 2H_2O$

乙醇:$2CH_3CH_2OH + CO_2 \longrightarrow 2CH_3COOH + CH_4$

影响厌氧消化的因素有温度、pH 值、养料、有机毒物、厌氧环境等。厌氧消化对温度的突变十分敏感,要求日变化小于±2℃;温度突变幅度太大,会导致系统停止产气。工程上的中温消化温度为 30~38℃(以 33~35℃为宜),高温消化温度为 50~55℃。

在厌氧生物处理过程中,有机物的转化分为三部分:部分转化为 CH_4;部分被分解为 CO_2、H_2O、NH_3、H_2S 等无机物,同时为细胞合成提供能量;少量有机物被转化、合成为新的原生质。因仅有少量有机物用于原生质的合成,故相对于好氧生物处理法,其污泥增长率小。

厌氧生物处理将环境保护、能源回收和生态良性循环有机结合起来,其优点在于:a. 有机物负荷及去除率高,BOD 去除率可达 90%以上,COD 去除率可达 70%~90%;b. 不需因增加氧源而鼓风曝气,运行能耗低;c. 能将有机污染物转变成以甲烷为主体的可燃性气体(沼气)并作为能源回收利用;d. 可直接处理高浓度有机废水,不需要大量稀释水,产生的剩余污泥量较少,且易于脱水浓缩并作为肥料使用;e. 可杀死病原菌,不用投加氮、磷等营养物质;f. 提高废水的可生化性,对好氧微生物不能降解的一些有机物可能有更好的处理效果。

然而,厌氧生物处理涉及的生化反应过程较为复杂,不同种属间细菌的相互配合或平衡较难控制;厌氧菌繁殖较慢,反应时间较长,需较高的反应温度以维持较高的反应速度,也消耗能源,特别是其中的产甲烷细菌对毒物敏感,对环境条件(温度、pH、氧化还原电位等)要求苛刻;故经厌氧生物处理后的水质通常还需要好氧工艺等的进一步处理。

(3) 化学处理法 应用化学原理和化学反应改变废水中污染物成分的化学本质,使之从溶解、胶体、悬浮状态转变为沉淀、漂浮状态或从固态转变为气态而被除去的处理方法。

化学处理法有中和处理法、化学沉淀处理法、氧化还原处理法等。处理单元操作包括:中和、化学沉淀、化学氧化还原、臭氧氧化、电解、光氧化等。

以中和处理法为例。制药废水呈酸碱性,除因直接含有酸碱外,还常因含有酸式盐、碱式盐以及其他无机物和有机物。其一般处理原则和方法是:a. 高浓度酸碱废水优先考虑回收利用,根据水质、水量和不同工艺要求进行厂区或地区性调度,尽量重复使用;如重复使用困难或浓度偏低、水量较大,则可采用浓缩的方法回收酸碱;b. 低浓度的酸碱废水(如酸洗槽、碱洗槽的清洗水)则进行中和处理,并按照以废治废的原则,如酸、碱废水相互中和或利用废碱(渣)中和酸性废水、废酸中和碱性废水。

与生物处理法相比，化学处理法能迅速、有效地去除废水中多种剧毒和高毒等更多的污染物，特别是生物处理法不能奏效的一些污染物。如以折点氯化法或碱化吹脱法去除氨氮、以化学沉淀法除磷、以氧化法（臭氧、二氧化氯、高锰酸钾等）去除难以生物降解的有机污染物等。故化学处理可作为前处理措施或生物处理后的三级处理措施。

化学处理法具有设备容易操作、易于实现自动检测和控制、便于回收利用、能实现一些工业用水的闭路循环等优点。但此法需投放化学药剂，处理成本加大且处理后容易产生大量难以脱水的污泥，某些试剂的过量使用还可能造成水体的二次污染，故其发展一度受到限制。

近年来，用途广泛的多种化学处理药剂和设备相继问世，价格也逐渐降低，因而化学处理法将获得更大的发展。

(4) 物化处理法 应用物理化学原理去除废水中的污染物质，污染物在处理过程中通过相转移的变化而得到去除的方法。污染物在物化过程中可以不参与化学变化或化学反应，直接从一相转移到另一相，也可以经过化学反应后再转移。

例如，为去除悬浮的和溶解的污染物而采用的混凝-沉淀和活性炭吸附的两级处理，即一种比较典型的物理化学处理系统。

物化处理法主要有混凝法、吸附法、离子交换法、膜分离法、萃取法等。处理单元操作包括：混凝、气浮、吸附、离子交换、扩散渗析、电渗析（ED）、反渗透（RO）、超滤（UF）等。

与生物处理法相比，此法占地面积少，出水水质好且比较稳定，对废水水量、水温和浓度变化的适应性强，可去除有害的重金属离子，除磷、脱氮、脱色效果好，管理操作易于自动检测和自动控制等。但处理系统的设备费和日常运转费较高，多用于制药废水的三级或深度处理，必要时用于预处理。

2. 制药废水处理基本方法的组合应用

从以上所述可知，废水的基本处理方法各有所长。生物处理法作为目前普遍应用的主要技术，成本低，操作管理方便，可使一般废水处理后达到常规排放标准，而物理、化学或物化处理法常可针对性地用于制药废水的预处理或后续处理（包括深度处理）。所以，每一种处理方法单独运用往往难以达到处理要求。人们通过废水的自然生物处理系统进一步加深对综合应用多种基本方法处理废水的理解。

自然生物处理系统是一种天然净化能力与人工强化技术相结合，并具有多种功能的良性生态处理系统。在一定条件下，稳定塘还能作为养殖塘加以利用，污水灌溉则可将废水和其中的营养物质作为水肥资源利用。与常规处理技术相比，自然生物处理系统具有工艺简便、操作管理方便、建设投资和运转成本低的特点。建设投资仅为常规处理技术的 $1/2\sim1/3$，运转费用仅为常规处理技术的 $1/2\sim1/10$，可大幅度降低污水处理成本。制药废水的自然生物处理法主要有水体净化法和土壤净化法两类：属于前者的有氧化塘和养殖塘，统称为生物稳定塘，其净化机理与活性污泥法类似，主要通过水-水生生物系统（菌藻共生系统和水生生物系统）对污水进行自然处理；属于后者的有土壤渗滤和污水灌溉，统称为土地处理，其净化机理与生物膜法类似，主要利用土壤-微生物-植物系统的自我调控机制和对污染物的综合净化功能，对污水进行自然净化。稳定塘是经过人工适当修整或修建的设围堤和防渗层的污水池塘，主要通过水生生态系统的物理、化学和生物作用对污水进行自然净化。污水在塘内经较长时间的停留，通过水中包括水生植物在内的多种生物的综合作用，使有机污染物、营养素和其他污染物质进行转换、降解和去除,从而实现污水的无害化、资源化和再利用的目的。

3. 制药废水处理的工艺选择与系统最优化设计

尽管废水处理方法经过近百年的发展已较为成熟,但由于制药废水复杂多变的水质特点以及制药企业迅猛发展后废水处理量的增加,必须不断改进并组合采取多种方法加以完善;同时,还应兼顾废水处理系统的最优化设计。

(1) 制药废水处理的工艺选择 制药废水处理的基本工艺流程如图 7-2 所示。它包括废水调节池、生化处理池和物化处理池等构筑物和设备。首先采取必要的物理法进行预处理,如设调节池调节水质、水量和 pH,采用格栅截留、自然沉淀和上浮等分离方法。也可结合实际情况再选用某种物化或化学法处理,以降低水中的 SS、盐度及部分 COD,减少废水中的生物抑制性物质,提高废水的可降解性,为废水的后续生化处理奠定良好基础。

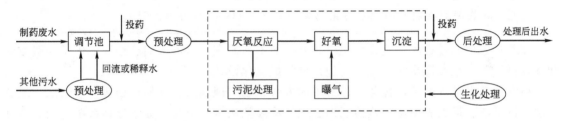

图 7-2 制药废水处理的基本工艺流程

预处理后的废水再进行生化处理。可根据其水质特征选择某种厌氧、好氧工艺或厌氧-好氧等组合工艺。

生化处理池采用两段或三段生化处理工艺,包括厌氧池、好氧池和污泥沉淀池;第一段生化处理工艺采用高容积负荷和大微生物量,第二段和第三段生化处理工艺可采用低容积负荷。若出水要求较高,生化处理工艺后还需采取其他方法进行后续处理。

高效而经济的废水处理工艺在脱色和提高可生化性的同时,能尽量减少物化污泥的产生。确定具体工艺时,应综合考虑废水的性质、工艺的处理效果、基建投资及运行维护等因素。总体原则是技术可行、高效实用、合理经济。

(2) 废水处理系统最优化设计 指用最优化的原理和方法,设计出效率最高、费用最少、能耗最低的废水处理系统,其内容包括确定系统目标函数,建立系统过程模型及约束条件。

由于废水处理系统的复杂性,一般采用固定各子系统所共有的基本设计变量的办法,把处理系统分解成独立的子系统,先分别实现子系统的最优化,再综合协调各子系统而使总系统最优化。这种优化设计方法可节省 30%～40% 系统费用。

例如,常用的完全混合活性污泥法废水处理系统是由"废水处理"和"污泥处理"这两个子系统组成的,前者有初次沉淀池、曝气池、二次沉淀池、循环泵、污泥泵、机械曝气等构筑物和设备;后者有污泥浓缩池、消化池、真空过滤机、初次污泥泵、浓缩污泥泵和污泥最后处理等构筑物和设备。以往对上述系统均按传统经验方法设计,20 世纪 60 年代开始采用定量的过程数学模式和实验决定参数的方法。最优化设计依据系统内各单元之间的定量关系,使整个系统达到最优目标,所以比传统设计合理经济。

> **知识拓展**
>
> **制药废水的排放标准**
>
> 　　在2008年以前，制药行业没有全国统一的排污标准，执行的是1996年版的《污水综合排放标准》。2008年8月1日，国家环保部发布的《制药工业水污染物排放标准》（以下简称《标准》）正式实施。这是国家首个专门针对制药工业废水排放发布的环境新标准。按照《标准》要求，原料药行业的废水排放标准更严，企业排水若不达标则面临停产整顿。
> 　　①《化学合成类制药工业水污染物排放标准》（GB 21904—2008）；
> 　　②《生物工程类制药工业水污染物排放标准》（GB 21907—2008）；
> 　　③《中药类制药工业水污染物排放标准》（GB 21906—2008）；
> 　　④《发酵类制药工业水污染物排放标准》（GB 21903—2008）；
> 　　⑤《提取类制药工业水污染物排放标准》（GB 21905—2008）；
> 　　⑥《混装制剂类制药工业水污染物排放标准》（GB 21908—2008）。

　　随着对各单元过程和系统最优化设计方法的不断研究，目前人们已经开发出了一些方法和计算机程序，正在逐步实现废水处理系统的最优化设计。

　　稳态的废水处理系统最优化设计常用的方法有动态规划法、几何规划法、搜索法、复合形法、枚举法、最大斜率法、线性规划法和结构参数法等。但是，废水处理系统的动态特性突出，动态系统最优化设计需要采用动态模型、计算机模拟，并通过"瞬时响应分析"求解而得出最优化设计中应采取的对策。

项目二

废气安全生产管理

知识目标
- 了解制药废气的危害。
- 掌握制药废气的基本概念。
- 熟悉废气处理的基本方法。

案例导入 **药厂排放废气 居民深受困扰**

2015 年，有网友发帖称，街道附近有一家药厂，药厂天天 24 小时不间断排放恶臭气味，使新房子每天弥漫着刺激性味道，对周边居民的健康造成很大危害。

思考：如何才能做好医药企业废气处理？

一、医药企业废气概述

医药行业属于精细化工行业，其特点为生产品种多，生产工序长，使用原料种类多、数量大，原材料利用率低。因此也导致了医药行业生产过程中产生的"三废"量大，废物成分复杂，污染危害严重。药厂排出的废气种类繁多，组成复杂、数量大，短时间内排放浓度高，因此必须进行综合治理，以免污染环境。

1. 医药行业废气分类、来源及防治

医药行业中的废气主要来自锅炉废气、工艺废气和污水处理站产生的无组织排放的废气等。废气也可以分为三类：含尘（固体悬浮物）废气（粉尘）、含无机物废气和含有机物废气。

(1) 锅炉废气　按照国家《大气污染防治行动计划》的要求，位于禁燃区的制药企业的燃煤锅炉必须淘汰，取而代之的是燃气锅炉，以减少二氧化硫、氮氧化物和烟等污染物的排放量，降低对大气环境的影响。

(2) 工艺废气　主要包括氯化氢等酸性气体、含尘气体和非甲烷总烃等挥发性有机物（VOCs）等。酸性气体可通过碱液吸收后再排放；含尘气体，特别是在生产操作过程中产生的含有药物活性成分的废气应该捕集、过滤后排放；挥发性有机气体，按照国家2013年5月24日实施的《挥发性有机物（VOCs）污染防治技术政策》，医药行业产生的挥发性有机物的污染防治应遵循源头和过程控制与末端治理相结合的综合防治原则。

VOCs是制药工业中最主要的大气污染物之一。制药工艺中往往需要采用有机溶剂对药品进行分离和提取，这些有机溶剂大部分为VOCs，其对环境的危害主要有以下三点。

① VOCs普遍具有光化学活性，是形成PM2.5和臭氧的重要前体物质，不少VOCs还能增强温室效应，有些还具有累积性和持久性等特点。随着经济的发展，VOCs的排放总量正逐年增加，导致光化学烟雾、城市灰霾等复合大气污染问题日益严重。

② 制药工业排放的某些VOCs（如甲醛、苯、二氯甲烷、1,2-二氯乙烷等）对人体具有较大的危害，有些物质是已经确定的致癌物质，有些物质对人体有不可逆的慢性毒性，甚至遗传毒性，长期接触会严重影响人体健康。

③ 很大一部分VOCs具有异味，会严重影响人们的生活质量。近年来不断增多的恶臭污染投诉中，制药企业占有相当大的比例。

在工业生产中采用清洁生产技术，严格控制含VOCs的原料与产品在生产和贮运过程中排放VOCs；鼓励对资源和能源的回收利用；鼓励在生产和生活中使用不含VOCs的替代产品或VOCs含量低的产品；鼓励符合环境标志产品技术要求的水基型、无有机溶剂型、低有机溶剂型的涂料、油墨和胶黏剂等的生产和销售；鼓励采用密闭一体化生产技术，并对生产过程中产生的废气分类收集后再进行处理。

生产过程中产生的废溶剂宜密闭收集，有回收价值的废溶剂经处理后回用，其他废溶剂应妥善处置；在生产过程中，应采取废气收集措施，提高废气收集效率，减少废气的无组织排放与逸散，并对收集后的废气进行回收或处理，达标后排放。对于含高浓度VOCs的废气，宜优先采用冷凝回收、吸附回收技术进行回收利用，并辅助以其他治理技术实现达标排放。对于含中等浓度VOCs的废气，可采用吸附技术回收有机溶剂，或采用催化燃烧和热力燃烧技术净化后达标排放。

同时，企业应建立健全VOCs治理设施的运行维护规程和台账等日常管理制度，并根据工艺要求定期对各类设备、电气、自控仪表等进行检修维护，确保设施的稳定运行。当采用吸附回收（浓缩）、催化燃烧、热力燃烧、等离子体等方法进行末端治理时，应编制本单位事故火灾、爆炸等应急救援预案，配备应急救援人员和器材，并开展应急演练。

(3) 污水处理站废气　制药企业污水处理站产生的废气主要包括硫化氢、氨气等恶臭气体，处理不当可对周边环境产生不良影响。为减少其对周边环境的影响，一是污水站的选址恰当，应在项目所在地的主导风向下方且与周边环境敏感点的距离满足一定要求；二是应根据处理工艺过程，收集处理过程中产生的废气，并在净化处理后高空排放；三是污水处理站周边应种植一些具有净化作用的绿色植物作为天然净化剂。

2. 医药行业废气污染物排放标准

目前我国医药行业的污染物排放标准中只有水污染物排放标准，大气污染物排放标准尚属空白。上海、浙江、江苏等地分别研究制定了地方医药行业污染物排放标准，并针对大气污染物排放作出相应的规定，规定了排气筒的最高允许排放浓度限值、无组织排放限值及总挥发性有机物和恶臭气体处理设施的最低处理效率等。

排气筒的最高允许排放浓度限值是根据现有企业的污染防治现状及排放水平，参照我国《大气污染物综合排放标准》（GB 16297—1996）、上海市《生物制药行业污染物排放标准》和浙江省《生物制药行业污染物排放标准》中的排气筒最高排放浓度限值制定的。

无组织排放限值指企业边界污染物的质量浓度限值，原则上污染物的厂界控制点浓度与背景点浓度差值，按照《环境空气标准质量》（GB 3095—2012）的二级标准限值；无质量标准的污染物按照《工业企业设计卫生标准》中的规定值，取一次值的 5 倍；否则按照车间卫生标准值计算，取计算值的 5 倍。

总挥发性有机物处理设施的处理效率以非甲烷总烃计算；臭气处理设施的处理效率是以废气中的臭气浓度和排气流量计算，以被处理的臭气浓度和处理前臭气浓度的百分比表示。

知识拓展

制药有机废气收集方式

医药行业有机废气的排放源主要为反应釜、蒸馏釜、高位槽、贮罐、放料桶、离心机、真空泵（立式无油泵及液环泵）以及污水处理站等，针对不同的废气排放源，废气收集方式通常如下。

① 反应釜排放源　采用法兰连接方式，使反应釜放空口与废气管道对接，并设置风阀，控制各集气点的风量，防止物料损失。

② 蒸馏釜排放源　蒸馏釜配备冷凝器，所排放的气体为未冷凝的有机气体以及不凝气，采用法兰直接与冷凝器放空口连接，并设置风阀。

③ 高位槽及贮罐排放源　采用法兰使呼吸口与废气管道连接。

④ 放料桶排放源　放料桶排气口设置集气罩，用胶管与废气总管连接，使集气罩位置可随料桶位置调节，在接管上设置风阀以调节风量。

⑤ 离心机排放源　离心机为密闭离心机，废气从离心机配备的地罐接入废气总管。

⑥ 真空泵排放源　真空泵包括立式无油泵以及液环泵。对立式无油泵，采用法兰将废气风管与排气管直接连接收集；对液环泵，对水池进行加盖，盖顶设置排风管进行收集。真空泵尾气浓度较高时，先对该尾气进行冷凝回收，然后再接入废气总管处理。

⑦ 污水处理站排放源　污水处理站各构筑物加盖后，由风管进行收集。盖板材质采用不饱和聚酯类玻璃钢，盖板高度根据构筑物尺寸而定。

二、医药企业废气处理技术

化学合成类医药行业是有机废气排放的主要行业之一。有机废气不仅会给人类身体带来严重的危害，还是大气环境中的主要污染物，其有效控制对于减缓城市大气灰霾污染具有重要作用。有机废气目前已相继列入《蓝天科技工程"十二五"专项规划》和《环境空气细颗粒物污染综合防治技术政策》等国家层面的大气防治规划。因此，加强化学合成类医药行业有机工艺废气来源分析与防治技术的了解和研究具有重要意义。

1. 含固体悬浮物废气的处理

化学制药厂排出的含固体悬浮物废气主要来自于药物制备过程中的粉碎、干燥、碾磨、筛分等步骤，以及来自锅炉燃烧所产生的烟尘等。常用的除尘方法有：机械除尘、洗涤除尘和过滤除尘。

(1) 机械除尘 常用的机械除尘设备有重力沉降室、惯性除尘器、旋风除尘器等。它们利用机械力（重力、惯性力、离心力）将固体悬浮物从气流中分离出来。机械除尘设备结构简单，易于制造，运转费用低。但此类设备不易除去细小粒子，只适用于处理含尘浓度高及悬浮物粒度大的气体。为了取得较好的分离效率，可采用多级串联的形式，或将机械除尘作为一级除尘使用。

(2) 洗涤除尘 又称湿式除尘，用水或其他液体洗涤含尘废气，利用形成的液膜、液滴或气泡捕获气体中的尘粒，使其随水流走。洗涤除尘器可以除去直径在 $0.1\mu m$ 以上的尘粒。这类设备的气流阻力大，因此运转费用也高，但是除尘效率较高，一般为 80%～95%，高效率的装置可达 99%。洗涤除尘器的结构比较简单，设备投资较小，操作维修也比较方便。常用的洗涤除尘装置有：喷雾塔、填充塔、旋风水膜除尘器等。洗涤除尘过程中，有降温、增湿和净化有害有毒废气等作用，尤其适合高温、高湿、易燃、易爆和有毒废气的净化。洗涤除尘的明显缺点是除尘过程中要消耗大量的洗涤水，洗涤后的水要进行净化处理，而且尽量做到综合利用。

(3) 过滤除尘 使含尘气体通过多孔过滤材料，将气体中的尘粒截留下来。化学制药厂中，使用较多的是袋式除尘器。由于它是用滤袋来截留尘粒的，所以在使用一些时间后，袋式除尘器滤袋的孔隙会被尘粒堵塞，从而使气体的流动阻力增大。所以，需要使用机械装置定期或连续清扫滤布。周期性地振打布袋或者用气流反吹滤袋壁都能使积尘脱落。袋式除尘器结构简单，使用灵活、方便，可以处理不同类型的颗粒污染物，尤其对含尘浓度低、尘粒较小（直径在 $0.1～20\mu m$）的气体效果较好，除尘效率可达 90%～99%。但袋式除尘器一般不适用于高温、高湿或强腐蚀性废气的处理。

不同的除尘装置都有自己特有的优点和缺点。当需要除去的尘粒粒径分布范围较广时，可以组合使用两种或多种不同性质的除尘器。例如，某化学制药厂用沸腾干燥器干燥氯霉素成品，排出气流中含有的一定量的氯霉素粉末。为了不损失产品以及污染环境，该厂将首先用两只串联的旋风除尘器除去含有氯霉素粉末的气流中的大部分粉末，再用一只袋式除尘器滤去粒径较小的粉末。此时，还是有一些粒径极细的粉末没有被袋式除尘器捕获，它们会从鼓风机口排出。将洗涤除尘器安在鼓风机出口处，就可以基本上全部回收氯霉素粉末。

2. 含无机物废气的处理

化学制药厂的废气中，无机污染物主要有氯化氢、硫化氢、二氧化硫、二氧化碳、氯氧化物、氯气、氨气和氰化氢等。这一类废气的主要处理方法有吸收法（即用水、适当的酸性或碱性液体吸收）、化学法、催化氧化法、催化还原法、吸附法和燃烧法等，其中以吸收法最为常用。例如，用水或酸性溶液来吸收氨气；用水或碱性溶液来吸收酸性气体；不能直接用水、酸或碱性溶液吸收的气体，先应用化学法处理，变成可溶性物质后，再用适当的溶液来吸收，如应先将一氧化氮氧化成二氧化氮，然后再用氨水吸收。

人们可以利用废气中不同组分在吸收剂中溶解度的不同，或者与吸收剂发生的选择性化学反应，将有害组分从气流中分离出来。吸收过程一般需要在特定的吸收装置中进行，使气液两相充分接触，实现气液两相间的传质。用于气体净化的吸收装置主要有填料塔、板式塔和喷淋塔。

3. 含有机物废气的处理

目前，含有机污染物废气的一般处理方法主要有冷凝法、吸收法、吸附法、燃烧法和生物法。

(1) **冷凝法** 用冷却器冷却废气,让其中所含的有机污染物凝结成液体而分离出来。高浓度、高沸点的有机物废气可以直接用冷却器处理,但是低浓度的有机物废气,需要制冷设备,以便使其冷却到较低的温度。冷凝法所用的冷凝器有两类:间壁式和混合式。冷凝法有直接冷凝和间接冷凝两种工艺流程。

间接冷凝工艺可方便地回收被冷凝组分,但冷却效率较低。直接冷凝工艺冷却效率较高,但被冷凝组分不易回收,且排水一般需要进行无害化处理。

冷凝法适用于处理有机污染物含量较高的废气,而且设备简单,操作方便。此法常用作燃烧或吸附净化废气的预处理,因为冷凝回收的方法可减轻后续净化装置的负荷。但用此法处理低浓度废气时,由于需要将其冷却到很低的温度,因此会消耗较多的能源。

(2) **吸收法** 通过选用适宜的吸收剂和工艺,除去废气中所含有机污染物的有效方法。吸收法可用于处理有机污染物含量较低或沸点较低的废气,被吸收了的有机物质还可以回收利用。如用水或乙二醛水溶液吸收胺类化合物,用稀硫酸吸收吡啶类化合物,用水吸收醇类和酚类化合物,用亚硫酸氢钠溶液吸收醛类化合物,用柴油或机油吸收某些有机溶剂(如甲醇、乙酸丁酯等)等。但吸收法不适合处理有机污染物含量过低的废气,因为这时吸收效率会显著下降,而且比起含高浓度有机污染物的废气处理过程,吸收剂的损失和能源的消耗较大。

(3) **吸附法** 将废气与表面多孔性固体物质(吸附剂)接触,将其中的有害成分吸附到固体表面上,再经过加热、解析、冷凝回收有机溶剂,从而达到净化气体并综合利用的目的。

吸附法处理废气的工艺流程可分为间歇式、半连续式和连续式三种,其中以间歇式和半连续式较为常用。

用吸附法处理含有机污染物废气的关键是选择和利用高效吸附剂。常用的吸附剂有活性炭、氧化铝、硅胶、分子筛和褐煤等。不同吸附剂对于不同种类气体的吸附能力不同。例如,用活性炭吸附醇、羧酸、苯、硫醇等气体时吸附效果较好;用它吸附丙酮等有机溶剂时效果次之;用它来吸附胺类、醛类时效果不好。吸附法的净化效率较高,特别适用于净化含有机污染物浓度较低的废气。但吸附法一般不适用于高浓度、大气量的废气处理。否则,需频繁地对吸附剂进行再生处理,影响吸附剂的使用寿命,并增加投资及操作费用。

(4) **燃烧法** 是在有氧的条件下,将废气在焚烧炉中加热到一定的温度,使其中的可燃污染物发生氧化燃烧或高温分解而转化为无害物质的方法。若废气中的可燃污染物浓度较高或热值较高,燃烧产生的热量可回收利用。当废气中的可燃污染物浓度较低或热值较低时,需利用辅助燃料,使废气中的可燃有害物质进行高温分解而转化为无害物质。

燃烧过程一般需控制在 800~900℃ 的高温下进行。要达到这么高的温度需要消耗大量资源,可在氧化催化剂的作用下,使废气中的可燃组分或可高温分解组分在较低的温度下进行燃烧反应而转化成 CO_2 和 H_2O。催化燃烧法处理废气的工艺流程一般包括预处理、预热、反应和热回收等。

燃烧法是一种简单可行的方法,还可回收一定的热量。但是燃烧后的物质不能完全回收，容易造成二次污染。

(5) **生物法** 利用微生物的代谢，将废气中的污染物转化成低毒或无毒物质的方法。此法首先让含有机污染物的废气增湿，然后使其进入含有大量微生物的生物过滤器。其中有机污染物被微生物吸附、吸收，并被氧化分解为无机物，从而使废气得到净化。

生物法与其他气体净化方法相比，设备比较简单，处理效率较高，而且运行费用较低。但生物法只能处理有机污染物含量较低的废气，且不能回收有用物质。

项目三

废渣安全生产管理

知识目标　了解制药废渣的危害。
　　　　　掌握制药废渣的基本概念。
　　　　　熟悉渣气处理的基本方法。

 内江一制药厂随意处置医药废渣惹百姓恼火

2007 年，资中县银山镇某村数位村民反映，村子附近的某磷肥厂厂区后堆满了某药厂的药渣，银白色的药渣夹杂着些许黑色，没有堆药渣的地方也被流出的药水染成了黑色。村民们更担心药水会对周围的井水造成污染。资中县委书记得知情况后，要求环保部门严厉查处。该企业负责人表示，将在一周内解决好污染问题，还老百姓清新、舒适的生活居住环境。

思考：如何才能做好医药企业废渣处理？

一、医药企业废渣概述

药厂废渣是指在制药过程中产生的固体、半固体或浆状废物。与废水、废气相比，废渣的种类和数量较少，但废渣的组成复杂。废渣中含有一些有机污染物，以及剧毒、易燃、易爆的物质。所以，必须对药厂废渣进行适当的处理，否则会造成环境污染。

1. 废渣的基本概念及防治政策

制药废渣是指在制药过程中产生的固体、半固体或浆状废物，是制药工业的主要污染源之一。在制药过程中，废渣的来源很多，如活性炭脱色精制工序产生的废活性炭，铁粉还原工序产生的铁泥，锰粉氧化工序产生的锰泥，废水处理产生的污泥，以及蒸馏残渣、失活催化剂、过期的药品、不合格的中间体和产品等。

防治废渣污染应遵循"减量化、资源化和无害化"的"三化"原则。首先要采取各种措施，最大限度地从"源头"上减少废渣的产生量和排放量。其次，对于必须排出的废渣，要从综合利用上下功夫，尽可能从废渣中回收有价值的资源和能量。最后，对无法综合利用或经综合利用后的废渣进行无害化处理，以减轻或消除废渣的污染危害。

2. 废渣的收集、运输和储存

(1) 废渣的收集

① 收集原则　产生废渣较多的工厂通常在厂内外都建有自己的堆场，收集、运输工作由工厂负责。废渣的收集原则是：工业固体废渣应与生活垃圾分开；危险固体废渣与一般固体废渣分开；泥态与固态分开。对需要预处理的固体废渣，可根据处理、处置或利用的要求采取相应的措施；对需要包装或盛装的废渣，可根据运输要求和固体废渣的特性，选择合适的容器与包装设备，同时附以确切明显的标记。

② 收集方法　废渣的收集方法主要为定期收集和随时收集两种方法。定期收集是指按照固定的周期进行收集。定期收集的优点为：利用固定的周期可将不合理的暂存危险降到最小，能有效地利用资源；运输者可有计划地使用车辆；处理与处置者有时间更改管理计划。另外，由于是在限定条件下收集规定期间产生的废渣，因此会促使生产方尽量减少废渣的产生量。随时收集是按照固体废渣产生者的需求随时收集废渣。对废渣产生量没有规律的企业，适宜采用随时收集的方法。一般情况下，定时收集适用于产生废渣量较大的大中型企业；随时收集适用于小型企业。

我国对大型工厂的规定为由专业回收公司到厂内回收；中型工厂则为定期回收；小型工厂划片包干巡回回收，并配备管理人员，设置废料仓库，建立各类固体废物"积攒"资料卡，开展经常性的收集和分类存放活动。

目前，医药企业废渣通常采用分类收集的方法。所谓分类收集是指在鉴别试验的基础上，根据固体废渣的特点、数量、处理和处置的要求进行分别收集。从处理与处置的角度来看，对废渣分类收集是非常必要的。在某些特殊情况下，将废渣混合收集可使危害变小或更有利于处理或处置，此时混合收集是较为理想的方法。如果不了解固体废渣的特性、成分，盲目将其混合在一起，这样只能增加所处理的危险固体废渣的数量，而且危险固体废渣的混合还会引起爆炸、释放有毒气体等危险反应，这些危险反应不但会造成环境污染，而且也会使废渣的处理与处置变得更加困难。因此，一般对废渣采取分类收集法。分类收集的优点是有利于废渣的资源化，可以减少废渣处理与处置的费用及对环境造成的潜在危害。对于废渣处置设施太小、废渣产生地点距处置设施较远或本身没有处置设施的地区，为了便于收集管理，还可建立中间储存站。中间储存站有双重作用：一是收集分散的废渣；二是对某些废渣进行解毒、中和、干燥脱水等处理。

③ 废渣的标记　废渣的产生除按规定收集、按运输要求包装外，还要根据废渣的种类进行标记，如美国环保局是按危险固体废物的成分、工艺加工过程和来源进行分类列表，对各种危险固体废物规定了相应的编码，同时规定了几种主要危险特性的标记，以便识别管理。几种主要特性的标记如下：易燃性（I）、毒性（T）、腐蚀性（C）、反应性（R）和感染性（In）等。我国铁路交通部门关于12种危险物品的标志方法，目前可参照以上标记使用。随着《中华人民共和国固体废物污染环境防治法》的颁布施行及其他条例和标准体系的不断完善，关于固体废物的鉴别、分类、收集、包装、标记、建档必将科学化、标准化。

(2) 废渣的运输　医药企业废渣的运输需要选择合适的容器，确定装载的方式，选择适宜的运输工具，确定合理的运输路线，并制订出现泄漏或临时事故时的补救措施。

① 包装容器的选择　废渣的运输要根据废渣的特性和数量选择合适的包装容器。包装容器选择的一般原则为：容器及包装材料应与所盛固体废物相容。例如可采用纤维板桶或纸板桶作为滤饼、泥渣等进行焚烧的有机废物的容器，使废渣和包装容器一起进行焚烧处理。在实际包装时，由于纤维质的容器易受到机械损伤和水的浸蚀从而发生泄漏，故可再装入钢桶中进行双层包装，在焚烧处理之前，把里面的纤维容器取出即可。

对于危险废渣的包装容器，应根据其特性进行选择，尤其要注意其相容性。例如塑料容器不用于储存废溶剂；对于反应性固体废渣，如含氰化物的固体废物，必须装在防湿防潮的密闭容器中，否则，一旦遇水或酸，就会产生氰化氢剧毒气体；对于腐蚀性固体废物，为防止容器泄漏，必须装在衬胶、衬玻璃或衬塑料的容器中，甚至用不锈钢容器；对于放射性废渣，必须选择有安全防护屏蔽的包装容器。总之，废渣可选择的包装容器有汽油桶、纸板桶、金属桶等。这些包装容器在使用时容易损坏，故在储存运输中应经常检查。

② 运输方式　废渣的运输可直接外运，也可经过收集站或转运站运走。在我国，废渣的运输可根据产生地、中转站距处置场地距离、要采取的处置方法、废渣的特性和数量来选择适宜的运输方式，包括公路、铁路、水路或航空运输。对于各类危险废渣，最好的运输方式是使用专用公路槽车或铁路槽车，槽车内应设有各种防腐衬里，以防运输过程中的腐蚀泄漏。对于非危险性废渣，可用各种容器盛装，使用卡车或铁路货车运输。

③ 运输管理　《中华人民共和国固体废物污染环境防治法》第二十六条规定：收集、储存、运输、利用、处置固体废物的单位和个人，必须采取防扬散、防流失、防渗漏或其他防止污染环境的措施。不得在运输过程中沿途丢弃、遗撒固体废物。因此，环境保护行政主管部门必须对从事该项活动的单位或个人实行许可证制度，禁止无经营许可证或者不按照经营许可证规定从事危险废物的收集、储存、处置的经营活动；禁止将危险固体废物提供或者委托给无经营许可证的单位从事收集、储存、处置的经营活动。

直接从事废渣的运输者必须向当地环境保护行政主管部门申请，并接受专业培训，经考核合格、领取经营许可证后，方可从事固体废物的运输工作。同时应当制订在发生意外事故时采取的应急措施和防范措施，并向所在地县（区）级以上地方人民政府环境保护行政主管部门报告。

经营者在运输前应认真验收运输的固体废物是否与运输单相符，决不允许有互不相容的固体废物混入；同时检查包装容器是否符合要求，查看标记是否清楚准确，尽可能熟悉相关部门或单位提供的偶然事故应急处理措施。为了保证运输的安全性，运输者必须按有关规定装载和堆积固体废物，若发生撒落、泄漏及其他意外事故，运输者必须立即采取应急补救措施，妥善处理，并向环境保护行政主管部门呈报。在运输完后，经营者必须认真填写运输货单，包括日期、车辆车号、运输许可证号、所运的固体废物种类等，以便接受主管部门的监督管理。

(3) 废渣的贮存　除剧毒或某些特殊危险废渣，如与水接触会发生剧烈反应或产生有毒气体和烟雾的废渣、氰酸盐或硫化物含量超过1%的废渣、腐蚀性废渣、含有高浓度刺激性气味物质或挥发性有机物的废渣、含可聚性单体的废渣、强氧化性废渣等，须予以密封包装之外，大部分危险废渣可采用普通的钢桶或贮罐盛装。

二、医药企业废渣处理技术

药厂常见的废渣包括蒸馏残渣、失活催化剂、废活性炭、胶体废渣、反应残渣（如铁泥、锌泥等）、不合格的中间体和产品，以及用沉淀、混凝、生化处理等方法产生的污泥残渣等。如果对这些废渣不进行适当的处理，任其堆积，必将造成环境污染。

1. 废渣的预处理

废渣预处理是指采用物理、化学或生物方法，将废渣转变成便于运输、贮存、回收利用和处置的形态。预处理技术主要有压实、破碎、分选和脱水等。

(1) 压实　是利用机械的方法减少废渣孔隙率，增加其密度。当废渣受到外界压力时，各颗粒间相互挤压、变形或破碎从而达到重新组合的效果。经压实处理后，废渣的体积减小，更便于装卸、运输和填埋。压实适用于压缩性能大而回复性能小的固体废物；不适于某些较密实的固体和弹性废物，也不适合用于含易燃易爆成分的材料以及含水废物。

(2) 破碎　通过人为或机械等外力的作用，破坏物体内部的凝聚力和分子间的作用力，使物体破裂变碎的操作过程统称为破碎。破碎处理后，固体废渣变成适合进一步加工或能经济地再处理的形状与大小。破碎的目的有以下几点：a. 使组成不一的废物易混合均匀，提高燃烧、热解等处理过程的效率及稳定性；b. 减小容积，降低运输费用；c. 容易通过磁选等方法回收小块的贵重金属；d. 破碎后的制药废渣进行填埋处置时，压实密度高且均匀，可加快覆土还原进程。

(3) 分选　目的是将固体废渣中可回收利用的或不利于后续处理、处置工艺要求的物料用人工或机械的方法分门别类地分离出来，并加以综合利用。分选方法包括人工拣选和机械分选，机械分选又为筛分、重力分选、磁力分选、电力分选等。

(4) 脱水　凡含水率超过 90% 的固体废渣，必须先脱水减容，以便于包装与运输。脱水的方法有机械脱水与固定床自然干化脱水两类。机械脱水是以过滤介质两边的压力差为推动力，使水分强制通过过滤介质成为滤液，固体颗粒被截留为滤饼，达到除水的目的。机械脱水可分为真空过滤脱水、压滤脱水、离心脱水等。自然干化脱水利用自然蒸发和底部滤料、土壤进行过滤脱水。

2. 废渣的处理办法

(1) 一般处理方法　各种废渣的成分及性质大不相同，因此处理方法和步骤也不相同。一般来说，首先应注意废渣中是否含有贵重金属和其他有回收价值的物质、是否有毒性。废渣经回收、除毒后，一般可进行最终处理。

(2) 废渣的最终处理　目的是使废渣最大限度地与生物圈隔离，阻断处置场内废渣与生态环境相联系的通道，以保证其有害物质不对人类及环境的现在和将来造成不可接受的危害。各种废渣的成分不同，最终处置的方法也不同。目前，对医药企业废渣的处理方法主要有综合利用法、化学法、焚烧法、填埋法等。

① 综合利用法　实质是对医药企业废渣的再利用，可从以下几个方面考虑：a. 用作本厂或他厂的原辅料，如氯霉素生产中排出的铝盐可制成氢氧化铝凝胶等；b. 作铺路或建筑材料，例如硫酸钙可作优质建筑材料；c. 有些废渣，特别是生物发酵后排出的废渣常含有许多营养物，可根据具体情况用作饲料或农肥。

② 化学法　利用废渣中所含污染物的化学性质，通过化学反应将其转化为稳定、安全的物质，是一种常用的无害化处理技术。例如，铬渣中常含有可溶性的六价铬，对环境有严重危害，可利用还原剂将其还原为无毒的三价铬，从而达到消除污染的目的。再如，将氢氧化钠溶液加入含氰化物的废渣中，再用氧化剂使其转化为无毒的氰酸钠（$NaCNO$）或加热回流数小时后，再用次氯酸钠分解，可使氰基转化成 CO_2 和 N_2，从而达到无害化的目的。

③ 焚烧法　是将可燃固体废物置于高温炉中，使其可燃成分充分氧化的一种处理方法，

主要用于处理有机废渣。有机物经高温氧化分解为二氧化碳和水蒸气，并产生灰粉。焚烧能大大减少废渣的体积，消除其中的许多有害物质，同时能回收热量。因此，对于一些暂时无回收价值的可燃性废渣，特别是当用其他方法不能解决或处理不彻底时，焚烧法是一个有效的方法。该法可使废渣完全氧化成无害物质，COD 的去除率可达 99.5％以上，因此，此法适宜处理有机物含量较高或热值较高的废渣。当废渣中的有机物含量较少时，可加入辅助燃料。焚烧法效果好，解毒彻底，占地少，对环境影响小。在国内外被广泛采用，近年来有较快的发展。

④ 热解法　是在无氧或缺氧的高温条件下，使废渣中的大分子有机物裂解为可燃的小分子燃料气体、油和固态碳等的方法。热解法与焚烧法是两个完全不同的处理过程。焚烧过程放热，其热量可以回收利用；而热解则是吸热的。焚烧的产物主要是水和二氧化碳，无利用价值；而热解产物主要为可燃的小分子化合物，如气态的氢、甲烷，液态的甲醇、丙酮、乙酸、乙醛等有机物以及焦油和溶剂油等，固态的焦炭或炭层，这些产品可以回收利用。

⑤ 填埋法　是将废渣埋入地下，通过微生物的长期分解作用，使之分解为无害的化合物。目前，土地填埋法仍然是应用最广泛的废渣最终处理方法。根据废渣填埋的深度可将填埋法划分为浅地层填埋和深地层填埋；根据处置对象的性质和填埋场的结构形式可将填埋法分为惰性填埋、卫生填埋和安全填埋等。但目前被普遍承认的分类法是将其分为卫生填埋和安全填埋。前者主要用于处置城市垃圾等一般废渣，而后者则主要以危险废渣为处置对象。这两种处置方式的基本原则是相同的，事实上安全填埋在技术上完全可以包含卫生填埋的内容。

知识导图

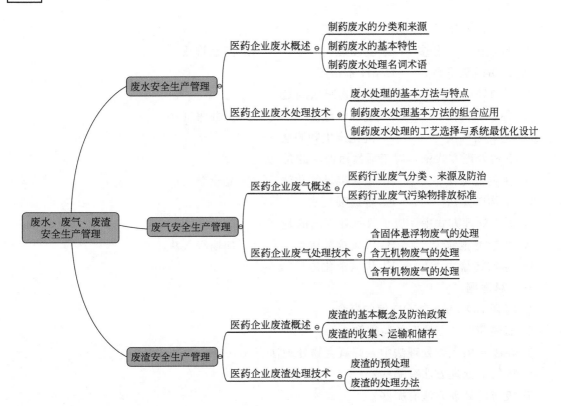

目标检测

一、A 型题（最佳选择题）

1. 下列关于药厂"三废"的论述中，正确的是（　　）。
   A. "三废"也是一种"资源"，可回收利用
   B. 综合治理"三废"很容易
   C. 仅用物理方法就可彻底治理"三废"
   D. 生物法可以去除废水中的所有污染物

2. 下列处理污水的方法中，不是物理处理法的是（　　）。
   A. 中和法　　　　B. 萃取法　　　　C. 沉淀法　　　　D. 过滤法

3. 下列处理污水的方法中，属于化学处理法的是（　　）。
   A. 中和法　　　　B. 萃取法　　　　C. 沉淀法　　　　D. 过滤法

4. BOD 表示（　　）。
   A. 水的酸碱度　　B. 化学需氧量　　C. 生化需氧量　　D. 生物需氧量

5. COD 表示（　　）。
   A. 水的酸碱度　　B. 化学需氧量　　C. 生化需氧量　　D. 生物需氧量

二、X 型题（多项选择题）

1. 化学制药厂里的"三废"防治很重要，"三废"指的是（　　）。
   A. 废液　　　　　B. 废气　　　　　C. 废渣
   D. 废料　　　　　E. 废水

2. 以下属于药厂"三废"特点的是（　　）。
   A. 数量少、成分多　　B. 变动性大　　　C. 间歇排放
   D. 化学需氧量高　　　E. pH 不稳定

3. 下列处理方式中，不属于生物膜法的是（　　）。
   A. 逐步曝气法　　　B. 生物转盘法　　C. 深井曝气法
   D. 纯氧曝气法　　　E. 流化床生物膜法

4. 下列处理方式中，属于活性污泥法的是（　　）。
   A. 生物滤池法　　　B. 生物接触氧化法　　C. 完全曝气法
   D. 生物转盘法　　　E. 普通曝气法

5. 下列处理方式中，属于厌氧处理法的是（　　）。
   A. 生物滤池法　　　B. 厌氧接触法　　　　C. 加速曝气法
   D. 生物转盘法　　　E. 厌氧消化池

三、思考题

1. 解释 BOD 值和 COD 值的概念。
2. 简述药厂"三废"的特点和来源。
3. 在废水的生物处理法中，好氧生物处理法有哪几种？并试述其工艺。
4. 废气的处理方法有哪些？
5. 废渣的处理方法有哪些？

6. 什么叫好氧生物处理？其优缺点有哪些？
7. 药厂"三废"的防治措施有哪些？
8. 什么叫厌氧生物处理？其优缺点有哪些？
9. 画出制药废水处理的基本工艺流程图。
10. 简述如何将制药废水处理的基本方法进行组合应用。

实训项目七

"三废"知识海报制作与宣传

【实训目的】

① 通过学习本章内容,了解制药"三废"的来源与处理方法。
② 利用海报宣传制药"三废"的危害及应对措施。

【实训条件】

1. 实训场地

图书馆、多媒体教室。

2. 实训资源

互联网、各类图书报刊。

【实训内容】

利用互联网、图书馆多媒体资源等内容,收集制药"三废"的各种宣传资料与图片,每一小组选取一个章节来完成海报的制作,并在班级进行评比。

【实训报告】

① 评比结束后,进行分组讨论并做好记录。
② 教师进行总结点评。
③ 学生按规定格式完成实训报告,书写自己的实训体会。

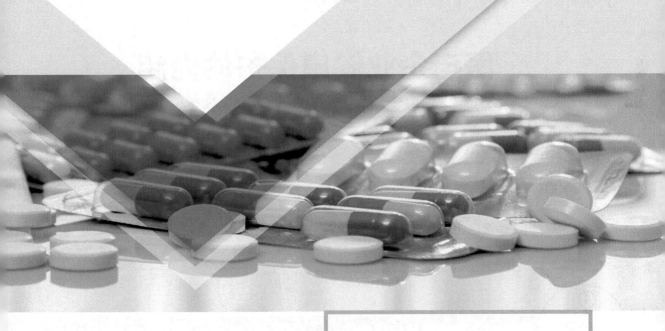

模块八

医药企业健康保护及管理

思政与素质目标

- 树立健康管理的理念,养成遵守工作规范的习惯。
- 树立安全生产的思想,自觉掌握安全生产法律法规。
- 树立安全第一、预防为主的思想,具有健康管理的意识。
- 树立心理健康管理的理念,培养积极乐观的心态。
- 正确对待和消除烦恼,提高应对烦恼、保持乐观心情的能力。

项目一

医药企业健康保护的内涵

知识目标
了解医药企业健康保护的概念。
了解医药企业健康保护的任务。
理解医药企业健康保护管理。

某企业发生慢性苯中毒事件

2016年,某医药企业原料仓库保管员李某,男性,因头昏、头痛、记忆力减退、牙龈出血入院,经检查,诊断为再生障碍性贫血。李某自2012年担任医药企业原料仓库保管员,办公室设在仓库内,仓库内长期存有苯、甲苯、乙酸乙酯等化学原料。经测定,仓库苯浓度最低值为120mg/m³,最高值达360mg/m³,是标准值的20~60倍,且室内无通风排毒装置,患者日常工作时没有采取防护措施,经当地疾病预防控制中心鉴定患者为慢性苯中毒,进而引起贫血。

思考:医药企业健康管理包括哪些内容? 该企业应采取哪些措施以避免慢性苯中毒事件的发生?

一、医药企业健康保护的概念和任务

1. 医药企业健康保护的概念

随着医药行业的发展,人们对安全、环保、职业健康提出了更高的要求。医药企业员工在从事药品生产过程中,因管理不合理、规章制度不完善或某些药品的生产环境与生产工序等的特殊要求,会不可避免地接触到各种有毒、有害物质,如果防护不当,就可能导致生产人员患上各种职业病,甚至可能导致生产人员伤残或死亡。如长期在无菌操作生产岗位的生产人员没有及时轮岗,则导致生产人员的抵抗力下降,患上各种疾病等;又如小容量注射剂的可见异物检查,需要生产人员用肉眼进行观察,长期从事灯检的人员可发生视觉疲劳,甚至视力下降。

从广义上来讲,医药企业健康保护是指保护企业人员在劳动过程中的生命安全和身心健康,从狭义上来讲,是指国家和制药企业为保护企业人员在劳动过程中的安全和健康所采取的立法和组织管理与技术措施的总称,如《药品生产质量管理规范》(GMP)、《药品管理法》等。

2. 医药企业健康保护的任务

医药企业健康保护的任务主要有三个:一是保证企业人员在劳动过程中的生命安全和身心健康;二是保证医药企业周边居民的生命安全和身心健康;三是保证医药企业周边的空气、河流、土壤等不会受到污染。

医药企业为完成上述健康保护的任务,必须制定各种规章制度,制定各种规章制度的指导方针是"安全第一,预防为主"。

"安全第一"要求医药企业把人的生命安全和身心健康放在第一位,企业要尽可能避免人员伤亡及职业病的发生;企业人员应遵守操作规范,始终把安全生产放在第一位。当员工生命安全与企业生产之间发生矛盾时,遵守"生产服从安全"原则。

"预防为主"要求企业加强对安全事故的管理和职业危害的预防工作。企业要加强安全教育,提高企业人员安全意识;要尽可能地采用先进设备和技术,确保安全生产;要运用先进的管理方法和技术,预测和预防危险因素的产生。

二、医药企业健康保护的管理

医药企业健康保护管理包括健康保护组织机构、健康保护法律体系、健康保护教育和健康保护监察。

1. 健康保护组织机构

健康保护组织机构包括政府和企业两部分。

政府健康保护组织机构主要负责健康保护立法、健康保护监察、劳动争议仲裁和劳动安全保险等工作。

企业健康保护组织机构主要负责制订健康保护措施、开展生产安全教育、管理健康保护用品等工作。如有的医药企业负责健康保护的组织为环保、健康、安全管理部,简称EHS部。

2. 健康保护法律体系

为保护企业人员在生产过程中的健康,规范企业人员在生产过程的行为准则,各个国家均用法律的形式制定了一系列保护企业人员安全与健康的法律规范,并由国家强制执行。

我国健康保护的法律体系主要包括健康保护法律、法规及健康保护国家标准三个方面。

(1) 健康保护法律 包括《宪法》《劳动法》《劳动合同法》《安全生产法》《消防法》《职业病防治法》《环境保护法》等。

(2) 健康保护法规 包括《危险化学品安全管理条例》《职业健康检查管理办法》《职业病诊断与鉴定管理办法》《尘肺病防治条例》《使用有毒物品作业场所劳动保护条例》等。

(3) 健康保护国家标准 包括《医药工业洁净厂房设计标准》(GB 50457—2019)、《工作场所职业病危害警示标识》(GBZ 158—2003)、《工作场所职业病危害作业分级第1部分：生产性粉尘》(GBZ/T 229.1—2010)、《工作场所职业病危害作业分级第2部分：化学物》(GBZ/T 229.2—2010)、《工业场所职业病危害作业分级第3部分：高温》(GBZ/T 229.3—2010)、《工作场所职业病危害作业分级第4部分：噪声》(GBZ/T 229.4—2012)、《工作场所防止职业中毒卫生工程防护措施规范》(GBZ/T 194—2007)、《有机溶剂作业场所个人职业病防护用品使用规范》(GBZ/T 195—2007)、《用人单位职业病防治指南》(GBZ/T 225—2010)、《化学品分类和危险性公示通则》(GB 13690—2009)、《常用化学危险品贮存通则》(GB 15603—1995)、《密闭空间作业职业危害防护规范》(GBZ/T 205—2007)和《化工企业安全卫生设计规范》(HG20571—2014)等。

知识拓展

相关法律法规

《中华人民共和国劳动合同法》，中华人民共和国第十届全国人民代表大会常务委员会第二十八次会议于2007年6月29日通过，经2012年12月28日第十一届全国人民代表大会常务委员会第三十次会议修正，2013年7月1日实施，其中，第十七条第八款为劳动保护、劳动条件和职业危害防护。

在现行的劳动合同法中，职业危害防护被列为劳动合同必备条款。强调职业危害防护条款，则要求用人单位必须将工作过程中可能产生的职业病危害、防护措施等在劳动合同中写明，不得隐瞒或欺骗。这更倾向于保护劳动者的合法权益。对于企业而言，存在职业危害的工作在劳动合同必备条款中要如实告知劳动者，而告知的方法和对危害的严重性估测可以根据实际进行适当的调节。

---

3. 健康保护教育

健康保护教育即安全生产教育，目的是为了提高企业人员的安全生产意识，使其具有安全生产技能和在生产过程中执行安全生产法律、法规及规章制度的自觉性。制药企业可采用各种形式的健康保护教育，如传播媒介、卫生服务、干预措施等，使企业员工达到：a. 熟悉自己所处生产环境可能接触到的有害因素及其对健康的影响；b. 参与控制影响健康的因素，积极改善环境和生产方式，自觉实行自我保健和选择有利于健康的行为方式。

医药企业新进人员在上岗之前应进行"三级安全教育"，即接受厂级、车间、班组（岗位）的安全教育。

(1) 厂级安全教育 主要内容包括安全生产基本知识、安全生产法律法规、单位安全概况和安全生产的相关规章制度等。

(2) 车间安全教育 包括车间布局、车间危险区域、车间健康保护的相关规章制度，车间的防火知识、车间事故多发部位的管理等。

(3) 班组（岗位）安全教育 是针对具体岗位进行的安全生产知识教育，主要包括本岗位安全操作规程和岗位责任、健康保护用品的正确使用与爱护要求、文明生产要求、示范安全操作等。

4. 健康保护监察

在健康保护监察方面，我国有完整的法律法规体系和监察管理机构，如《特种设备安全检查条例》《劳动保障监察条例》，国家安全生产检查管理部门、各地方的安全生产质量管理部门等，用以切实维护企业人员的人身安全。

医药企业健康保护

项目二

职业健康安全管理体系

知识目标　了解职业健康安全管理的建立、实施和认证。
理解职业健康安全管理体系的基本思想、术语和要素。

　　一家制药厂近三个月内连续发生三次机修工伤手的事故，事故都是由违规操作引起的。调查员提问，针对这样连续发生的事故，公司是否采取了相应的纠正和预防措施？生产部负责人说是由机修工自己违规操作造成的，发生事故后，及时地将他们送到医院进行了治疗，好在没有造成什么严重后果，其他也不需要再采取什么措施了。

　　思考：请问生产部负责人的说法是否正确，为什么？

一、职业健康安全管理体系的思想、术语和要素

　　职业健康安全管理体系（OHSMS）是 20 世纪 80 年代后期在国际上兴起的现代安全生产管理模式，它与 ISO 9000 质量保证体系和 ISO 14000 环境管理体系等标准体系一并称为"后工业化时代的管理方法"。职业健康安全管理体系产生的一个重要原因是世界经济全球化和国际贸易发展的需要。随着企业规模的扩大和生产集约化程度的提高，职业健康安全管理体系对企业的质量管理和经营模式提出了更高的要求。企业必须采用现代化的管理模式，使包括安全生产管理在内的所有生产经营活动科学化、规范化和法制化。职业健康安全管理体系是一个科学、系统、文件化的标准体系和管理体系，它包含了一种对企业职业安全卫生进行管理的思想和规范，以及按照这种管理思想进行管理的一整套做法和程序。OHSMS 强调运用系统化的安全管理思想，通过一系列文件对企业的各项生产和管理活动进行有效控制和

调节，将各种事故和疾病的隐患进行彻底的消除。

医药企业应当按照GMP的要求组织生产，GMP中包含着保护员工职业健康安全的要求，因此可认为OHSMS标准是GMP质量管理内涵的外延。尽管OHSMS是一种推荐性的国家标准，但是市场经济及国际贸易会推动着医药企业，将本企业产品推向市场时，要建立职业健康安全管理体系。职业健康安全管理体系为企业提高职业健康安全绩效提供了一个科学、有效的管理手段，有助于推动职业健康安全法规和制度的贯彻执行和提高职业健康安全管理水平；同时有助于消除国际贸易壁垒。

> **知识链接**
> **我国职业健康安全管理体系的发展历程**
>
> 国际标准化组织（ISO）是在1995年上半年正式开展OHSMS标准化工作的，当时我国派代表参加了特别工作小组，这说明我国对职业健康安全管理标准化是非常重视的。1996年3月8日，我国成立了"职业健康安全管理标准化协调小组"，1997年中国石油天然气总公司制定了《石油天然气工业健康、安全与环境管理体系》《石油地震队健康、安全与环境管理规范》《石油天然气钻井健康、安全与环境管理体系指南》三个行业标准；1998年，我国劳动保护科学技术学会提出了《职业安全卫生管理体系规范及使用指南》。1999年10月，国家经贸委颁布了《职业安全卫生管理体系试行标准》，下发了在国内开展OSHMS试点工作的通知；2001年11月12日，国家质检总局发布了《职业健康安全管理体系要求》（GB/T 28001—2011）、《职业健康安全管理体系实施指南》（GB/T 28002—2011）；2020年3月6日，国家市场监督管理总局、国家标准化管理委员会发布2020年第1号公告，批准GB/T45001—2020《职业健康安全管理体系要求及使用指南》，该标准代替了GB/T 28001—2011和GB/T 28002—2011。2018年3月12日国际标准化组织（ISO）发布了ISO 45001:2018标准，要求新版标准过渡期为3年，即2018年3月12日至2021年3月11日。原OHSMS获证客户需在2021年3月11日前完成相关标准换版审核并换发新版证书的工作。未在规定时限内完成新版标准转换的获证组织，其相应的体系证书将自动失效，即2021年3月11日后原GB/T 28001—2011标准体系证书失效。

1. 职业健康安全管理体系的基本思想

职业健康安全管理体系（OHSMS）采用PDCA循环管理思想，即对各项工作通过计划（plan）、实施（do）、检查（check）、改进（action）等过程，对企业各项生产和管理活动进行规划，确定应遵循的原则，实现安全管理目标，在实施过程中不断检查和发现问题，并及时采取纠正措施，保证实施过程中不会偏离原有的目标和原则，它要求用人单位在实施职业健康安全管理体系时，始终保持持续改进的意识，对体系进行不断修订和完善，最终实现预防和控制事故、疾病及其他损失的目标。

2. 职业健康安全管理体系的基本术语

（1）安全 是指免除了"不可接受的损害风险"的状态。安全是不发生"不可接受风险"的一种状态，即安全与否是根据风险的可接受程度来判定的。而风险的可接受程度会随着时间、空间等的变化而发生变化，故安全是一个相对的概念。如风险的程度是合理的，在经济上、身体上、心理上是可承受的，即可认为处于安全状态，当风险达到不可接受的程度时，则形成不安全状态。

注：不可接受的损害风险超出了法律法规的要求，超出了方针、目标和企业规定的其他要求，超出了人们普遍接受程度要求等。

(2) 职业健康安全（OHS） 是指影响工作场所内员工、临时工作人员、合同方人员、访问者和其他人员健康、安全的条件和因素。

(3) 职业健康安全管理体系（OHSMS） 是总的管理体系的一个部分，便于组织对与其业务相关的职业健康安全风险的管理。它包括为制订、实施、实现、评审和保持职业健康安全方针所需的组织结构、策划活动、职责、惯例、程序、过程和资源。

(4) 事故 是指造成死亡、疾病、伤害、损坏或其他损失的意外情况。要注意区分事故和事件，造成了死亡、疾病、伤害、损坏或其他损失的情况是事故，没有造成上述情况的是事件。如日光灯坠落，砸到人是事故，没砸到人虚惊一场是事件。

(5) 事件 是导致或可能导致事故的情况，主要指活动、过程本身的情况，其结果尚不确定。如果造成不良结果则形成事故，但侥幸未造成事故的事件也应引起关注。

(6) 危险源 是指可能导致伤害或疾病、财产损失、工作环境破坏或这些情况组合发生的根源或状态。根据 GB/T 13861—2009《生产过程危险和有害因素分类与代码》，可将危险源分为四类，分别为人的因素、物的因素、环境因素和管理因素。

(7) 危险源辨识 是指识别危险源的存在并确定其特性的过程，危险源辨识是职业健康安全管理活动中的基本活动。危险源辨识是从组织的活动中识别出可能造成人员伤害、财产损失和环境破坏的因素，并判定其可能导致的事故类别和事故发生的直接原因的过程。危险源的存在形式多样，有的显而易见，有的则因果关系不明，因此需要采用一些特定的方法和手段对其进行识别，并进行严密的分析，找出因果关系。

(8) 风险 是指某一特定危险情况发生的可能性和后果的组合。风险是对某种可预见的危险情况发生概率及后果严重程度这两项指标的综合描述。危险情况可能导致人员伤害和疾病、财产损失、环境破坏等。对危险情况的描述和控制主要通过其两个主要特性来实现，即可能性和严重性。可能性是指危险情况发生的难易程度，通常使用概率来描述。严重性是指危险情况一旦发生后，将造成的人员伤害程度和经济损失大小。两个特性中任意一个过高都会使风险变大，但其中一个特性不存在或为零的风险是不存在的。

(9) 可容许风险 根据组织的法律义务和职业健康安全方针，已降至组织可接受程度的风险。那些危险程度小，在自然条件下无须控制或无法控制，也不违反法律法规、方针目标要求的风险，不属于职业健康安全管理系统的控制范围，不适用本定义。

(10) 风险评价 是指评估风险大小以及确定风险是否可容许的全过程风险评价，主要包括两个阶段，一是对风险进行分析评估，确定其大小或严重程度；二是将风险与安全要求进行比较，判定其是否可接受。风险分析评估主要针对危险情况的可能性和严重性。安全要求是判定风险是否可接受的依据，需要根据法律法规、组织方针目标等的要求和社会大众普遍要求来综合确定。

(11) 组织 是指具有自身职能和行政管理的企业单位、事业单位或社团。对于拥有一个以上运行单位的组织，可以把每一个单独运行的单位视为一个组织。

(12) 审核 是指为获得审核证据并对其进行客观评价，以确保满足审核准则程度所进行的系统的、独立的和文件化的过程。

> **知识拓展**
>
> **审核种类**
>
> 审核分为内部审核和外部审核。
>
> 内部审核有时也称第一方审核，用于内部目的，由组织自己或以组织名义进行，可作为组织自我合格声明的基础。
>
> 外部审核包括通常所说的"第二方审核"和"第三方审核"。
>
> 第二方审核由组织的相关方（如顾客）或由其他相关人员以相关方的名义进行。
>
> 第三方审核由外部独立的组织进行。这类组织提供符合要求的认证或注册。注：当两个或两个以上审核机构合作，共同审核同一个受审方时，称为"联合审核"；当质量和环境管理体系被一起审核时，称为"一体化审核"。

（13）目标 是指组织在职业健康安全绩效方面所要达到的目的。

（14）绩效 也可称为"业绩"，是指基于职业健康安全方针和目标，与组织的职业健康安全风险控制有关的，职业健康安全管理体系的可测量结果。

注：绩效测量包括职业健康安全管理活动和结果的测量。

（15）不符合 是指任何与工作标准、惯例、程序、法规、管理体系绩效等的偏离。其结果能够直接或间接导致伤害或疾病、财产损失、工作环境破坏或这些情况的组合。

（16）持续改进 是提高绩效的循环过程，同时也是组织对其职业健康安全管理体系进行不断完善的过程。持续改进活动可以针对整个体系，也可针对其中一个或一部分过程和因素，可以是重大的技术改造项目，也可以是日常的革新、完善活动。因此持续改进活动会使组织的职业健康安全总体绩效得到改进，实现组织的职业健康安全方针和目标。

（17）相关方 是指与组织职业健康安全绩效有关的或受其职业健康安全绩效影响的个人或团体。组织的职业健康安全业绩受多方面因素的影响和制约，同时也对许多相关的个人或团体产生影响。其相关的个人可以包括组织的员工、员工亲属、股东、顾客等；相关的团体主要包括供方、银行、合同方、政府主管部门等。从广义上说，整个社会都会从不同的渠道或多或少与组织的职业健康安全绩效产生关联。但在实施职业健康安全管理体系的过程中，特别是进行体系的认证过程中，应注意限定相关方的范围，不能无限地扩大。

3. 职业健康安全管理体系的要素

不同国家或不同领域中的职业健康安全管理体系标准在内容的表述上存在一定差异，但

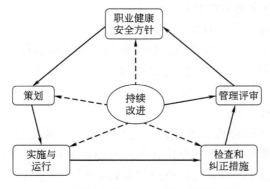

图 8-1 职业健康安全管理体系管理模式

核心内容都是由职业健康安全方针、策划、实施与运行、检查和纠正措施、管理评审5个环节组成的，且采用持续改进的运行模式。其管理模式如图8-1所示。

职业健康安全管理体系管理模式中的5个环节由6个一级要素和15个二级要素组成，如表8-1所示。这些要素之间不是孤立的，只有当一个体系的所有要素组成一个有机的整体，使其相互依存、相互作用时，才能使所建立的体系完成一个特定的功能。

表 8-1 职业健康安全管理体系的要素

一级要素	二级要素
总要求	—
职业健康安全方针	—
策划	①对危险源辨识、风险评估和风险控制策划 ②法律法规及其他要求 ③目标 ④职业健康安全管理方案
实施与运行	①结构和职责 ②培训、意识和能力 ③协调和沟通 ④文件 ⑤文件和资料控制 ⑥运行控制 ⑦应急准备和响应
检查和纠正措施	①绩效测量与监视 ②事故、事件、不符合的纠正和预防措施 ③记录和记录管理 ④审核
管理评审	—

将职业健康安全管理体系中制订各要素的目的简述如下。

(1) 总要求提出的目的

① 提出建立并保持职业健康安全管理体系，规定组织结构、职责、策划、活动、惯例、程序、过程和资源等要求并形成文件。

② 要求组织实施并不断改进和完善其职业健康安全管理体系。

③ 要求组织保持遵循其声明的职业健康安全方针。

(2) 制订职业健康安全方针的目的

① 确定组织职业健康安全管理的总方向和总原则。

② 确定整个组织所需的有关职业健康安全的职责和绩效目标。

③ 表明组织实行良好职业健康安全管理的正式承诺，如持续改进承诺、遵守职业健康安全法律法规和组织接受的其他要求的承诺等。

(3) 进行策划的目的

① 对危险源辨识、风险评价和风险控制进行策划，可使组织对其范围内的所有重大职业健康安全危险源获得清晰的认识和总体评价，并与职业健康安全管理体系中的其他要素之间建立明确而重大的联系；同时也可以使组织持续识别、评价和控制其职业健康安全风险，以及认识当前职业健康安全风险状况等。

② 对法律法规及其他要求的策划，可促进组织认识和了解其所应履行的法律义务，识别对职业健康安全法律法规及其他要求的需求和获取途径等。

③ 对目标的策划，可使组织的职业健康安全方针能真正落实，确保组织内部就其职业健康安全方针的每一个方面都建立可测量的目标。

(4) 实施与运行的目的

① 规定组织机构和职责，可以确定适宜于职业健康安全管理体系的组织结构，明确职业健康安全管理体系实施和运行过程中有关人员的作用、职责和权限，以及确定实施、控制和改进职业健康安全管理体系所需的各种资源等。

② 通过培训，增强员工的职业健康安全意识，确保员工有能力履行相应的职责，并完成可能影响工作场所内职业健康安全的工作任务。

③ 通过协商和沟通，确保组织与员工及其他相关方就相关职业健康安全信息进行相互沟通，鼓励所有受组织运行影响的人员参与组织良好的职业健康安全实践，并对方针和目标给予支持。

④ 通过建立文件，确保组织的职业健康安全管理体系得到充分理解，并就有效运行给予支持。

⑤ 通过对文件和资料的控制，确保组织对所有影响职业健康安全运行及职业健康安全绩效的关键信息的文件与资料进行识别和控制。

⑥ 对运行控制，可以确保控制和阻遏措施的有效实施，并使由于风险有关的需要而采取控制措施的运行和活动均处于有效的受控状态。

⑦ 制订应急准备和响应计划，可以主动评价潜在的事故或紧急情况，识别应急响应，以便预防和减少可能引发的疾病和伤害。

(5) 检查和纠正措施的目的

① 通过对绩效测量和监视，保证组织的职业健康安全体系有效运行。

② 建立有效报告和评估事故、事件、不符合的程序，可以识别和消除根源，预防事故和不符合情况的进一步发生，探测、分析和消除不符合的潜在根源。

③ 通过记录和对记录管理，证实职业健康安全管理体系处于有效运行状态，并将管理体系和要求的符合性形成文件。

④ 通过审核，评审和持续评估组织职业健康安全体系的有效性，确定对形成文件的职业健康安全程序的符合程度，评审职业健康安全管理体系是否有效满足组织的职业健康安全目标等。

(6) 管理评审的目的

① 评价职业健康安全管理体系是否完全实施，是否继续保持并适宜实现组织所确立的职业健康安全方针和目标。

② 评价职业健康安全管理体系是否继续适宜。

③ 确定对形成文件的职业健康安全程序的符合程度等。

二、职业健康安全管理体系的建立和实施

建立职业健康安全管理体系的根本目的是通过组织制订的职业健康安全方针、目标和管理方案，在落实职责分工和资源配置的条件下，对组织的职业健康安全活动进行程序化、文件化的控制，实行持续改进，不断改善组织的职业健康安全绩效。因此组织建立的健康安全

管理体系成功与否，关键看实施的程度和效果。建立与实施职业健康安全管理体系的具体过程可参考如下步骤。

1. 学习与培训

管理层培训主要针对职业健康安全管理体系的基本要求、主要内容和特点，以及建立与实施职业健康安全管理体系的重要意义与作用。培训的目的是统一思想，在推进体系中给予有力的支持与配合。

内审员培训是建立和实施职业健康安全管理体系的关键。应根据专业的需要，通过培训确保他们具备开展初始评审、编写体系文件和进行审核等的工作能力。

全体员工培训的目的是使他们了解职业健康安全管理体系，并在今后工作中能够积极主动地参与职业健康安全管理体系的各项实践。

2. 初始评审

初始评审为建立和实施职业健康安全管理体系提供基础，为职业健康安全管理体系的持续改进建立绩效基准。

初始评审的结果应形成文件，并作为建立职业健康安全管理体系的基础。

3. 体系策划

实施初始评审后，根据评审结果，并结合本企业的现有资源（包括人力、财力和物力等）及现有技术水平，进行职业健康安全管理体系的整体策划和设计。

4. 文件编写

企业根据职业健康安全管理体系的标准，并结合自身的具体情况，对体系的全部要素进行具体描述，形成不同层次的文件（文件可以是书面形式或电子媒体形式），以确保所建立的职业健康安全管理体系在任何情况下均能得到充分理解和有效运行。

职业健康安全管理体系文件，多数情况下采用手册、程序文件以及作业指导书的形式等。

5. 体系试运行

各个部门、所有人员都应按照职业健康安全管理体系的要求开展相应的健康安全管理和活动，对职业健康安全管理体系进行试运行，以检验体系策划与文件化规定的充分性、有效性等。

6. 评审完善

根据职业健康安全管理体系的试运行结果，特别是绩效监测和测量、审核以及管理评审的结果，检查与确认职业健康安全管理体系各要素是否按照安排计划有效运行，是否达到了预期目标，并采取相应的改进措施，使所建立的职业健康安全管理体系得到进一步完善。

三、职业健康安全管理体系的认证

职业健康安全管理体系的认证是由获得认证资格的 OHSMS 认证机构，依据审核准则对受审方通过实施审核认证评定，确认受审方 OHSMS 的符合性及有效性，并发证书和标志的过程。

职业健康安全管理体系认证的实施程序包括认证的申请与受理、审核策划与准备、审核的实施、纠正措施的跟踪与验证、认证后的监督与复评。

1. 认证的申请与受理

(1) 认证的申请 已建立并有效运行了职业健康安全管理体系的用人单位，可以向经国家认证机构委员会认可的认证机构提出认证申请。申请认证的用人单位应按认证机构的要求填写认证申请书，并附上相关资料，当然认证申请也可以由委托方提出。

在认证申请中一般认证机构需要了解的内容有：①用人单位的背景情况，包括名称、地址、法律地位、联系方式、产品及其用途、产量、产值、所有制形式、员工人数、占地面积、建筑面积以及经济活动类型等一般情况；②用人单位有可能造成较大职业健康安全影响的活动、产品及服务等；③用人单位的职业健康安全管理状况，如体系建立情况，组织机构及绩效等申请方在认证申请中还应向认证机构明确希望开始审核的时间及审核范围。

(2) 受理申请 认证机构在接到认证申请表及相关材料后，应对申请组织进行申请评审和合同评审，以确定是否可以受理认证申请，如果接受申请，则与委托方或受审核方签订认证合同，并各自承担合同中规定的责任。申请评审是指对申请方提交的申请材料进行初步评审，以确定申请方是否符合申请认证的条件。合同评审是认证机构对承担该认证项目的能力进行自我评价的工作过程。

2. 审核策划与准备

审核策划与准备是现场审核前必不可少的重要环节，其主要包括确定审核范围、组成审核组、制订审核计划、编制审核文件等工作内容。

职业健康安全管理体系的审核强调审核的文件化和系统化，即审核过程要以文件的形式加以记录，故审核过程中需要用到大量的审核工作文件，这些工作文件需要在审核前认真编制，以作为现场审核的指南。审核工作文件包括审核计划，审核检查表，审核任务分配表，审核计划日程表，首次、末次会议签到表，审核记录，不符合报告、不符合项分布表，审核报告等。

3. 审核的实施

职业健康安全管理体系认证审核通常分为两个阶段。第一阶段审核称为初始审核，简称初审，包括文件审核和初访；第二阶段审核称为正式审核，也称现场审核。

(1) 文件审核 目的是为了了解受审核方的职业健康安全管理体系文件是否符合职业健康安全管理体系标准及审核规范的要求，从而确定是否进行现场审核。

(2) 初访 是审核组与受审方之间的正式接触。初访的目的主要有3个：①以确认体系实施和运行的基本情况和存在的问题，并确定第二阶段现场审核的重点；②确定进行第二阶段现场审核的可行性和条件；③确认前期双方商定的审核范围是否合理。初访并不是认证过程中必不可少的程序，是否进行初访主要取决于认证机构对受审核方的了解情况和文件审查的结果。

(3) 现场审核 目的是为了验证受审核方职业健康安全管理体系标准和文件实际执行的情况。通过现场采集的客观证据，对体系运行状况是否符合标准要求和体系文件规定作出判断，并据此对受审方是否通过职业健康安全管理体系认证作出结论。

4. 纠正措施的跟踪与验证

现场审核的一个重要结果是发现受审核方职业健康安全管理体系中存在的不符合项。对于这些不符合项，受审核方应根据审核方的要求制订合理有效的纠正措施，并在规定时间内加以实施和完成，并将纠正措施与结果报告审核组，同时附上相关证明材料。审核方应对受审核方纠正措施的落实和有效性进行验证，验证分为文件验证与现场跟踪验证。

5. 认证后的监督与复评

认证机构对获得认证证书的单位在证书的有效期内（一般为 3 年）应定期或不定期实施监督审核，以验证其是否持续满足认证标准的要求。这是促使受审核方的职业健康安全管理体系有效保持和不断改进的主要手段。获证单位在认证证书有效期期满时，可通过复评再次获得认证证书。

项目三

医药企业员工心理健康管理

知识目标　了解医药企业员工心理健康的重要性。
　　　　　熟知医药企业员工心理健康保护的主要措施。

案例导入　心理与安全

① 某厂的工人王某由于与家人发生争吵，上班时注意力不集中，在生产过程中手持蜡包滑倒，造成手面、足面烫伤。

② 某厂的青年职工李某，父母双亡，工资很低，还要供养弟妹，本人又患肺病，30岁还未找到对象，情绪非常低沉，上班经常迟到、早退，违章作业不断。企业工会经常派人找小李谈心，给他发困难补助，并送他去疗养，病好后又帮他找到对象，结婚时工会还帮他找了房子。从此，他积极工作，严格执行规章制度，在一年的时间内连续防止了两起重大事故的发生，受到单位表扬和奖励。

思考：上述两个实例从正反两方面说明，情绪对安全行为的作用和影响。试说说自己平时是如何调节心情的？

一、心理健康的重要性

人是生产活动中最活跃的因素，在导致事故发生的种种原因中，人的不安全因素是一个很重要的原因。安全工程专家海因里希说过，88％的事故是由人的不安全行为造成的。在这些人的不安全因素当中，很大一部分是人的心理因素，如情感、态度、意志、精神状态、注意力等。因此在加强企业安全文化建设之时，必须把职工的心理健康管理置于重要位置。

心理是人脑的机能，是人脑对客观物质世界的主观反映。一个清醒的正常人从事任何活动（如生产活动、家庭活动等）时，必然伴随着心理活动。人的心理活动是一个复杂的过程，但总体上可以分为心理过程和个性心理，这两方面均与医药企业安全生产存在一定联系。

1. 心理过程

心理过程按其性质分为三个方面，即人的认知过程、情绪与情感过程、意志过程，简称知、情、意。心理过程中的任何一个方面出现异常，均会对安全生产产生影响。

(1) 认知过程 是人们获得知识、运用知识或信息加工的过程，是人的基本心理现象，包括感觉、知觉、记忆、思维、想象等。感觉是最简单的认识活动，是通过人的感觉器官对客观事物个别属性的反映（如颜色、气味等）。知觉是在感觉的基础上，人对客观事物的各种属性、各个部分及其相关联系的整体反映。人们往往根据自己过去获得的知识和经验去理解和感知现实的对象。当企业员工接受安全教育，看到已经发生的事故录像时，往往会感到非常震惊，也能体会到安全的重要性。思维是人们利用由感觉和知觉所获得的信息进行分析、综合等的加工过程，以求认识客观事物的本质和内在联系。例如，医药企业员工对生产过程是否存在危险的判断，首先是感知到危险信息存在，然后通过大脑对感知到的信息进行处理，识别危险并判断其可能的后果，最后才能对危险的预兆作出反应。因此，企业预防事故的水平首先取决于人们对危险的认识水平，人们对危险的认识越深刻，发生事故的可能性越小。

为了保证安全生产，要控制适宜的外界刺激强度，并根据不同的目的适当调节和选用刺激方式。利用人的感知觉特性设计出更安全的生产设备，例如利用红色光波在空气中传播距离较远易被人识别的特点，可以将红色作为安全色中的禁止、危险等信号。在生产环境中，有些因素会引起人感知觉功能的下降，从而出现误识别，导致判断错误而引起事故，例如医药企业的火灾报警器在嘈杂的背景下，声响强度须达到100~115dB才能起到警示作用；而不良的照明条件可引起人的视觉疲劳等。

(2) 情绪与情感过程 情绪与情感是从不同角度来表达感情这种复杂心理现象的，是两个不同的概念。情绪是由机体的生理需要是否得到满足而产生的体验，是任何动物都有的；情感是由人的社会性需要是否得到满足而产生的体验，是人类特有的。

① 情绪 在医药企业的安全生产活动中，积极或消极情绪对人们的行为有着显著影响。积极情绪可以加深人们对企业安全生产重要性的认识，具有"增力"作用，能促发人的安全动机，使其采取积极的态度，投入到企业的安全生产中去。例如，愉快而平稳的情绪等能使人的大脑处于最佳活动状态，保证体内各器官活动的一致性，使得人精力充沛和注意力集中，更能注意到生产过程中存在的危险因素。而消极情绪，会使人带着气愤、厌恶等情感体验去看待企业的安全生产活动，具有"减力"作用，使人采取消极的态度，从而易于导致不安全行为。

不管是何种情绪，均会对安全生产产生影响。研究证明，当人的情绪激动水平处于过高或过低状态时，人体操作行为的准确度都只有50%以下，因为情绪过于兴奋和抑制都会引起人体神经系统和肾上腺系统功能的紊乱，从而导致人体的注意力无法集中，甚至无法控制自己。因此人们从事不同程度的劳动时，需要有不同程度的劳动情绪与之相适应。如从事复杂抽象劳动，处于较低的情绪激动水平有利于安全操作和发挥劳动效率；而从事快速紧张性质劳动时，处于较高的情绪水平有利于安全操作和发挥劳动效率。

② 情感　是在人类社会历史发展过程中形成的高级社会性情感。人类社会性情感可归结为道德感、理智感和美感，其中对安全生产影响较大的是道德感和理智感。

道德感不仅可以帮助人们按照道德准则要求去衡量周围人们的各种思想行为，还可以使自己的行为自觉符合社会道德准则。安全生产需要企业建立符合社会发展水平的道德准则，需要员工自觉遵守法律、法规和规章制度，对岗位工作有责任心。道德感强的员工，在生产中不仅会注意自身安全，而且还要求自己不会因自己的不安全行为伤害到他人，行为符合社会的道德准则。

理智感对人们认识活动的深化、思维问题的解决具有重要作用，如尊重科学、破除迷信。而安全生产教育是用系统、科学的安全生产知识和技能武装员工头脑，使员工懂得事故发展的规律和原因，掌握并自觉探索本岗位安全操作知识，理智地应对生产中存在的不安全因素。理智感强的员工，在生产中可避免侥幸、急躁等心理因素作用，约束自身行为，保证安全生产。

(3) 意志过程　是指人自觉地根据既定目的来支配和调节自己的行为，克服困难，进而实现目的的心理过程。例如，面对企业安全生产中遇到的困难，有的员工迎难而上，体现了坚强的意志；有的员工则具有畏难情绪，缺乏信心，表现出薄弱的意志。

在医药企业安全生产活动中，意志对员工的行为影响明显。意志强的员工在生产过程中能调动自己积极的心理因素，能严格遵守安全生产制度和规定，遇到挫折或困难时，能控制自己的情绪并使之平稳；而意志弱的员工在生产过程中情绪易波动，注意力易分散，组织纪律性差，易导致事故的发生。

2. 个性心理

个性是人们在长期的社会实践中逐渐形成的稳定心理特征。个性心理结构主要包括个性倾向性和个性心理特征两个方面。个性倾向性是指一个人所具有的意识倾向，也就是人对客观事物的稳定态度，是人从事活动的基本动力，决定着人的行为方向，包括需要、动机、兴趣、理想、信念和世界观；个性心理特征是一个人身上经常表现出来的本质的、稳定的心理特点，包括能力、性格、气质，这些特征对安全生产也会有一定影响。

(1) 个性倾向性　需要是人的一种主观状态，具有对象性、紧张性和起伏性等特点，是人们从事各种活动的基本动力。而动机是由需要产生的，有什么样的需要就会产生什么样的动机。动机是一种内部的，驱使人们活动行为的原因。故在安全教育与实践过程中，企业要培养员工形成正确的安全需要，产生正确的动机，从而表现出正确的安全行为。员工进行安全生产的动机表现为安全生产的积极性，故可知安全需要是调动安全生产积极性的原动力，只要安全需要满足了，调动安全积极性的过程也就完成了。

(2) 个性心理特征

① 能力　是指人顺利完成某种活动的一种心理特征。能力种类有很多，如创造能力、模仿能力和社交能力等，各种能力之间存在着一定的联系和区别。由于存在能力的个体差异，故在生产过程中企业应根据个体能力的差异合理安排岗位，使其充分发挥潜力。例如，一个社交能力强而操作能力弱的人，如果安排在生产第一线，不但造成人才的浪费，且容易引起人的挫折感，不利于安全生产。故企业的管理者在安排岗位时，应事先了解本企业各员工的能力差异，尽量做到人尽其才，当然也可以通过定岗后的培训和实践来增强人的能力。

② 性格　是人们在对待客观事物的态度和社会行为上的方式，区别于他人所表现出的那些比较稳定的心理特征的总和。

人的性格与安全生产有着极为密切的关系。例如，对于公共汽车驾驶员来说，事故率最低的并不是技术最好的司机。因为交通环境复杂，除了要求驾驶员具有高超娴熟的驾驶技术外，还要求其具有良好的性格，特别是良好性格的情绪特征，如情绪稳定性和持久性等方面的特征。

具有如下性格特征的人容易发生事故。

a. 攻击型性格者。具有这类性格的人，常狂妄自大，骄傲自满，工作中喜欢冒险，争强好胜，不接纳别人意见等，此类人虽然技术好、能力大，但也容易出大事故。

b. 性情不稳定者。此类人易受情绪支配，易冲动，情绪起伏、波动大，且受情绪长时间影响，不易平静，因而工作中易受情绪影响而忽略安全工作。

c. 性情孤僻、固执、心胸狭窄、对人冷漠者。此类人性格多属内向，同事关系不好。

d. 马虎、敷衍、粗心者。此类性格常是引起事故的重要原因。

e. 感知、思维与运动迟钝，不爱活动，懒惰者。此类性格的人由于在工作中反应迟钝、无所用心，也会导致事故发生。

f. 懦弱、胆怯、没有主见者。此类人由于遇事退缩，不敢坚持原则，人云亦云，不辨是非，在某些特定情况下也容易导致事故发生。

g. 主导心境抑郁、浮躁不安者。此类人长期闷闷不乐，精神不振，干什么事情都提不起兴趣，因此很容易出事故。

h. 在紧急或困难情况下表现出惊慌失措、优柔寡断者，或轻率决定、鲁莽者。此类人在发生异常情况时，常不知所措或鲁莽行事，错失排除故障、消除事故的良机。

良好的性格并不完全是天生的，教育培训和社会实践对性格形成具有重要的意义。因此企业应通过各种途径注意培养职工认真负责、重视安全的性格，这将给安全生产带来巨大的好处。

③ 气质　是一个人生来就有的心理活动的动力特征，基本上取决于个体的遗传因素。古希腊著名医生希波克拉底提出了四种体液的气质学说，其把气质分为多血质、胆汁质、抑郁质和黏液质四种，这四种气质类型在心理活动上所表现出来的主要特征如下。

a. 多血质的人情绪产生快，表现明显，但不稳定，易转变；活泼好动，好与人交际，外倾。

b. 胆汁质的人情绪产生快，表现明显、急躁，不善于控制自己的情绪和行动；精力旺盛，动作迅速，外倾。

c. 抑郁质的人情绪产生快，易敏感，表现抑郁、情绪转变慢，活动精力不强，比较孤僻，内倾。

d. 黏液质的人情绪产生慢，表现也不明显，情绪转变也较慢，易于控制自己的情绪变化；动作平稳，安静，内倾。

为达到安全生产的目的，企业在人员定岗时，要充分考虑人气质特征的作用。另外，企业在进行安全生产教育时，对不同气质的人应采用不同的教育方法。例如，强烈批评，对于多血质和黏液质的人可能生效，对于胆汁质和抑郁质的人往往产生副作用。

3. 非理智行为的心理因素

(1) 侥幸心理　由侥幸心理导致的事故是很常见的。侥幸心理是许多违章人员在行动前的一种常见心态。产生侥幸心理的原因，一方面是错误的经验，例如某种事故从未发生或者多年未发生过，人们心理上的危险感便会减弱，因而产生侥幸心理导致违章甚至事故的发生；另一方面是在思想方法上错误地运用小概率容错思想，如果认为概率小而存在侥幸心理，也许当次幸免于难，但随之养成的不安全动作和习惯，势必在今后的工作中暴露在小概率之中而酿成事故。

(2) **惰性心理** 一种在生产过程中干活图省事、能少动就少动、能省力便省力的心理状态。这种心理状态也是在安全生产上常造成事故的原因之一。

(3) **麻痹心理** 麻痹大意是造成事故的主要心理因素之一。具有麻痹心理的人在行为上表现为马马虎虎、大大咧咧、盲目自信。出现麻痹心理的员工或盲目相信自己的经验和技术；或认为是经常干的工作，习以为常，我行我素；或未注意到生产过程中的反常现象；惯性操作或高度紧张后精神疲劳，也容易产生麻痹心理；等等。

(4) **逆反心理** 一种无视社会规范或管理制度的对抗性心理状态，在行为上一般表现"你让我这样，我偏要那样，你越不许干，我越要干"等特征。例如，1985年，某厂工人出于逆反心理，用火柴点燃乙炔发生器浮筒上的出气口，试试能否点火，结果发生爆炸，导致自身死亡。

(5) **从众心理** 是人们在适应群体生活中产生的一种反映，若不从众则感到一种社会精神压力。由于从众心理，不安全的行为和操作很容易被效仿。如果有员工不遵守安全操作规程而未发生事故，同班组的其他人也就跟着操作，因为他们担心别人说自己技术不行、胆子太小等等。这种从众心理严重威胁医药企业安全生产，因此应大力提倡并要求员工严格执行安全生产制度，避免事故的发生。

(6) **好奇心理** 是指一个人积极探究某种事物的认识倾向。本来好奇心理有积极的一面，但在生产的过程中，若将这种心理付诸行动，就可能变成事故的祸根。这种情况往往发生在刚入职不久的员工身上，他们在跟师傅巡回检查的时候，看到什么都好奇，都想摸摸，但他们还没有掌握安全生产技术和制度，任凭好奇心和某种感情驱使做出的某种举动，容易导致事故的发生。

二、心理健康管理的主要措施

> **案例**
>
> **心理健康管理**
>
> 在某制药企业员工龚某最近感觉特别心烦意乱，注意力无法集中，提不起精神，而以前她一直很努力地工作，龚某怀疑自己得病了，去医院检查也没发现问题。请分析龚小姐出现上述症状可能的原因。

职业在人们的生活中占有重要地位，它能使人实现自身的价值，也能改变人的生活方式。但人们也应该看到，随着社会竞争的加剧和工作节奏的加快，心理疾病，如慢性疲劳症、职业厌倦症等正影响人们的身心健康，故如何使本企业的员工具有健康心理，是每个医药企业管理者都应关注的问题。

1. 设计适宜的生产现场

(1) **温度、湿度、照度的控制** 按照GMP设计要求，医药企业车间的温度、湿度、照度均应控制在使操作者心理舒适的范围。GMP要求生产环境的温度为18~26℃；相对湿度为45%~65%；主要生产室照度宜为300勒克斯（300lx），对照度有特殊要求的生产部位可设置局部照明。

（2）色彩选择 医药企业生产环境的色彩既要使操作者心情愉悦，又要使场地看上去有清洁感。故医药企业生产环境一般采用明快的色调。

（3）噪声控制 医药企业生产过程中的噪声主要是由设备运转引起的，车间设计时可将噪声大的设备进行隔离，也可选用一些噪声控制设备，如鼓风机消音器、超细玻璃棉吸声板等，同时也可以对操作人员进行噪声防护。

知识拓展

人机工程学

人机工程学是研究人在工作环境中的生理学、解剖学、心理学等方面的特点及功能，以进行最适于人类机械装置的设计制造，工作场所布置的合理化，工作环境条件最佳化的实践科学。

人机工程学的研究内容主要有：a. 人的因素方面，如人体生理、人体心理、人体测量及生物学、人的可靠性；b. 机器方面，如显示器和控制器等物的设计；c. 环境因素，如采光、照明、尘毒、噪声等对人身心产生影响的因素；d. 人机系统的综合研究，如研究人机系统的整体设计、显示器的设计、控制器的设计、环境设计、作用方法设计及人机系统的组织管理等。

（4）设备与仪器选用 选择按"人机工程学"要求设计的设备与仪器，可以使操作者的体力消耗和心理压力尽量降到最低，从而减少差错。

（5）生产功能间的布置 生产功能间应具有适宜的空间，同时进行人性化的室内布置，如墙上张贴安全警示语，多一点提醒，少一点压力等。

2. 对企业员工进行职业适应性检查

职业适应性是指除了工作岗位所要求的各种必备知识、技能、能力以外，一个人从事某项特定工作所必须具备的生理和心理素质特征。它是在一个人先天素质和后天环境相互作用的基础上，经过一定的教育、培训所形成和发展起来的。职业适应性检查就是根据工作性质、岗位要求，对人的生理、心理素质进行分析与评价，判定人对某种职业的能力倾向和职业适应程度，做到人与职业科学、合理的匹配，以提高生产效率。

通过职业适应性检查，企业管理者在定员定岗时尽量做到人尽其才，充分发挥、调动每个员工的优势能力，避开非优势能力，使员工的能力和体力与岗位要求相匹配；调动员工的生产积极性，提高生产效率，保证生产安全。例如，当一个人从事的工作高于自己的能力时，他会感到无法胜任而过度紧张，精神压力大，因而很容易发生事故；如果一个人从事的工作低于自己的能力，则导致职工不安心本职工作，产生不满情绪。因此，在任用、选拔人才时不仅要考察其知识能力，还应考虑其能力及所长。

案例

机械伤害事故

王某是医药企业生产一线的员工，主要在包装岗位从事外包的打包工作，由于三年多来一直从事此项简单的重复工作，王某感到工作太单调和乏味。有天由于注意力的下降，他的手被打包机压伤。

试分析采取哪些措施可以防止上述事件的发生？

3. 实行情感管理

实行情感管理，就是要认识人的情感规律，注重人的内心世界，实行人性化管理，其核心是激发员工的积极性，消除其消极情绪。管理者应尊重员工，善于沟通，对员工宽容、仁慈，尽量满足员工的合理需求。同用制度压人、用教育约束人相比，情感调解不但效果好，而且被管理者一般感觉良好，可以轻松愉快地工作，心理负担减轻。

企业要实行情感管理，首先要使本企业的全体管理者树立个人情感管理的理念，转变原有的管理方式，以上可以通过对全体管理者进行培训来实现。其次要加强企业环境建设，通过改善工作的硬环境（如工作条件等）和软环境（如团队建设、员工职业生涯规划等），努力改善员工的工作环境和工作条件，给员工提供一个健康、舒适、团结、向上的工作环境，丰富员工的工作内容，指明员工的发展方向，消除外部环境因素对员工职业心理健康的不良影响。

> **知识拓展**
>
> **员工帮助计划**
>
> 员工帮助计划又称员工心理援助项目、全员心理管理技术，简称EAP（employee assistance program）。它是由企业为员工设置的一套系统的、长期的福利与支持项目。通过专业人员对组织的诊断、建议和对员工及其直系亲属提供的专业指导、培训和咨询，帮助解决员工及其家庭成员的各种心理和行为问题，提高员工在企业中的工作绩效。
>
> EAP包括压力管理、职业心理健康、职业生涯发展、健康生活方式、家庭问题、情感问题、饮食习惯、减肥等各个方面，全面帮助员工解决个人问题。
>
> EAP除了提供心理咨询之外，还可以通过心理健康调查、培训、讲座、电话咨询、网络咨询等服务方式或其他认可的标准，在系统、统一的基础上，给予员工帮助、建议和其他信息。

4. 心理健康评估、宣传和疏导

（1）进行员工职业心理健康状况调查　可通过问卷、访谈、座谈会等方式。通过调查了解员工的压力、人际关系、工作满意度等，并聘请心理学专家对员工的心理健康状况进行评估，分析导致其心理问题的原因。对有心理问题的员工，企业聘请心理专家为其提供心理咨询服务，及时消除其心理问题。

（2）加强职业心理健康宣传和培训　可利用海报、健康知识讲座等多种形式，提高员工对心理问题的关注意识，树立对心理健康的正确认识，并使员工知道什么时候需要心理帮助，通过哪些途径可以获得帮助等。另外，通过压力管理、应对挫折、保持积极情绪等培训，帮助员工掌握提高心理素质的基本方法，增强其对心理问题的抵抗力。

（3）加强主管人员在心理健康相关知识上的培训　通过培训，主管人员了解心理问题的表现形式，掌握心理管理的技术，提高沟通、冲突管理等方面的技巧，当员工出现心理问题时，能够科学、及时地进行缓解和疏导。

项目四

医药企业员工身体健康管理

知识目标 理解医药企业的职业性损害。
熟知医药企业员工身体健康保护的主要措施。

 案例导入 职业暴露与身体健康

对10个城市的上班族进行调查，结果显示处于亚健康状态的员工占48%，亚健康带来的直接后果就是工作效率低下、创造的劳动价值减少。

医药企业员工由于工作原因，长期暴露于多种健康危害（涉及化学、生物、物理和心理健康等因素）中，可能对身体产生负面影响。

思考：上述案例说明了什么？

一、身体健康的重要性

在生产过程中，良好的生产条件不但能保证医药企业员工生产的药品质量合格，也能保护其健康；而不良的生产条件不但会影响其生产的药品质量，也会损害其健康，甚至引起职业病。

1. 影响医药企业员工身体健康的因素

在生产环境、生产过程和劳动过程中存在的可直接危害生产者健康的因素称为职业性有害因素。自从医药企业实施 GMP 后，厂房布局和设计不合理、不正常生产环境（如温度）等职业性有害因素都得到了控制。例如医药企业生产车间的温度通过空调系统控制在18~26℃，可防止高温或低温给人体带来的伤害；又如生产青霉素类药品的厂房、设施、空调系统均是独立的，可防止交叉污染给其他生产岗位对青霉素类药品过敏的操作人员的伤害。

医药企业的职业性有害因素主要是生产过程中的生产性有害因素，按其性质分为三类。

(1) 化学因素

① 生产性毒物　常见的有：a. 金属，如铅、汞、镉及其化合物；b. 类金属，如砷、磷等及其化合物；c. 有机溶剂，如苯、甲苯、二硫化碳等；d. 有害气体，如氯气、氨、二氧化碳、一氧化碳、硫化氢等；e. 苯的氨基、硝基化合物等；f. 高分子化合物生产过程中产生的毒物等。

② 生产性粉尘　如无机粉尘、有机粉尘等。

(2) 物理因素

① 异常气候条件　如高气温、强热辐射；低气温、高气流等。

② 噪声、震动。

③ 电离辐射　如 X 射线、γ 射线、β 粒子等。

④ 非电离辐射　如紫外线、可见光、红外线、激光等。

(3) 生物因素

① 生物制品　生产企业使用或生产的菌种，如炭疽杆菌、布氏杆菌等。

② 生产过程中的强迫体位　可能引起下背痛、下肢静脉曲张、脊柱弯曲变形等。

③ 运动器官过度紧张　可能引起肩周炎、滑囊炎、神经痛、肌肉痉挛等。

④ 视觉器官过度紧张　可能引起视力障碍。

此外，劳动制度不合理、劳动强度过大或生产定额不当、职业性精神紧张等也会影响医药企业员工的身体健康。

2. 医药企业的职业损害

职业性有害因素能否对接触者健康造成损害，主要与接触机会、接触方式、接触浓度或强度和作用时间有关。一般情况下，作用于机体的有害因素累积达到一定量时，才会对健康造成损害。在接触量相同时，个体因素（如年龄、性别、营养状况、遗传因素、体质、生活方式等）不同，个体的受损害程度也会有差异。

职业性有害因素对健康的损害主要包括职业病、工作有关疾病和职业性工伤。

(1) 职业病　医学上所称的职业病泛指由职业性有害因素引起的特定疾病；而《中华人民共和国职业病防治法》中的职业病是指企业、事业单位和个体经济组织（统称用人单位）的劳动者在职业活动中，因接触粉尘、放射性物质和其他有毒、有害物质等因素而引起的疾病。故此，在立法意义上，职业病具有一定的范围。职业病与生活中常见的疾病不同，一般认为职业病应具备下面三个条件。

① 疾病与工作场所的职业性有害因素密切相关。

② 接触有害因素的剂量，已足以导致疾病发生。

③ 在受同样职业性有害因素作用的人群中有一定的发病率，一般不会只出现个别病人。

> **知识拓展**
>
> **职业病分类**
>
> 我国法定的职业病分为职业中毒、肺尘埃沉着病、物理因素职业病、职业性传染病、职业性皮肤病、职业性眼病、职业性耳鼻喉疾病、职业性肿瘤、其他职业病 10 大类 132 种。凡是被诊断为法定职业病者，均享受国家规定的劳动保险待遇。

(2) 工作有关疾病 职业性有害因素除会导致机体一系列的功能性或器质性的病理变化外；还能使机体的抵抗力下降，造成潜在的疾病显露或已患疾病的加重，表现为接触人群中某些常见疾病的发病率增高或病情加重，这类疾病称为工作有关疾病。例如高温作业者中的消化道疾病，接触粉尘作业者的呼吸道疾病，接触一氧化碳等化学物质作业者的冠心病发病率和病死率增高等。

职业性有害因素不是引起工作有关疾病的唯一直接原因，故工作有关疾病不属于法定职业病。

(3) 职业性工伤 作业者在生产过程中因操作失误、违反操作规程或防护措施不当而发生的突发性意外伤害。其性质的确定及伤残程度评定，由国家制定的机构作出。此外，作用轻微的职业性有害因素，虽然有时不至于引起病理性损害，但可引起机体某些体表改变（如皮肤色素增加等），这些改变尚在生理范围之内，故可视为机体的一种代偿性或适应性变化，常称之为职业特征。

二、身体健康管理的主要措施

1. 保护医药企业，保护员工身体健康的管理措施

> **知识链接**
> **几种主要作业的职业禁忌证**
> 在我国《职业病范围和职业病患者处理办法的规定》中，对几种主要作业的职业禁忌证作出了规定，如表 8-2 所示。

表 8-2　几种主要作业的职业禁忌证

有害因素	职业禁忌证
铅	神经系统疾病;贫血;高血压病;肝及肾疾患
汞	神经疾病、肝、肾器质性疾患;内分泌疾病;植物学功能紊乱;精神病
锰	神经系统器质性疾病;明显的类神经症;各类精神病;明显的内分泌失调
砷	严重的呼吸道疾病;肝、肾疾病;血液病;外周神经系统疾病;皮肤病
苯	就业前检查时,血象指标低于或接近于正常值下限者;各种血液病;严重的全身性皮肤病;月经过多或功能性子宫出血
甲苯、二甲苯	神经系统器质性疾病;明显的类神经症;肝脏疾患
一氧化碳	各种中枢神经和周围神经器质性疾患;器质性心血管疾患
硫化氢	明显的器质性心、肝、肾疾病;神经系统器质性疾病及精神疾患;明显的呼吸道疾病
苯的氨基、硝基化合物（不含三硝基甲苯）	中枢神经系统器质性疾病;肝、肾器质性疾患;血液病;植物神经功能紊乱;明显的内分泌失调
三硝基甲苯	乙型病毒性肝炎表面抗原携带者;肝脏疾病;血液病;各种原因的晶状体浑浊或白内障;严重的全身性皮肤病

续表

有害因素	职业禁忌证
有机磷农药	神经系统器质性疾病;明显的肝、肾疾病;明显的呼吸系统疾病;全身性皮肤病;全血胆碱酯酶活性明显低于正常者
粉尘	活动性结核病;慢性肺疾病;严重的慢性上呼吸道或支气管疾病;显著影响肺功能的胸膜、胸廓疾病;严重的心血管系统疾病
高温	心血管系统器质性疾病;高血压病;溃疡病;活动性肺结核、肺气肿;肝、肾疾病;明显的内分泌病;中枢神经系统器质性疾病;患病后恢复期及体弱者
噪声	明显的听觉器官、心血管及神经系统器质性疾病
震动	明显的中枢或周围神经系统疾病;末梢血管性疾病;尤其是雷诺现象;严重的心血管疾病;明显的内分泌功能失调

为防止职业性有害因素对操作者造成职业性伤害，医药企业的管理者可以采取以下几方面措施。

(1) 组织措施　医药企业应建立医药卫生职业病防治保健网，严格执行有关法律法规，如《安全生产法》《职业病防治法》等。

(2) 卫生技术措施

① 厂房设计要符合卫生要求，尤其要杜绝有害因素的发生源，使接触者受到的影响降至最低限度。

② 重视工艺改革和技术革新，采用低毒或无毒物质代替有毒物质，改革导致产生有害因素的工艺流程。

③ 实现生产过程的密闭化、遥控化、机械化和自动化，防止有害物质污染环境。

④ 凡是存在产热源的生产场所，要做好防暑、降温工作。

⑤ 对生产场所存在的有毒物质，产热源、噪声、微波、放射源等采取有效的隔离与屏蔽方法。

(3) 个体防护措施　工人应根据工种需要选用工作服、工作帽、鞋、手套、口罩、面具、耳塞、眼镜等防护用具。

(4) 卫生保健措施

① 生产环境的定期检测　各生产岗位要根据生产特点，制定安全操作规程，并建立卫生制度，定期对车间空气中的有害因素进行检测。

② 就业前的健康检查　对员工进行就业前健康检查可以掌握员工就业前的健康状况及有关健康基础资料，并发现职业禁忌证。

③ 就业后定期健康检查和职业病普查

a. 定期健康检查可以及时发现职业性有害因素对健康的早期损害或可疑征象，并为生产环境的防护措施效果评价提供资料。定期检查的时间间隔可根据有害因素的性质和危害程度、工人的接触水平以及生产环境是否存在其他有害因素而定。一般认为，过量接触并可能引起严重后果的，每半年或1年检查一次；低水平接触或对健康影响不甚严重的，每2～4年检查一次；生产场所同时存在其他有害因素时，则应相应地缩短时间。定期检查的项目，除一般检查外，还应针对有害因素可能损害的器官或系统进行重点检查，通常与该作业就业前检查的项目基本相同。

b. 职业病普查就是指对接触某种职业性有害因素的人群进行的普通健康检查，以便检出职业病患者和观察对象。通常先选用特异性和敏感性较好的指标进行筛检,筛查出可疑者后再做进一步检查。

④ 其他措施　建立合理的作息制度,做好季节性多发病的预防,适当安排必要的康复疗养或休养,对增强员工体质有积极意义。

2. 医药企业员工常见职业损害的防治措施

由医药企业常见职业性有害因素中的毒物、粉尘、辐射等引起的职业损害的防治措施在前面相关章节中已有介绍,在此主要介绍由热源或化学物质接触引起灼伤、噪声带来的职业损害的防治。

(1) 灼伤及其防护

① 灼伤类型　灼伤是一种由外部热源、化学接触引起的局部组织损伤,并进一步导致病理或生理变化的过程。根据导致灼伤的根源,灼伤可分为以下几类。

a. 热力灼伤是由接触外部热源(如火焰、高热物体、高温液体或蒸汽等)造成的皮肤损伤。这些热源与皮肤接触后引起皮肤和深部组织温度升高,蛋白质变性、凝固、细胞组织损伤而导致皮肤组织受损。

b. 化学灼伤是由化学物质(如强酸、强碱、酚、甲苯等)直接接触皮肤所造成的损伤。这些化学物质在常温或高温下与皮肤或黏膜接触后,直接对皮肤或黏膜产生刺激、腐蚀及化学反应的热损害作用;同时这些化学物质与皮肤产生化学反应并具有渗透性,对细胞组织产生吸水、溶解组织蛋白和皂化脂肪组织的作用,从而破坏组织的生理功能而使皮肤组织损伤,甚至可造成组织坏死,并可在数小时内缓慢扩散。化学灼伤可伴有眼灼伤和呼吸道损伤,某些化学物质还可经皮肤、黏膜吸收引起中毒。

常见化学灼伤有两类:碱灼伤,如由氢氧化钠、生石灰等造成的灼伤,此类灼伤的特点是灼伤穿透力较强,在灼伤2天内逐渐向深层组织扩散,使组织脱水;酸灼伤,如由硫酸、硝酸、盐酸等造成的灼伤,此类灼伤的特点是一般不会向深层组织扩散,伤口较浅,局部肿,创面干燥,常有局部持续疼痛。

c. 复合性灼伤是由热力灼伤和化学灼伤同时引起的损伤。

② 灼伤程度分类　我国普遍采用三度四分法,即根据皮肤灼伤的深浅分为Ⅰ度、浅Ⅱ度、深Ⅱ度、Ⅲ度。深达肌肉、骨质者仍按Ⅲ度计算。临床为表达方便,将Ⅰ度和浅Ⅱ度称为浅灼伤,将深Ⅱ度和Ⅲ度称为深灼伤。灼伤程度分类见表8-3。

表8-3　灼伤程度分类

深度分类	损伤程度	临床表现
Ⅰ度	表皮层	红斑,轻度红、肿、痛、热、感觉过敏,无水泡,干燥
浅Ⅱ度	真皮浅层	剧痛,感觉过敏,形成水泡,水泡壁薄,基底潮红,明显水肿
深Ⅱ度	真皮深层	可有或无水泡,撕去表皮见基底潮湿、苍白,上有出血点,水肿明显,痛觉迟钝,数日后如无感染可出现网状栓塞血管
Ⅲ度	全层皮肤,累及皮下组织或更深	皮革样,蜡白或焦黄炭化,感觉消失,干燥,痂下水肿,可出现树枝状静脉栓塞

③ 灼伤的急救　对伤者的救护工作主要是清洗和保护创面,其目的是避免创面继续损伤或再污染。根据灼伤的严重程度,及时将伤者送往医院进行后续治疗,如清洗、清创、止痛、抗感染和补液等必要的综合治疗。

a. 热内灼伤的急救：首先将伤者迅速移离现场，脱离火源，立即清除灼伤过程，如除去受伤部位的衣服，特别要注意除去焖烧着的物质（如熔化的化纤衣服、发烫或烧焦的物品等）；然后用水冲洗、处理创伤面（对于中、小面积灼伤，特别是头、面、四肢等的灼伤，可用"创面冷却疗法"，即用清水，水温5～20℃，冷敷或浸泡创面，需持续30～60min，至取出后不痛或稍痛为止）；最后用消毒纱布或清洁布简单包扎，避免创伤面污染，并立即送医院进行治疗。

b. 化学灼伤的急救：首先应迅速将伤者移离现场，脱去被化学物质污染的衣物；然后迅速清除残留在创伤面上的化学物质，经现场救护后，立即送医院进行治疗。

除去创伤面残留化学物质的方法是立即用大量流动清水彻底冲洗。冲洗时间一般要求20～30min，而对于酸、碱或有机化合物（如酚、甲苯等）引起的灼伤冲洗时间应延长。应特别注意眼及其他特殊部位，如头、面、手、会阴的冲洗。

眼部灼伤后用大量生理盐水或清洁的自来水彻底冲洗时，应注意水流不宜正对角膜方向，不要揉眼睛；也可将面部浸入清水中，用手翻转上眼皮，使上、下眼皮内侧深部的球结膜（眼白表层可移动部分）充分暴露，边冲洗边令伤者眼球向各个方向转动；冲洗后，滴上消炎眼药水，盖上眼罩，然后立即送医院处理。

其他部位的灼伤创伤面经水冲洗后，必要时可进行合理的中和处理。如发生酸灼伤时，有条件的可用质量浓度为2%的苏打水、石灰水、氢氧化镁或肥皂水等碱性物质进行冲洗，然后用弱碱（如质量浓度为2%的醋酸钠溶液）冲洗。经清水冲洗和酸碱中和处理后的创面，可防止继发感染和再损伤。

④ 防灼伤服装的选用　防护服是防御物理、化学和生物等外界因素伤害身体的工作服，是人们在生产过程中抵御各种有害因素的一道屏障。防护服分为一般作业防护服和特殊作业防护服。一般作业防护服可以起到防御普通伤害和脏污的作用，如在医药企业无特殊防护要求的生产岗位（如压片、包装等）所穿工作服；特殊作业防护服主要用于有特殊防护要求的生产岗位，如防静电服、防尘服、防酸碱服等。

在医药企业，尤其是化学制药企业，经常要用到酸、碱、酚等具有腐蚀作用的试剂。为防止工人接触腐蚀性试剂引起灼伤，需选用防酸碱服。防酸碱服主要采用耐酸碱材料（如耐酸碱橡胶布、聚氯乙烯膜、化纤织物等）制作，使操作人员身体部位与酸碱液及气雾隔离。对于需要接触热力岗位（如小容量注射剂的灌封岗位等）的生产工人，需穿阻燃隔热防护服。

(2) 噪声及其控制

① 噪声对人体的危害　除前面所讲噪声会对人体的心理健康造成影响外，其还能损害听觉器官，影响其他生理功能和工作效率。

a. 对听觉系统损害强的噪声可以引起耳部不适，如耳鸣、耳痛、听力损伤。据测定，人如果长期暴露在声压超过120dB（分贝）的噪声环境中，将导致永久性的听力损伤。据临床医学统计，成年人若在80dB以上的噪声环境中生活，耳聋者将达50%。

b. 噪声可以引起听觉外系统（主要为神经系统、心血管系统等）的损害，表现为易疲劳、头痛、头晕、睡眠障碍、注意力不集中、记忆力减退等一系列神经症状。高频噪声可引起血管痉挛、心率加快、血压升高等心血管系统的变化。长期接触噪声还可以引起食欲不佳、胃液分泌减少、肠蠕动减慢等自主神经紊乱症状。噪声还可导致女性性功能紊乱，月经失调、孕妇流产、早产，甚至可致畸胎。

② 噪声控制　可以在噪声声源、噪声传音途径和个体这三个环节上采取技术措施。

a. 噪声声源控制主要方法有用无声或产生低声的设备和工艺代替高声设备；加强机器维修或减掉不必要的部件，消除机器摩擦、碰撞等引起的噪声；机器碰撞处用有弹性材料替代金属以缓冲撞击力；采用吸音、隔音、减震、隔震等技术，以及安装消声器等，以控制声源的噪声辐射。

b. 噪声传音途径控制主要方法有：使噪声远离需要安静的地方，因声在传播中的能量是随着距离的增加而减弱的；控制噪声的传播方向，因声的辐射一般有指向性，处在与声源距离相同而方向不同的地方时，接收到的声强度是不同的；建立隔音屏障或利用天然屏障（土坡、山丘），以及利用其他隔音材料和隔音结构等来阻挡噪声的传播；采用吸音材料和吸音结构，将传播中的噪声声能转变为热能等；对于固体震动产生的噪声可采取隔震措施，以减弱噪声的传播。

c. 个体防护主要措施有：合理使用防噪声用品，如耳塞、耳罩、防噪声帽等；减少在噪声环境中的暴露时间；定期对车间噪声进行检测，以符合噪声卫生要求标准；定期对接触噪声的工人进行听力检查，根据听力检测结果，适当调整在噪声环境中的工作人员。

 知识链接

防噪声护具的选用与使用

1. 防噪声护具选用

对于从声源及传音途径上无法消除或控制的噪声，则需要在噪声接收点进行个体防护。个体防护的常用办法为选用防噪声护具。选用防噪声护具时，应根据噪声级别选用适宜的种类，如总噪声不超过100dB时，可采用耳塞或防音棉耳塞；总噪声在100～125dB时，佩戴耳罩；总噪声超过125dB时，除采用耳塞外，还应佩戴防噪声帽。选用护耳器时，应注意耳塞分不同型号，使用人员应根据自己耳道大小配用；佩戴防噪声帽时，应根据自己头形选用适宜的型号。

2. 护耳器的使用

使用护耳器时，一定使之与耳道（耳塞类）、耳壳外沿（耳塞类）紧密贴合，方能起到好的防护效果。

（1）耳塞的使用　a. 佩戴时，应先将耳郭向上提拉，使耳腔呈平直状态，然后手持塞柄，将耳塞帽体部分轻轻推向耳道内，并尽可能使耳塞体与耳腔紧密贴合；b. 佩戴后感到隔音不好时，可将耳塞缓慢转动，调整到效果最佳位置，若反复调整效果仍不佳，则应考虑改用其他型号、规格的耳塞；c. 佩戴泡沫塑料耳塞时，应先将圆柱体搓成锥形体，再塞入耳道，让塞体自行回弹，充满耳道；d. 佩戴硅橡胶自行成形的耳塞时，应注意分清左右塞，不要弄错，插入外耳道时，要稍作转动找正位置，使之紧贴。

（2）耳罩的使用　a. 使用前，应检查耳壳有无裂纹和漏气现象；b. 佩戴时，应注意罩壳的方位，应顺着耳郭的形状戴好；c. 将连接弓架放在头顶适当位置，尽量使耳罩软垫圈与周围皮肤紧密贴合，如不合适，应稍稍移动耳罩或弓架，务必调整到合适位置。

知识导图

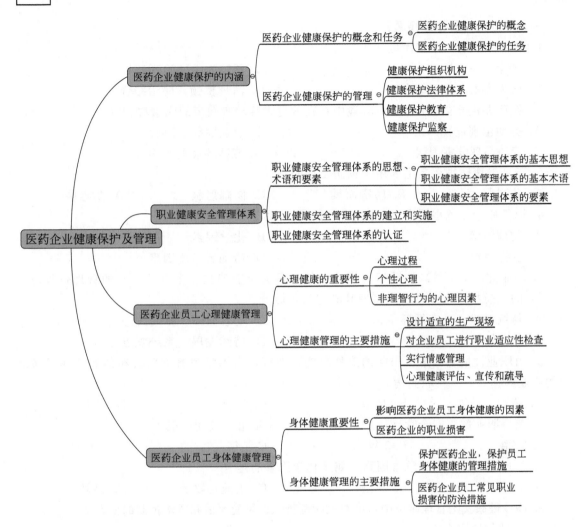

目标检测

一、A 型题（最佳选择题）

1. 健康保护的工作方针是（　　）。
   A. 安全第一、预防为主　　　　　　B. 预防为主、治理整顿
   C. 预防为主、防治结合　　　　　　D. 治理整顿、防治结合

2. 在劳动生产过程中、作业环境中存在的危害劳动者健康的因素称为（　　）。
   A. 劳动生理危害因素　　　　　　　B. 职业性危害因素
   C. 劳动心理危害因素　　　　　　　D. 劳动环境危害因素

3. 下列健康防护用品主要用于预防工伤的是（　　）。
   A. 防酸服　　　B. 防毒面具　　　C. 防辐射服　　　D. 防毒服

4. 以下职业性危害因素中，高温辐射、噪声属于（　　）。
   A. 物理因素　　　　　　　　　　　B. 化学因素
   C. 生物因素　　　　　　　　　　　D. 劳动者环境因素

5. 职业健康安全管理体系运行模式的核心是为企业建立一个（　　）的管理过程，以（　　）的思想指导企业系统地实现其既定的目标。
   A. 持续改进、动态循环　　　　　　B. 动态循环、持续改进
   C. 动态发展、系统观点　　　　　　D. 持续发展、系统观点

6. 由职业性危害因素所引起的疾病称为职业病，由国家主管部门公布的职业病目录所列的职业病称（　　）职业病。
   A. 劳动　　　B. 环境　　　C. 重度　　　D. 法定

7. 获得职业健康安全管理体系认证的单位，其证书有效期一般为（　　）。
   A. 2 年　　　B. 3 年　　　C. 4 年　　　D. 5 年

8. 下列生产过程中的危害因素，属于化学因素的是（　　）。
   A. 病毒　　　B. 真菌　　　C. 工业毒物　　　D. 辐射

9. 职业健康安全管理体系中，可对危险源辨识、风险评估和风险控制的要素是（　　）。
   A. 职业健康安全方针　　　　　　　B. 策划
   C. 检查和纠正措施　　　　　　　　D. 管理评审

10. 用人单位与劳动者订立劳动合同时，应当将工作过程中可能产生的职业病危害其后果、职业病防护措施和待遇等（　　）劳动者，并在劳动合同中写明，不得隐瞒或欺骗。
    A. 口头通知　　　B. 如实告知　　　C. 书面通知　　　D. 电话通知

11. 职业健康安全管理体系的建立一般包括：①学习与培训②体系策划③初始评审④文件编写⑤体系试运行⑥评审完善六个步骤，这六个步骤正确的顺序是（　　）。
    A. ①③②④⑤⑥　　B. ①④②③⑤⑥　　C. ①④⑤②③⑥　　D. ①②④③⑤⑥

12. 三级安全教育是指（　　）。
    A. 国家教育、学校教育、企业教育
    B. 厂级教育、车间教育、班组教育
    C. 安全法制教育、安全生产教育、班级教育
    D. 车间主任教育、车间主管教育、技术人员教育

13. 下面不属于不安全心理状态的是（   ）。
    A. 逆反心理　　　　B. 侥幸心理　　　　C. 胆怯心理　　　　D. 麻痹心理
14. 在实际生产中，对安全生产影响最大的因素（   ）。
    A. 性格　　　　　　B. 情绪　　　　　　C. 能力　　　　　　D. 气质
15. 当劳动生产率还没有下降的时候，工人已经感到有心无力了，这就是（   ）。
    A. 浮躁　　　　　　B. 厌倦　　　　　　C. 疲劳　　　　　　D. 胆怯
16. 人如果长期暴露在（   ）噪声环境中，将导致永久性听力损伤。
    A. 70dB　　　　　　B. 80dB　　　　　　C. 90dB　　　　　　D. 120dB
17. 根据皮肤灼伤的深浅程度，目前我国普遍采用的分类方法为（   ）。
    A. 四度三分法　　　B. 四度四分法　　　C. 三度四分法　　　D. 三度二分法
18. 不会产生不良心理的因素为（   ）。
    A. 嫉妒心理　　　　B. 与别人合作愉快　　C. 报酬分配不公　　D. 家庭矛盾
19. 在烧伤急救时，不应把创伤面的水泡挤破，目的是为了避免（   ）。
    A. 粘连　　　　　　B. 身体着凉　　　　C. 创面污染　　　　D. 创面扩大

二、X型题（多项选择题）

1. 安全生产教育的种类包括（   ）。
   A. 安全生产规则的教育　　　　B. 三级安全教育
   C. 特种作业人员安全教育　　　D. 经常性安全教育
   E. 安全法制教育
2. 职业健康安全管理体系的建立与实施过程包括（   ）。
   A. 学习与培训　　B. 文件编写　　C. 体系试运行
   D. 评审完善　　　E. 体系策划
3. 职业性病损的致病条件有（   ）。
   A. 接触时间　　　B. 接触机会　　C. 接触方式
   D. 接触强度　　　E. 接触环境
4. 劳动保护是指国家和单位为保护劳动者在劳动生产过程中的安全和健康所采取的（   ）。
   A. 立法和组织　　B. 救护措施　　C. 技术措施
   D. 医疗措施　　　E. 法律手段
5. 我国劳动保护法律体系主要包括哪几个方面（   ）。
   A. 劳动保护国家标准　　　　　B. 劳动保护法律
   C. 劳动保护法规　　　　　　　D. 劳动保护省级标准
   E. 以上都不对
6. 医药企业职业损害中灼伤的主要类型是（   ）。
   A. 热力灼伤　　　B. 化学灼伤　　C. 复合性灼伤
   D. 电力灼伤　　　E. 辐射灼伤

三、思考题

1. 医药企业"三级安全教育"的主要内容有哪些？
2. 职业健康安全管理体系的建立与实施过程是什么？
3. 职业性危害因素如何分类？

4. 职业健康安全管理体系的基本要素有哪些？
5. 实施职业健康安全管理体系的基本思路是什么？
6. 护耳器佩戴时，应注意哪些问题？
7. 由非智力行为而发生违章操作的人员心理因素有哪些表现？
8. 在现场时化学灼伤是如何急救的？
9. 影响心理压力的因素有哪些？
10. 控制噪声的措施有哪些？

实训项目八

劳保用品的使用

【实训目的】

① 掌握劳保用品的选择原则。
② 学会防护服的选用及防酸工作服的选择、穿着注意事项、维护和保养。

【实训内容】

1. 实训前的准备

（1）劳动防护用品的选用原则 根据我国国家标准《个体防护装备选用规范》（GB/T 11651—2008），劳动防护用品选用的基本原则是：a. 根据国家标准、行业标准或地方标准选用；b. 根据生产作业环境、劳动强度以及生产岗位接触有害因素的存在形式、性质、浓度或强度和防护用品的防护性能进行选用；c. 穿戴要舒适方便，不影响工作。

（2）防护服的正确选用 防护服由上衣、裤子、帽子等组成，设计成适宜的尺寸和形状，设计尺寸和形状以及组合方式以有效地阻断有害物侵入为准。防护服应结构合理，便于穿脱。根据现场存在的危害因素选择质量可靠的防护服。

2. 实训步骤

（1）检查新购置防酸工作服的标识

a. 合格的防酸工作服要求每件必须有产品合格证及注有制造厂名、厂址、产品名称、产品等级、商标、规格型号、生产日期等产品标志。

b. 产品外包装上应有制造厂名、厂址、产品名称、产品等级、出厂日期、货号、穿着注意事项、生产许可证编号。

c. 实施特种劳动防护用品安全标志后，要求在明显位置加牢固耐用的特种劳动防护用品安全标志。

（2）检查新购置防酸工作服的质量 选择防酸工作服时，应向供应商索取检测报告，查看检测报告中的产品特征、生产批次、生产日期、粘贴布样是否与所供产品一致，并向供应商索取一块服装面料样品备查。检查时应注意以下几个方面。

a. 在服装结构上应满足防止酸液从服装与身体的结合部位、服装之间、服装与其他个体防护装之间浸入。

b. 为防止积存飞溅的酸液，防酸工作服上一般不应有明衣袋。不透气防酸工作服为排汗、调节体温而留的通气孔宜在腋下、背部、胯部内侧，以免外部异物或酸液进入。尽可能减少不必要的装饰，以免在褶缝处积存酸液或妨碍工作。

c. 双手用力拉扯接缝两侧的面料，接缝不应拉脱，透气型防酸工作服的缝线不应脱断，不透气型防酸工作服的接缝不应脱胶。

d. 结合其他个体防护用品，如耐酸碱鞋（靴）、防酸手套等试穿一下，既要保证防酸工作服上衣与裤子之间、上衣与防酸手套之间、裤子与耐酸碱鞋（靴）之间、上衣领口与防酸帽之间的结合部位合理，防止酸液入，又要保证易于活动，便于穿脱。配用的其他个体防护用品也必须具备防酸功能。

e. 最好用拟使用场所的酸液，对防酸工作服的各部位进行简单测试。

3. 穿着注意事项

只有防酸工作服与其他防护用品（包括护目镜、手套、鞋靴、面罩）配合使用，才能为劳动者提供全面的防护。若发现使用中的防酸工作服钩、扣等附件脱落必须及时补齐。平时穿着时各处钩、扣应扣严实，帽、上衣、裤子、手套、鞋靴等结合部位密闭严实，防止酸液渗入。穿用中应避免接触锐器，以防受到机械损伤。

4. 实训注意

根据《个体防护装备选用规范》附录 A 中的规定，防酸工作服的使用要求及期限如下：透气型防酸工作服若经整理剂处理，其使用期限应适当降低一个档次。透气型防酸工作服出现破损、缝线脱断、霉变、脆变、已经酸液渗透过或失去防酸能力；不透气型防酸工作服出现破损、接缝开胶、龟裂、溶胀、涂覆层脱落、老化脆变时，应及时报废。使用单位应对使用期达到使用期限一半或存放期达 1 年的防酸工作服，抽样送检。经检测失去防酸性能的产品应整批及时报废，以保证产品合格。

【实训报告】

① 结合所学防护服知识拟定使用防酸工作服的方案。

② 按照拟定的方案进行实训操作，总结防酸工作服的使用条件，并填写防酸工作服使用登记表（表 8-4）。

表 8-4 某类防酸工作服使用登记表

序号	环境条件	出厂日期	使用日期	标识检查	外观检查	配套防护用品检查	保养

③ 实训结束前进行分组讨论并做好记录。
④ 教师进行总结、点评。
⑤ 学生按规定格式完成实训报告，书写自己的实训体会。

参 考 文 献

[1] 黄竹青. 药品 GMP 实务. 2 版. 西安：西安交通大学出版社，2019.
[2] 韩伟，陈冬梅. 现代企业经营管理. 北京：化学工业出版社，2010.
[3] 邹玉繁，周代营. 制药企业安全生产与健康保护. 2 版. 北京：化学工业出版社，2017.
[4] 张之东. 安全生产知识. 3 版. 北京：人民卫生出版社，2019.
[5] 姚日生，边侠玲. 制药过程安全与环保. 北京：化学工业出版社，2019.
[6] 张一帆，吴瑞. 药品安全生产实务. 东营：中国石油大学出版社，2019.
[7] 刘景良. 化工安全技术. 4 版. 北京：化学工业出版社，2019.
[8] 隋新安，崔成红. 医药企业安全生产. 北京：中国轻工业出版社，2013.
[9] 刘景良. 化工安全技术与环境保护. 北京：中国轻工业出版社，2012.
[10] 崔政斌，石跃武. 用电安全技术. 北京：化学工业出版社，2018.
[11] 刘文刚. 药品生产环节质量监管研究. 西南交通大学，2016.
[12] 张健. 谈中药制剂安全生产中洁净厂房管理的重要性及管理措施. 科技风，2020（05）：156.
[13] 陈晨，程鹏. 质量风险管理在药品生产管理中的运用探究. 化工管理，2018（12）：118.
[14] 师立晨，王如君，多英全. 我国危险化学品重大危险源安全监管存在问题及建议. 中国安全生产科学技术，2014，10（12）：161-166.
[15] 陈税，韩鹏达，娄靖，等. 江苏省响水"3·21"爆炸事故的救援启示. 中华急诊医学杂志，2019，28（05）：574-575.
[16] 李涛，李霜. 健康中国战略与职业健康保护. 中国职业医学，2020，47（05）：505-511.
[17] 王效山. 制药工业三废处理技术. 北京：化学工业出版社，2010.
[18] 元英进，赵广荣，孙铁民. 制药工艺学. 2 版. 北京：化学工业出版社，2017.
[19] 庞磊，靳江红. 制药安全工程概论. 北京：化学工业出版社，2015.
[20] 王琮. 制药行业职业健康管理评价研究. 北京：北京化工大学，2020.
[21] 国家药典委员会. 中华人民共和国药典. 北京：中国医药科技出版社，2020.

参 考 答 案

模块一　医药企业安全生产概述

一、A型题（最佳选择题）

1. B；2. B；3. C；4. A；5. B

二、X型题（多项选择题）

1. ABC；2. BCD；3. CDE；4. ABCD；5. ABDE；6. ABCD

三、思考题

略

模块二　防火、防爆安全生产管理

一、A型题（最佳选择题）

1. B；2. D；3. B；4. C；5. D；6. D；7. C；8. A；9. B；10. D；11. D；12. D；13. C；14. A

二、X型题（多项选择题）

1. ABCD；2. BCDE；3. ABCDE；4. ABCDE；5. ABCD

三、思考题

略

模块三　用电安全生产管理

一、A型题（最佳选择题）

1. B；2. A；3. A；4. B；5. A；6. D；7. B；8. A；9. D；10. C

二、X型题（多项选择题）

1. ABCD；2. AC；3. ABCDE；4. CD；5. BCDE；6. ABDE；7. ABD；8. BDE

三、思考题

略

模块四　特种设备安全生产管理

一、A型题（最佳选择题）

1. B；2. B；3. D

二、X型题（多项选择题）

1. ABCD；2. ABCD

三、思考题

略

模块五　药品安全生产管理

一、A型题（最佳选择题）

1. B；2. A；3. A；4. A；5. B；6. A；7. A；8. D；9. A；10. A；11. A；12. C

二、X型题（多项选择题）

1. ACDE；2. ABCDE；3. ABCDE；4. ABCDE；5. ABC；6. ABCD

三、思考题

略

模块六　危化品及有毒物质安全生产管理

一、A型题（最佳选择题）

1. A；2. B；3. A；4. C；5. B；6. D；7. D；8. D；9. B；10. C

二、X型题（多项选择题）

1. ABC；2. BC；3. ABCDE；4. ABCD；5. ABE；6. ABD；7. ABCDE；8. AD

三、思考题

略

模块七　废水、废气、废渣安全生产管理

一、A型题（最佳选择题）

1. A；2. A；3. A；4. C；5. B

二、X型题（多项选择题）

1. BCE；2. ABCDE；3. ACD；4. CE；5. BE

三、思考题

略

模块八　医药企业健康保护及管理

一、A型题（最佳选择题）

1. A；2. B；3. A；4. A；5. B；6. D；7. B；8. C；9. B；10. B；11. A；12. B；13. C；14. B；15. C；16. D；17. C；18. B；19. C

二、X型题（多项选择题）

1. ABCDE；2. ABCDE；3. ABCD；4. AC；5. ABC；6. ABC

三、思考题

略